腦力超覺醒，激發你的學習力，擁有無限潛能

Everything You Need to Ace Geometry

Christy Needham 著

Kim Ku 繪

洪萬生 譯

用一本書掌握世界

三民書局

幾　何

我們設計這本筆記本的考量，是希望你在面對幾何的主要內容時，可用來幫助你學習。請將這些內容考慮成是你幾何班上最聰明的同學所筆記。這位同學看起來像是「學會」每一件事，而且他（她）已經寫下清晰、可理解且正確的筆記。

在這些章節中，你將會發現重要的概念是以一種容易親近、與你（的經驗）相關的方式呈現。平面與立體幾何、全等、證明、變換以及坐標幾何，全都運用你極易理解的語言來呈現。那些是為一般學生學習所設計的幾何內容。

本筆記是按下列組織化的方式來呈現：
• 重要的字彙塗黃色來凸顯。
• 所有字彙都清楚定義。
• 相關名詞（辭項）與概念都以藍色書寫。
• 例子與計算都化為清晰的步驟，且輔以説明、插圖以及圖表。

如果你需要一個有趣的、容易理解的學習資源，來充當教科書的良伴，而且你並不善於做筆記。那麼，這本筆記本將會有助於你的學習。它觸及你在幾何中所學到的全部要點。

目次

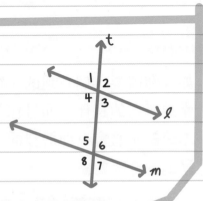

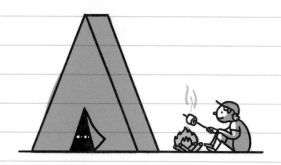

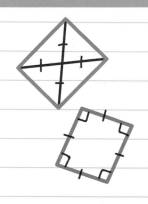

鏡射

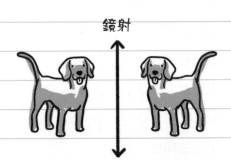

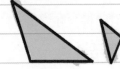

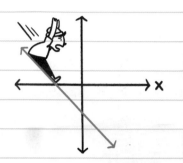

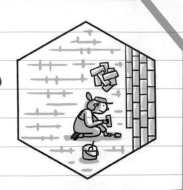

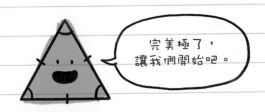

完美極了，
讓我們開始吧。

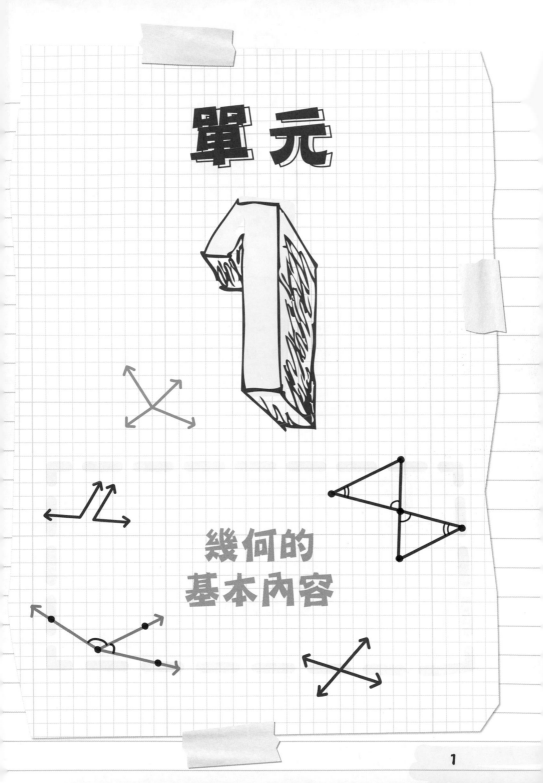

單元

1

幾何的
基本內容

點、線與面

幾何是研究形狀、線、角、空間,以及它們之間的關係之數學分枝。

比如說,計算一個四邊形的四個角,就是一個例子。

此處有幾個在幾何中使用的關鍵概念及基本名詞:

名詞與定義	符號	例子
點:代表一個位置	點的名稱,例如 A	.A
線:一條直的路徑向正反雙向無限延伸	直線上的兩點上方之水平箭頭。 $\overleftrightarrow{BC}$, $\overleftrightarrow{CB}$, 或 $\overleftrightarrow{\ell}$	l

名詞與定義	符號	例子
線段：直線的部分，有兩個端點。	直線上的兩點上方之水平橫槓。 $\overline{AB}$ 或 $\overline{BA}$ 長度：AB	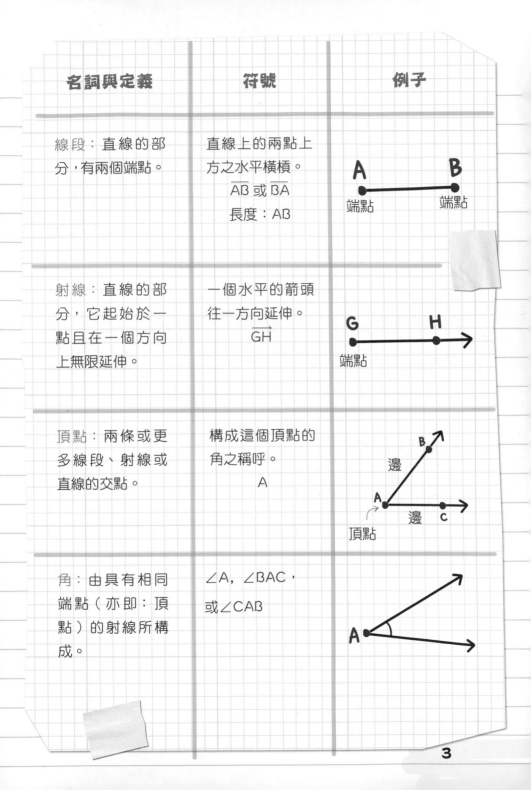
射線：直線的部分，它起始於一點且在一個方向上無限延伸。	一個水平的箭頭往一方向延伸。 $\overrightarrow{GH}$	
頂點：兩條或更多線段、射線或直線的交點。	構成這個頂點的角之稱呼。 A	
角：由具有相同端點（亦即：頂點）的射線所構成。	∠A，∠BAC，或∠CAB	

名詞與定義	符號	例子
三角形：有三個邊、三個頂點的形狀。	△ABC（或者△之後緊跟著字母 A，B 及 C 的任意組合）。	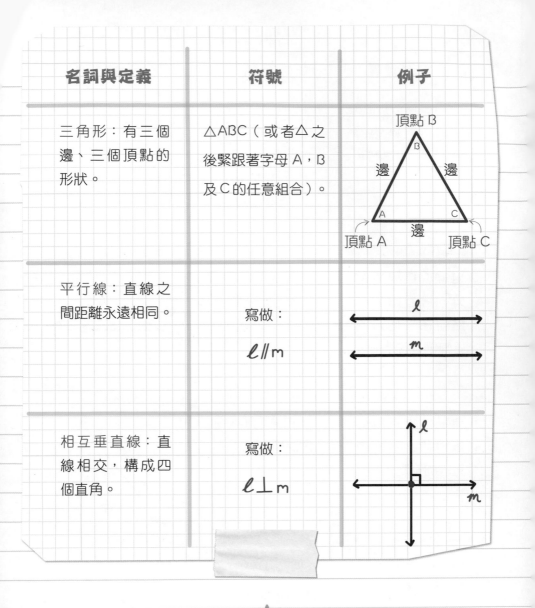
平行線：直線之間距離永遠相同。	寫做： $\ell \parallel m$	
相互垂直線：直線相交，構成四個直角。	寫做： $\ell \perp m$	

線

線是直的，沒有寬度，且在兩相反方向上無限延伸。它是一維的（幾何物件），或是扁平的。

運用列舉來命名一條線。

1. 直線上的任意兩點都有雙箭頭在上，或者

2. 運用小寫、斜體的字母寫在箭頭之後。

這條直線可以按如下方式來稱呼：$\overleftrightarrow{FG}$, $\overleftrightarrow{GF}$, $\overleftrightarrow{GH}$, $\overleftrightarrow{HG}$, $\overleftrightarrow{FH}$, $\overleftrightarrow{HF}$ 或 k 來稱呼。

共線的點位於同一條直線上。

點 H, I 及 J 共線。

點 D, E 及 F 不共線。（這些點沒有位在同一條直線上。）這些是兩條射線。

面

平面幾何處理，譬如正方形及三角形的「扁平」形狀。扁平形狀是二維的或 2-D 的（幾何物件）。

平面是往所有方向無限延伸的扁平（2-D）曲面。

（如何）命名（或稱呼）一個平面。

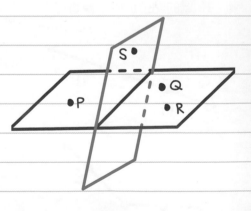

1. 運用寫在這個平面上的大寫字母，或者

2. 平面上的任意三點（按任意順序排列）。

只要這些點不會構成一條直線。

這個平面可以命名為 PSQ, PQS, SPQ, SQP, QPS, QSP 或平面 N（不含點的大寫字母）。

共平面的點都位於同一平面上。

點 P,Q 和 R **共平面**，它們都位於那個水平的平面上。

點 S 不與 P,Q 和 R 共平面，因為它位於一個不同的（垂直的）平面上。

直線與平面的相交

兩條直線**相交**於一點。

相交處：點 C。

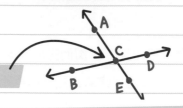

兩個平面相交於一直線。

相交處：線 ℓ。

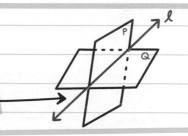

一平面與一直線相交於一點。

相交處：點 J。

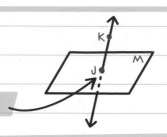

這個立方體顯示六個面。平面 ABD 與平面 DHG 的相交處是直線 $\overleftrightarrow{DC}$。

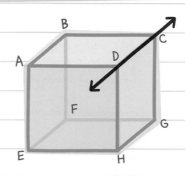

設準與定理

數學證明是用來溝通數學理念，是確認一個想法的邏輯理由。而設準與定理都是用來支持證明的（命題）。

設準是被接受為事實而未經證明的一種敘述句。至於**定理**則是吾人運用其他定理、定義或設準以證明為真的一種敘述句。

線段設準

並非所有設準都有名稱。

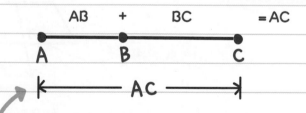

線段加法設準

若 B 是線段 $\overline{AC}$ 上的一點，則 AB + BC = AC。

| AB | + | BC | = AC |

A　　　　　B　　　　　C

⟵ AC ⟶

加上較短線段的長度，以求出整個線段的長度。

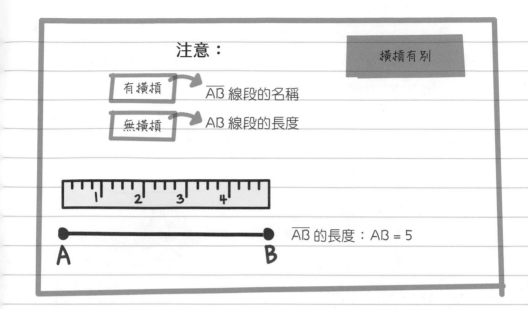

注意：

橫槓有別

有橫槓 → $\overline{AB}$ 線段的名稱

無橫槓 → AB 線段的長度

$\overline{AB}$ 的長度：AB = 5

例子： 若 R 介於 Q 與 S 之間，QR = 14，且 RS = 17，試求 QS 的長度。

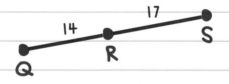

QS = QR + RS

QS = 14 + 17 = 31

例子： 若 U 介於 T 與 V 之間，TV = 21，TU = 2x 且 UV = 15，求 x 的值。

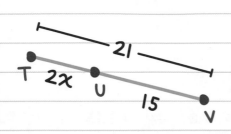

由於 2x 與 15 加起來是 21，我可以列出（建立）一個方程式。

TU + UV = TV

2x + 15 = 21　　　　　　　　　　代換

2x + 1̶5̶ − 1̶5̶ = 21 − 15　　　　　從等號兩邊都減掉 15

2x = 6

$\dfrac{2x}{2} = \dfrac{6}{2}$　　　　　　　　　　兩邊都除以 2

x = 3

全等的線段

兩條線段若等長，則**全等**。

$\overline{AB}$ 全等於 $\overline{CD}$。

利用全等敘述句，來證明線段全等：

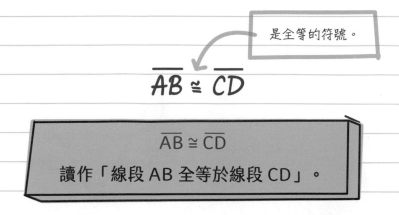

是全等的符號。

$$\overline{AB} \cong \overline{CD}$$

$\overline{AB} \cong \overline{CD}$

讀作「線段 AB 全等於線段 CD」。

刻點標記（｜）有時候被用以表示線段全等。相同數目的刻點標記表示線段彼此全等。

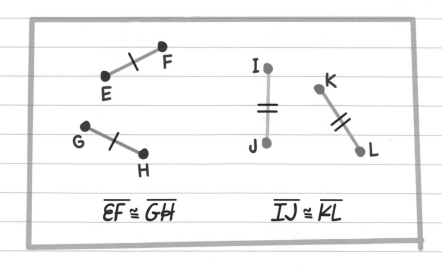

$$\overline{EF} \cong \overline{GH} \qquad \overline{IJ} \cong \overline{KL}$$

在圖形中，哪些線段彼此全等？

這個圖形是由四條線段所組成：
$\overline{MN}$, $\overline{NO}$, $\overline{OP}$ 與 $\overline{PM}$。在 $\overline{MN}$ 與
$\overline{NO}$ 上的刻點標記顯示它們全等。

MP 長度等於 PO 長度，因此，
$\overline{MP}$ 與 $\overline{PO}$ 全等。
也就是 $\overline{MN} \cong \overline{NO}$ 和 $\overline{MP} \cong \overline{PO}$。

N

M   O

3cm   3cm

P

線段的平分線或面

一條線段的 **中點** 是半途的點，將這條線段分成兩條全等的線段。

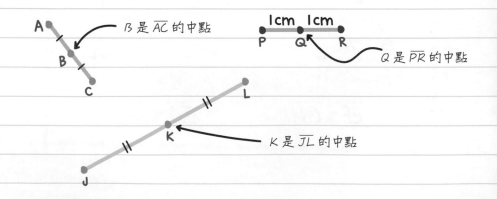

A

B 是 $\overline{AC}$ 的中點

B

C

1cm 1cm
P   Q   R

Q 是 $\overline{PR}$ 的中點

L

K

K 是 $\overline{JL}$ 的中點

J

線段的平分線或面

是穿過它的中點（平分它）之直線、射線、線段或平面。

平分或等分是指「分成相等的兩半」。每一個全等的線段之度量都是原線段度量的一半。

平分線段 $\overline{FG}$ 的幾何物件之例子：

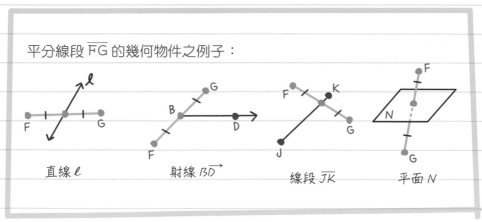

直線 ℓ 射線 $\overrightarrow{BD}$ 線段 $\overline{JK}$ 平面 N

直線 j 不是 $\overline{FG}$ 的平分線段之幾何物件，因為它並未在 $\overline{FG}$ 的中點處平分。

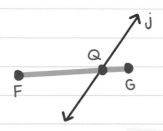

隨堂小測驗

針對問題 1–4 之回答，使用（右邊）這個圖形。

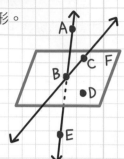

1. 說出三個共線點。

2. 說出三個共平面點。

3. 說出直線 $\overleftrightarrow{AE}$ 與平面 F 的交點。

4. 平面 F 的其他六個命名方式為何？

針對問題 5 與 6 之回答，使用（下面）這個圖形。

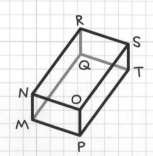

5. 在這個圖形中，有多少個平面被顯示出來？

6. 平面 MPT 與平面 MNR 的相交處為何？

7. 什麼是線段加法之設準？

8. 求線段 $\overline{GI}$ 的長度。

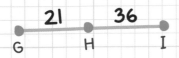

9. 求 x 的值。

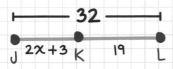

10. 針對下列圖形中的全等線段，寫出一個全等的敘述句。

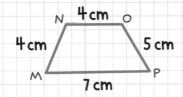

11. 針對下列圖形中的全等線段，寫出一個全等的敘述句。

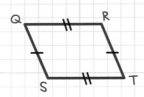

12. 什麼是平分線段的幾何物件？

解答在下一頁

對答時間

1. A、B 與 E。

2. B、C 與 D。

3. 點 B。

4. 平面 BCD、BDC、CDB、CBD、DBC 與 DCB。

5. 六個。

6. 直線 $\overleftrightarrow{MQ}$。

7. 若 B 介於 A 與 C 之間，則 AB + BC = AC。

8. GI = 5 7。

9. JL = JK + KL; 3 2 = 2x + 3 + 1 9; 3 2 = 2x + 2 2; 2x = 1 0; x = 5。

10. $\overline{MN} \cong \overline{NO}$。

11. $\overline{QS} \cong \overline{RT}$ 且 $\overline{QR} \cong \overline{ST}$。

12. 平分線段的幾何物件是穿過它的中點之直線、射線、線段或平面。

角

角（∠）是由兩條共有一個端點的射線
所構成。

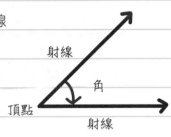

射線

角

頂點

射線

按下列三種方式來命名一個角：

1. 頂點∠A。

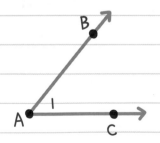

2. 三個點（並列），頂點位列中間：
   ∠BAC 或∠CAB。

3. 角內部的數字：∠1。

若兩個或更多的角有相同頂點，你就不能只用頂點來命名這些角。

這個圖顯示了三個角：
∠HGJ、∠2 與 ∠3。每一個角都以 G 為其頂點。對這些角來說，千萬不要使用 ∠G 為其名稱，因為這就不清楚你究竟是指哪一個角。

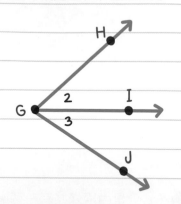

繞著角的空間可以分類為內部與外部。

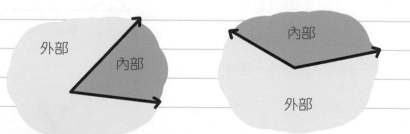

角的度量

∠A 的度量（此角之大小）寫做 m∠A。

（一般已經知道這是計算角度時，會省略 m）

我們使用度（°）來度量角的大小。一個圓有 360°。

基本角：

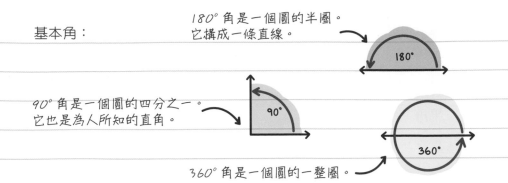

180° 角是一個圓的半圈。
它構成一條直線。

180°

90° 角是一個圓的四分之一。
它也是為人所知的直角。

90°

360°

360° 角是一個圓的一整圈。

角的種類

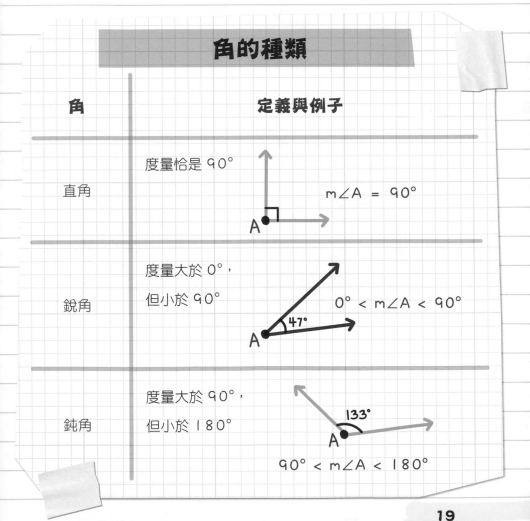

角	定義與例子
直角	度量恰是 90°　　　　　　 m∠A = 90°
銳角	度量大於 0°，但小於 90°　　　0° < m∠A < 90°　　47°
鈍角	度量大於 90°，但小於 180°　　133°　　90° < m∠A < 180°

角	定義與例子

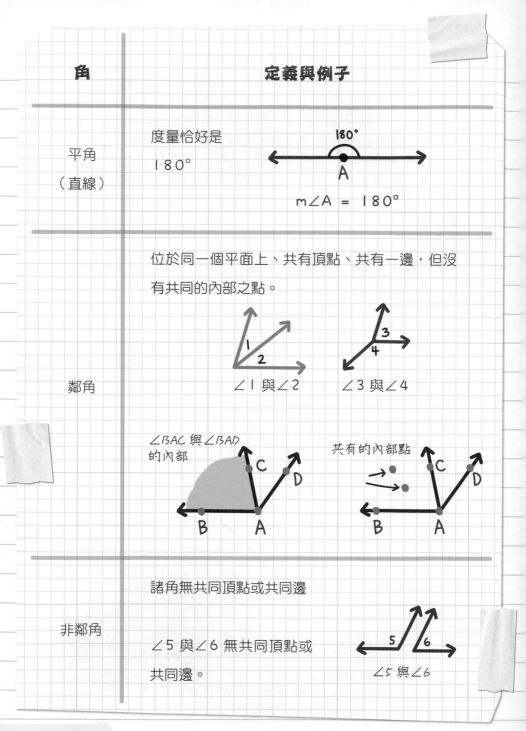

平角
（直線）

度量恰好是
180°

m∠A = 180°

鄰角

位於同一個平面上、共有頂點、共有一邊，但沒有共同的內部之點。

∠1 與∠2   ∠3 與∠4

∠BAC 與∠BAD
的內部

共有的內部點

非鄰角

諸角無共同頂點或共同邊

∠5 與∠6 無共同頂點或
共同邊。

∠5 與∠6

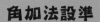
若點 R 在角∠QPS 的內部，則 m∠QPR＋m∠RPS＝m∠QPS。

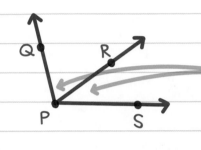

較小的角之度量相
加以求得較大角的
度量。

例子： 求 m∠ABC。

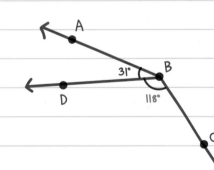

m∠ABD＋m∠DBC＝m∠ABC

31°＋118°＝m∠ABC   代換

m∠ABC＝149°   相加

例子： m∠UTW＝120°。求 x 的值。

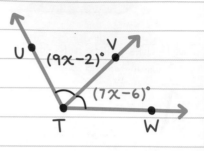

m∠UTV＋m∠VTW＝m∠UTW

$(9x-2)° + (7x-6)° = 120°$　　　　　代換

$16x-8 = 120$　　　　　化簡

$16x-8+8 = 120+8$　　　　　等號兩邊加 8

$\dfrac{16x}{16} = \dfrac{128}{16}$　　　　　等號兩邊除以 16

$x = 8$

全等角

兩角若它們的角度量相等，則全等。

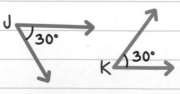

∠J ≅ ∠K

注意： 我們可以運用對應的角標示來顯示角之全等。

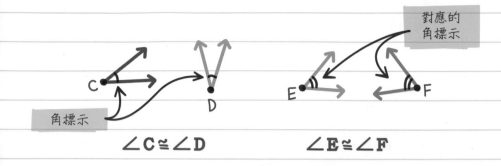

對應的角標示

角標示

$$\angle C \cong \angle D \qquad \angle E \cong \angle F$$

例子： ∠HGI ≅ ∠LGJ 成立嗎？

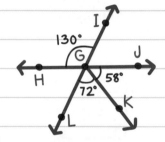

$$m\angle LGJ = 72° + 58°$$
$$= 130°$$

由於∠HGI 與∠LGJ 兩者的度量都是

130°，因此它們全等。

∠HGI 與∠LGJ 有相同的度量嗎？

∠HGI ≅ ∠LGJ。

隨堂小測驗

1. 對圖形中有陰影的角，給出三個命名。

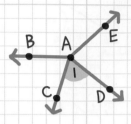

針對問題 2–5 中的角，按直角、銳角、鈍角或平角的名稱加以分類。

2.

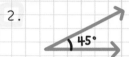

3.

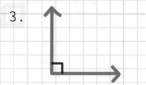

4.

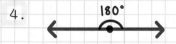

5.

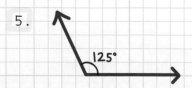

6. 完成下列的敘述句：

   m∠BAC＋m∠CAD＝m _____ 。

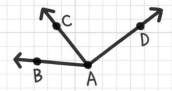

7. 已知 m∠KJM＝170°，求 x 的值。

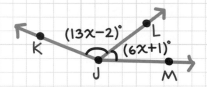

針對問題 8 和 9 的解答，請運用下列圖形。

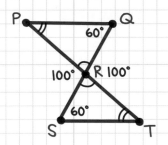

8. ∠RPQ ≅ _____

9. ∠PRS ≅ _____

10. 替下列圖形中成對的全等角命名。

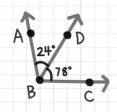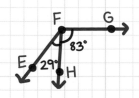

解答在下一頁

1. ∠1，∠CAD，∠DAC

2. 銳角

3. 直角

4. 平角

5. 鈍角

6. ∠BAD

7. m∠KJM=m∠KJL+ m∠LJM；170=(13x-2)+(6x+1)；
170=19x-1；171=19x；x=9。

8. ∠RTS（或∠STR）

9. ∠QRT（或∠TRQ）

10. ∠I ≅ ∠EFG

成對的角

兩個角可以藉由它們的度量或方向來建立彼此的關係。這些角都被稱為**成對的角**（或角偶），它們有不同的類型出現。

鄰角位於同一平面，共有頂點，共有一個邊，而且沒有共同的內部點。

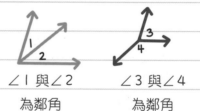

∠1 與∠2　　　　∠3 與∠4

為鄰角　　　　　為鄰角

對頂角是不相鄰的角，且彼此相對。它們構成於兩直線相交。它們共有頂點。

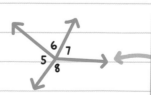

這些都不是直線，沒有直線相交這回事。

∠1 與∠3　　∠2 與∠4　　∠5 與∠7　　∠6 與∠8

為對頂角　　為對頂角　　不是對頂角　不是對頂角

對頂角會全等。

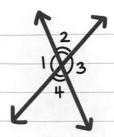

$\angle 1 \cong \angle 3$

$\angle 2 \cong \angle 4$

例子：　求 x 的值。

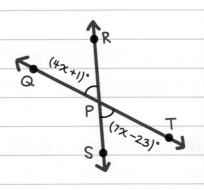

由於 $\angle$QPR 與 $\angle$SPT 為對頂角，

所以，它們全等。

$m\angle QPR = m\angle SPT$

$4x + 1 = 7x - 23$	代換
$\cancel{4x} + 1 - 4x = 7x - 23 - 4x$	從兩邊各減去 4x
$1 = 3x - 23$	
$1 + 23 = 3x - \cancel{23} + \cancel{23}$	兩邊各加上 23
$24 = 3x$	
$\dfrac{24}{3} = \dfrac{\cancel{3}x}{\cancel{3}}$	兩邊各除以 3
$x = 8$	

m∠QPR＝m∠SPT 成立嗎？

m∠QPR＝$(4x+1)°=[4×8+1]°=33°$
m∠SPT＝$(7x-23)°=[7×8-23]°=33°$ ✓

更多成對的角（或角偶）

成對的角	定義	例子
（互）餘角	兩角之和為 90°	∠A 是 ∠B 的餘角 ∠1 是 ∠2 的餘角

成對的角	定義	例子
（互）補角	兩角之和為 180°	118° A 62° B ∠A 是 ∠B 的補角 1 2 ∠1 是 ∠2 的補角
（互為）線性成對 相互緊鄰	兩角相鄰且互為補角	這兩個角構成一直線，180° 1 2 ∠1 與 ∠2 是線性成對

互餘角

你很聰明

你更聰明

例子： 若∠B 是∠A 的補角，且 m∠A＝42°，求 m∠B。

由於∠B 是∠A 的補角，它們的度量加起來是 180°：

m∠B＋m∠A＝180°

m∠B＋42°＝180°

m∠B＋42° − 42°＝180° − 42°

m∠B＝138°

例子： 已知兩個互餘的角之差為 16°。這兩個角的度量各自為何？

第一部分：

我們不知道第一個角的度量，因此，派給它這個變數：x°。

因為這兩個角互餘，所以，第二個角的度量將是 (90−x)°

從 90 減去 x 可得第二角的度量。

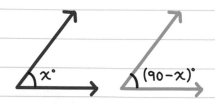

這兩個角的差是 16°，所以：

第二部分：

$(90-x)-(x)=16$

$90-2x=16$ 化簡

$\cancel{90}-2x-\cancel{90}=16-90$ 從兩邊各減去 90

$-2x=-74$

$\dfrac{\cancel{-2}x}{\cancel{-2}}=\dfrac{-74}{-2}$ 兩邊都除以 –2

$x=37$

第一個角是 37°

第二個角是 $(90-x)°=(90-37)°=53°$

這兩個角的度量分別是 37° 與 53°。

複習

這兩角互餘：$37°+53°=90°$ ✓

這兩角之差為 16°：$53°-37°=16°$ ✓

角平分線

角平分線是將一個（給定）角分成兩個全等角的一條射線。

若 $\overrightarrow{AC}$ 是 ∠BAD 的角平分線，

則 ∠BAC ≅ ∠CAD。

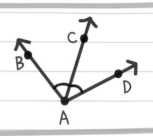

若 $\overline{QS}$ 平分 ∠PQR，且 m∠PQR＝42°，

則 m∠PQS＝21°且 m∠SQR＝21°。

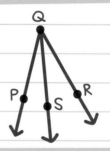

例子： $\overline{EG}$ 是 ∠FEH 的角平分線，m∠FEG＝(9x–5)°，

且 m∠GEH＝(7x+11)°，求 m∠FEH。

首先，求 x 的值。

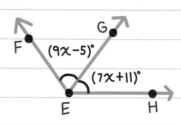

因為 $\overrightarrow{EG}$ 將 ∠FEH 平分為兩個全等的

角，因此，它們的度量相等：

m∠FEG＝m∠GEH

$9x-5 = 7x+11$ 代換

$9x-5-7x = 7x+11-7x$ 從兩邊各減去 7x

$2x-5 = 11$

$2x-\cancel{5}+\cancel{5} = 11+5$ 兩邊各加上 5

$2x = 16$

$\dfrac{\cancel{2}x}{\cancel{2}} = \dfrac{16}{2}$ 兩邊都除以 2

$x = 8$

所以 $m\angle FEG = (9x-5)° = (9 \times 8 - 5)° = 67°$

$\quad\quad m\angle GEH = (7x+11)° = (7 \times 8 + 11)° = 67°$

我們現在已經有了所需資訊來求 $m\angle FEH$。

$m\angle FEH = m\angle FEG + m\angle GEH$ 角加法設準

$\quad\quad = 67° + 67°$ 代換

$\quad\quad = 134°$

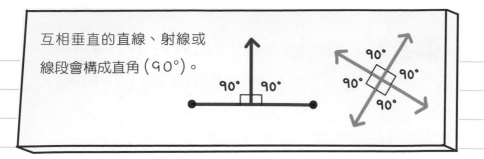

互相垂直的直線、射線或線段會構成直角（90°）。

一條線段的**垂直平分**之幾何物件是一條直線、射線或線段，它將給定線段分成兩條全等線段，並且構成四個直角。

這種幾何物件平分該線段，但也具有垂直的性質！

例子：

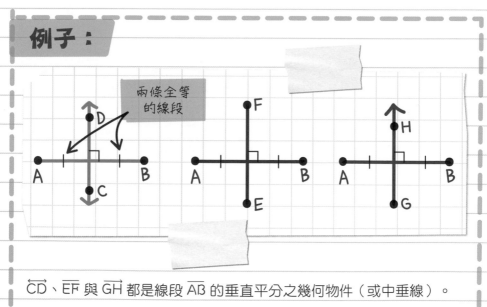

兩條全等的線段

$\overline{CD}$、$\overline{EF}$ 與 $\overline{GH}$ 都是線段 $\overline{AB}$ 的垂直平分之幾何物件（或中垂線）。

例子： 在底下的圖形中，RS = 2a + 5, ST = 17

且 m∠UST = (15b)°。求 a、b 之值使得 $\overleftrightarrow{US}$ 是 $\overline{RT}$ 的中垂線。

為了使 $\overleftrightarrow{US}$ 成為中垂線，$\overline{RS}$ 與 $\overline{ST}$ 必須全等。

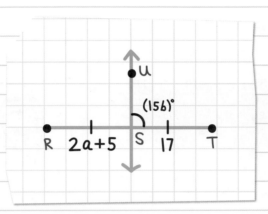

RS = ST	全等線段之度量必須等長
2a + 5 = 17	代換
2a + 5 − 5 = 17 − 5	從兩邊都減去 5
2a = 12	
$\dfrac{2a}{2} = \dfrac{12}{2}$	兩邊都除以 2

$a = 6$

而且∠UST 必須是直角。

m∠UST = 90°

15b = 90   代換

$\dfrac{\cancel{15}b}{\cancel{15}} = \dfrac{90}{15}$ 兩邊都除以 15

b = 6

隨 堂 小 測 驗

針對下列問題 1-5，在空格上填入成對的另一角。

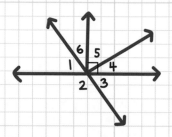

1. 相鄰角：∠4 與_____，∠4 與_____。

2. （互為）對頂角：∠1 與_____。

3. （互為）餘角：∠4 與_____。

4. （互為）補角：∠1 與_____。

5. （互為）線性成對角：∠3 與_____。

6. 求下列圖形中的 x 之值。

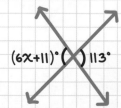

$(6x+11)°$ ( ) $113°$

7. 若∠B 是∠A 的補角，且 m∠A = 107°，求 m∠B。

8. 已知兩互餘角之差為 24°。這兩個角的度量為何？

9. 何謂角平分線？

10. 在下列圖形中，ℓ 是 $\overline{PR}$ 的中垂線，PQ = 3y + 2，QR = y + 8，而且 m∠PQS = (2x − 18)。求 x, y 的值。

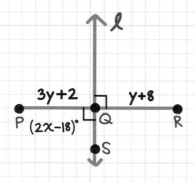

解答在下一頁

對答時間

1. ∠5, ∠3

2. ∠3

3. ∠5

4. ∠2

5. ∠2

6. 6x+11=113; 6x=102; x=17

7. m∠B=73°

8. 57°與33°

9. 角平分線是將一個（給定）角分成兩個全等角的一條射線。

10. PQ=QR; 3y+2=y+8; 2y+2=8; 2y=6; x=54, y=3

尺規作圖

我們可以使用圓規與直尺（無刻度）來**建構**或繪製精確的形狀、角與線。

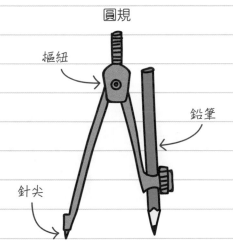

圓規

樞紐

鉛筆

針尖

直尺

用這邊畫直線

不需要用刻度

垂直線的尺規作圖

這是我喜愛的一章。

作出線段 $\overline{AB}$ 的中垂線

方法之一：

A ●————————————————● B

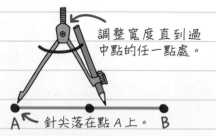

1. 設定好圓規的寬度。在這四個步驟中，都保持這個寬度。

調整寬度直到過中點的任一點處。

針尖落在點 A 上。

2. 畫一條大圓弧通過線段 $\overline{AB}$。將針尖落在點 A，移動鉛筆，從線段下面開始畫一個大弧。

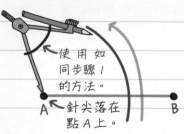

使用如同步驟 1 的方法。

針尖落在點 A 上。

3. 在線段右邊重複上述方法。將針尖落在點 B 上，移動鉛筆造出一個大弧。並確認它與第一個弧有重疊。

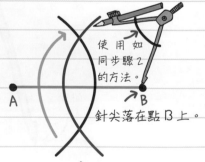

使用如同步驟 2 的方法。

針尖落在點 B 上。

4. 畫一條垂直線以連接這兩個弧的交點。

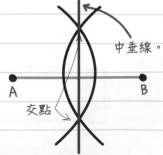

中垂線。

交點

作中垂線的另一方法：

1. 在 $\overline{AB}$ 上作兩條小弧。將針尖落在點 P 上。打開圓規任意寬度並藉以畫出一個小弧通過 $\overline{AB}$。保持針尖始終落在點 P 上，提起鉛筆、移動到線段的另一邊，且畫出第二個小弧。

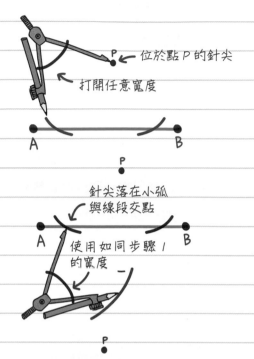

位於點 P 的針尖

打開任意寬度

2. 在 $\overline{AB}$ 下面作一弧。將針尖落在左邊小弧上，且移動鉛筆畫出一弧低於已知線段並在點 P 之下。

針尖落在小弧與線段交點

使用如同步驟 1 的寬度

3. 在線段右邊重複上法。

針尖落在小弧與線段交點

使用如同步驟 1 的寬度

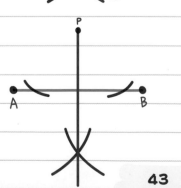

4. 畫一條垂直線，連接點 P 及下面兩弧的交點。

作平行線

作一直線通過點 P 且平行於直
線 ℓ。

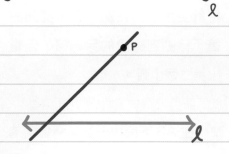

1. 使用直尺畫一長線通過點 P
及 ℓ 上任一點。

2. 畫一個弧通過這兩條直線。
這個弧可以位於點 P 以下的任
意處。

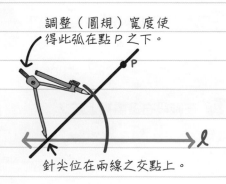

調整（圓規）寬度使
得此弧在點 P 之下。

針尖位在兩線之交點上。

3. 將圓規針尖移到點 P，且在
其上畫第二個弧。

使用如同步驟
2 的圓規寬度

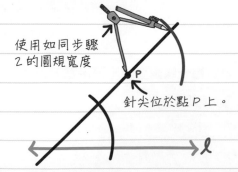

針尖位於點 P 上。

4. 張開圓規寬度以符合第一弧的兩個交點。

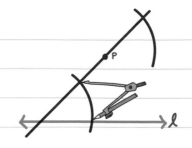

5. 運用那個寬度在上面的第二弧上畫第三弧。標示交點。

針尖落在弧與線的交點。

使用步驟 4 的相同寬度。

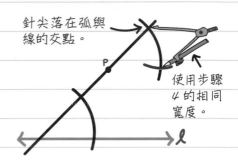

6. 畫一條直線連接點 P 與步驟 5 所畫的那一交點。這條新的直線平行於直線 ℓ。

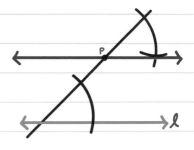

我做了些好的動作。

作角

作一個角與∠G 全等。

1. 作一條射線

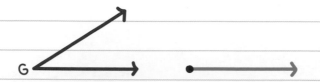

2. 在∠G 上作一條大弧。在（已作）射線上也作同一條弧。

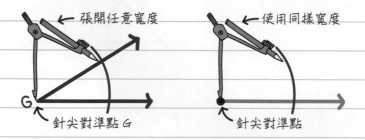

← 張開任意寬度

針尖對準點 G

← 使用同樣寬度

針尖對準點

3. 在射線上，作一條小弧通過第一條弧（大弧）。將針尖及鉛筆尖對準∠G 上的兩個交點，以設定圓規寬度。

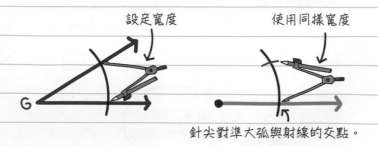

設定寬度

使用同樣寬度

針尖對準大弧與射線的交點。

4. 作一射線從給定點通過大、小弧的交點。

作角平分線

作∠M 的角平分線：

1. 作一大弧與（給定角的）兩
條射線相交。

圓規張開
任意寬度

針尖對準頂點 M

2. 作一條小弧通過給定
角的中心。

其大小無關緊要，
就只是它的確通過
角中心即可。

將針尖置於此
弧的上方交點。
作第二條弧。

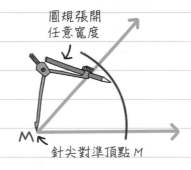

3. 在對邊的射線上重複此一作圖。作一弧與步驟 2 所作之弧相交。

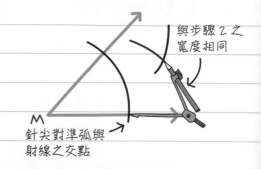

與步驟 2 之寬度相同

針尖對準弧與射線之交點

4. 從∠M 的頂點作一條射線通過兩小弧的交點。

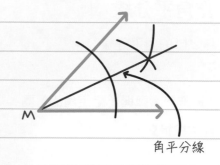

角平分線

你看出那個竅門嗎？我驚呆了！

隨 堂 小 測 驗

複製每則作業中的圖形，並利用圓規、直尺作下列圖形：

1. 作 $\overline{AB}$ 的中垂線。

2. 作 $\overline{CD}$ 的中垂線。

3. 從點 A 到直線 n 作垂線。

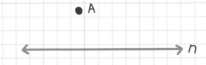

4. 從點 R 到直線 M 作垂線。

5. 過點 R 作一直線且平行於直線 t。

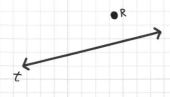

更多題目

6. 作一角與∠D 全等。

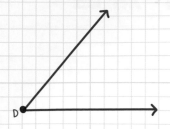

7. 作一角與∠K 全等。

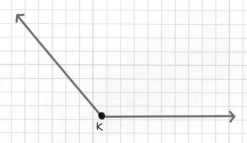

8 ∠M 的角平分線。

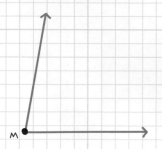

9. ∠J 的角平分線。

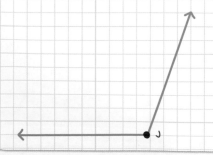

對 答 時 間

1.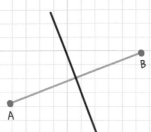

2.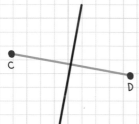

3.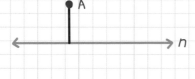

4.

5.

更多解答

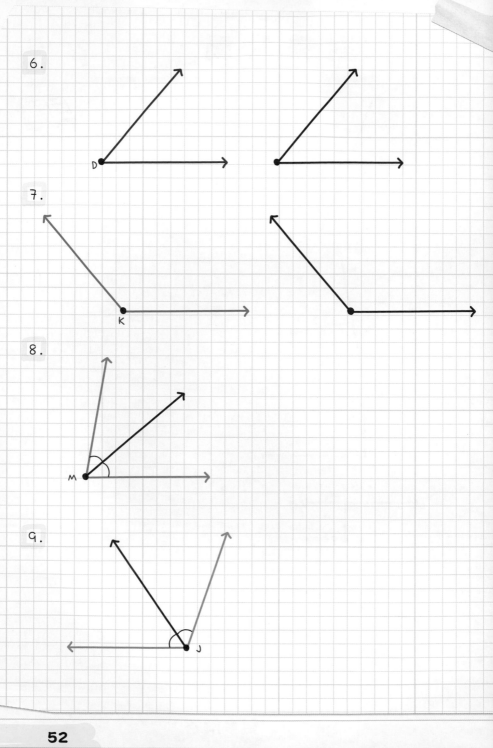

6.

7.

8.

9.

邏輯與論證

歸納論證

歸納論證是用以構成基於一組觀察的假設（說明）。這個說明或結論通常被稱為**假說**（或猜測）。

觀察 → 假說

例子：

艾曼莉碰到的每隻貓都發出咕嚕聲。艾曼莉於是假設所有貓都會發出咕嚕聲。

觀察 假說

咕嚕

歸納論證涉及：

1. 檢視幾個例子。

2. 觀察一個模式。

3. 假設這個模式永遠成立。

要想證明一個假說不成立，我們只要找到一個反例即可。

一個**反例**是指觀察的一種例外的情況。它顯示了一個陳述句為假。

例子： 如果艾曼莉找到一隻不發出咕嚕聲的貓，那麼，她的
「假設所有貓都會發出咕嚕聲」將會是不成立的。

假說：所有貓都會發出咕嚕聲。

反例：有一隻貓不發出咕嚕聲。

假說不成立（猜測為假）。

例子： 證明下列假說不成立。

假說：所有互為補角的兩角都是**線性成對**出現，亦即它們都是相鄰且互補。

舉一個反例。

這些角互補（180°）但不相鄰。它們不是線性成對。

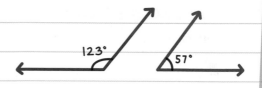

注意： 反例僅用以證明假說不成立。如果你找不到反例，那並不能證明該假說成立（猜測為真）。

條件陳述句

條件陳述句是具有「若—則」（if-then）形式的陳述句。若一個條件滿足，則一個行動會被執行。

條件陳述句非真即假。

要想證明一個條件陳述句為真（成立），你必須證明在所有情形下，結論全都會出現。

要想證明一個條件陳述句為假（不成立），那就只要舉一個反例證明該陳述句為假即可。

條件陳述句寫成如下形式：若 p，則 q。

在「若」之後的陳述句部分被稱為假設（p）。

在「則」之後的陳述句部分被稱為結論（q）。

若你整夜不睡，則你明天上學將會疲倦不堪。

假設（p）：你整夜不睡。

結論（q）：你明天上學將會疲倦不堪。

若 p，則 q 可以寫成下式

$$p \rightarrow q$$

正規陳述句可以被改寫為條件陳述句。例如：

正規陳述句：

凡魚必有鰓。

條件陳述句：

若牠是魚，則牠有鰓。
　　〔p〕　　　　〔q〕

例子： 將下列陳述句寫成條件陳述句：

兩條全等線段有相同的長度。

條件陳述句：

若兩條線段全等，則
    〔p〕

它們有相同的長度。
    〔q〕

一個條件陳述句的逆陳述是將前者（原陳述句）的假設與結論對調的結果。

若原陳述句是「若 p，則 q」，則其逆陳述如下：

若 q，則 p，或 q → p。

條件式	逆陳述
p → q	q → p

一個成立的條件陳述句之逆陳述並不永遠成立。

例子：

條件陳述句：若莉莉看到一隻小狗狗，則她就展露笑顏。
  〔p〕   〔q〕

逆陳述：若莉莉展開笑顏，則她看到一隻小狗狗。
  〔q〕   〔p〕

在這種情形中，逆陳述並不成立。

這些小狗狗都從哪裡來的？

我不知道！每次我一微笑，就有一隻小狗狗出現！

例子： 寫如下條件陳述句的逆陳述，並判斷它們是否成立？

條件陳述句：若 $x = 5$，則 $x^2 = 25$。
　　　　　　　〔p〕　　　　〔q〕

逆陳述如下：

若 $x^2 = 25$，則 $x = 5$。
　〔q〕　　　　〔p〕

這個推論並不永遠成立。x 也可以是 -5，因為 $(-5)^2 = 25$。

這個 $x = -5$ 的反例證明逆陳述並不成立。

雙條件陳述句

在一個雙條件陳述句中，條件陳述句及其逆陳述都成立。

一個雙條件陳述句是兩個陳述句的組合。

條件陳述句成立＋其逆陳述句也成立＝雙條件陳述句成立。

一個雙條件陳述句被寫成下列形式：

p 若且唯若 q（寫做 p iff q）。

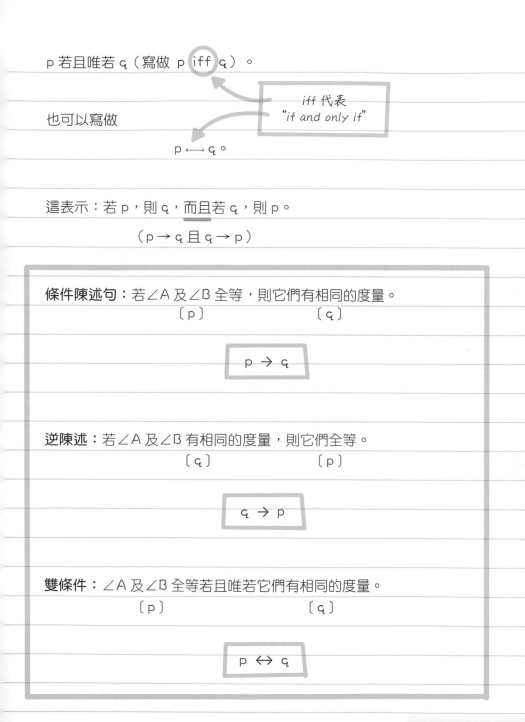

iff 代表
"if and only if"

也可以寫做

p ⟷ q。

這表示：若 p，則 q，而且若 q，則 p。

（p → q 且 q → p）

條件陳述句：若∠A 及∠B 全等，則它們有相同的度量。
          [p]   [q]

p → q

逆陳述：若∠A 及∠B 有相同的度量，則它們全等。
          [q]   [p]

q → p

雙條件：∠A 及∠B 全等若且唯若它們有相同的度量。
          [p]   [q]

p ↔ q

例子：

條件陳述句：若∠A 是平角，則 m∠A = 180°。
　　　　　　　〔p〕　　　　　　〔q〕

逆陳述：若 m∠A = 180°，則∠A 是平角。
　　　　　　〔q〕　　　　　　〔p〕

雙條件：∠A 是平角若且唯若 m∠A = 180°。
　　　　　〔p〕　　　　　　　　〔q〕

演繹論證

演繹論證利用給定事實及陳述邏輯地推演到一個結論。

演繹論證法則

演繹論證有兩個定律：

◼ 分離律

◼ 三段論法

> **分離律**
> 若陳述句 p → q 及 p 都成立（或都為真），
> 則第三個陳述句 q 也成立（為真）。

下列兩個陳述句成立：

1. 若約翰吃壽司，則他使用筷子。
   〔p〕　　　　　　〔q〕

2. 約翰吃壽司。
   〔p〕

運用分離律，我們可以推得：

約翰使用筷子此一陳述為真。
   〔q〕

例子： 你可以從這些陳
述推得什麼結論？

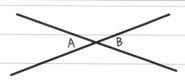

若∠A 與∠B 是對頂角，則 m∠A=m∠B。
   〔p〕　　　　　　　　〔q〕

∠A 與∠B 是對頂角。
   〔p〕

m∠A=m∠B。
   〔q〕

三段論法

若陳述句 p→q 與 q→r 都成立（都為真），
則陳述句 p→r 也成立（亦為真）

下列陳述句為真：

1. 若我觀看驚悚電影，則我會感到害怕。
　　〔p〕　　　　　　　〔q〕

2. 若我感到害怕，則我會躲到我的毛毯底下。
　　〔q〕　　　　　　　　〔r〕

運用三段論法，我們可以推得：

若我觀看驚悚電影，則我會躲到我的毛毯底下。
　　〔p〕　　　　　　　　〔r〕

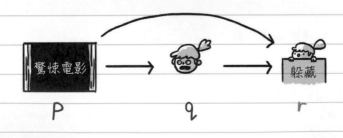

歸納論證：利用明確的例子或過去的觀察結果以推得結論。

　　條件陳述句：若 p，則 q。$(p \to q)$

　　雙條件陳述句：p 若且唯若 q。$(p \longleftrightarrow q)$

演繹論證：利用給定事實及陳述邏輯推演到一個結論。

　　分離律：若 $p \to q$ 為真且 p 為真，則 q 為真。

　　三段論法：若 $p \to q$ 及 $q \to r$ 為真，則 $p \to r$ 為真。

隨堂小測驗

1. 何謂歸納論證？

2. 利用一個反例證明下列假說為不成立。

   所有補角都相鄰。

3. 將下列改寫成一個條件陳述句。

   所有企鵝都是鳥類。

4. 寫出下列條件陳述句的逆陳述並且判斷它是否為真。

   若 $\overline{AB} \cong \overline{CD}$，則 $AB = CD$。

5. 運用下列條件句及其逆陳述以構成一個雙條件句。

   條件句：若 $m\angle A = 90°$，則 $\angle A$ 是（一個）直角。
   逆陳述：若 $\angle A$ 為直角，則 $m\angle A = 90°$。

6. 何謂演繹論證？

7. 給定下列兩個成立的陳述句，利用分離律寫出一個合乎邏輯的結論。

給定：若 $\overrightarrow{BD}$ 平分 $\angle ABC$，則 $m\angle ABD = m\angle DBC$。
$\overrightarrow{BD}$ 平分 $\angle ABC$。

8. 給定下列兩個成立的陳述句，利用三段論法寫下第三個。

若艾比用功讀書，則她將獲得好成績。
若艾比獲得好成績，則她將獲准進入一所好大學。

解答在下一頁

67

1. 歸納論證利用明確的例子或過去的觀察結果以推得結論。

2. 其中一個可能的例子。

3. 若牠是企鵝,則牠是鳥類。

4. 若 AB = CD,則 $\overline{AB} \cong \overline{CD}$。這是成立的。

5. m∠A = 90° 若且唯若∠A 是直角。

6. 演繹論證利用給定事實及陳述邏輯推演到一個結論。

7. m∠ABD = m∠DBC。

8. 若艾比用功讀書,則她將獲准進入一所好大學。

幾何證明

證明

一個證明或邏輯論證可以用來顯示一個假說何以成立（或為真）。

我們運用等式性質（源自代數學）及全等性質來演示證明。

一個反例顯示一個猜測為假（或不成立）。一個證明顯示它為真（或成立）。

等式性質：只要你對一個等式的一邊做任何事，你就必須對另一邊也做同樣的事。

等式及全等的性質

性質	定義	例子
等式的加一減性質	同樣的數可以從一個等式的兩邊（同時）加入／減去。	若 $a=b$，則 $a+c=b+c$, $a-c=b-c$。
等式的乘法性質	同樣的數可以被乘到一個等式的兩邊。	若 $a=b$，則 $a \times c = b \times c$。
等式的除法性質	一個等式的兩邊可除以同一個非零的數。	若 $a=b$，則 $\dfrac{a}{c} = \dfrac{b}{c}$ $(c \neq 0)$。
等式一全等的反身性質	一個數等於它本身。	$a=a$ $\overline{AB} = \overline{AB}$

性質	定義	例子
等式的對稱性質 全等的對稱性質	等式的順序可以逆轉。	若 $a=b$，則 $b=a$。 若 $\overline{AB} \cong \overline{CD}$， 則 $\overline{CD} \cong \overline{AB}$
等式的遞移性質 全等的遞移性質	若兩數都等於同一個數，則那些數相等。	若 $a=b$ 且 $b=c$， 則 $a=c$。 若 $\overline{AB} \cong \overline{CD}$， 且 $\overline{CD} \cong \overline{EF}$， 則 $\overline{AB} \cong \overline{EF}$
等式的代換性質	若兩數相等，你可以用其中之一取代式中的另一個。	若 $a=b$，則 b 可以在任何式子中被用以取代 a。
分配律	將一個括號中的每一數乘上括號外的數。	$a(b+c)$ $=ab+ac$

存在有不同類型的證明，然而，
當我們寫下一個證明時，卻沒有
單一、正確的答案，我們所需要
的，就只是它合乎邏輯，而且還
被證據所支撐。

透過這一系列的事實。我可
以證明這個人是無辜的！

兩欄證明

兩欄證明是一種被安排成兩欄表格形式的證明。它始於給定陳述，
繼之以一些步驟而達到將被證明的陳述。

對左欄的每個陳述來說，那個步驟所根據的理由就是在右欄。理由可
以如下所示：

- 給定（已知）資訊
- 定義
- 定理
- 性質
- 設準

兩欄證明被設定成如下格式：

給定：$\overline{AB} \cong \overline{BC}$, $AB = 2x$, $BC = 16$

求證：$x = 8$

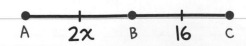

A   2x   B   16   C

兩欄證明的要領

- 設定一個遊戲計畫。
- 畫一個圖並標示之。
- 從給定資訊開始（論證）。
- 完結於待證的陳述（成立）。
- 依序寫下各個陳述，以便它們順著這個過程從第一個直到最後一個。至於陳述的個數將因證明的不同而有所差異。
- 給每個陳述各一個理由。
- 理由可以是：給定資訊、定理、設準、定義、性質。
- 如果你卡住了，那就回頭去檢視。試著弄懂倒數第二個陳述的意義。

陳述	理由
1. $\overline{AB} \cong \overline{BC}$, $AB = 2x$, $BC = 16$	1. 給定（已知） ← 永遠從給定開始
2. $AB = BC$	2. 全等的定義
3. $2x = 16$	3. 等式性質代換
4. $x = 8$	4. 等式的除法性質

每一陳述需要一個理由

從陳述 1 到 4 的邏輯步驟

我們正在證明的性質

例子： 求證若 $\overleftrightarrow{KM}$ 與 $\overleftrightarrow{KN}$

分別是 $\overline{LN}$ 與 $\overline{MO}$ 的平分線，則

$\overline{LM} \cong \overline{NO}$。

列出所有已知的資訊。

我所知道的：

$\overleftrightarrow{KM}$ 是 $\overline{LN}$ 的平分線，故 $\overline{LM} \cong \overline{MN}$

$\overleftrightarrow{KN}$ 是 $\overline{MO}$ 的平分線，故 $\overline{MN} \cong \overline{NO}$

我利用全等的遞移性質
來證明
$\overline{LM} \cong \overline{NO}$

全等的遞移性質

若 $\overline{AB} \cong \overline{CD}$ 且 $\overline{CD} \cong \overline{EF}$，則 $\overline{AB} \cong \overline{EF}$。

兩欄證明如下：

給定：$\overleftrightarrow{KM}$ 是 $\overline{LN}$ 的平分線。

　　　$\overleftrightarrow{KN}$ 是 $\overline{MO}$ 的平分線。

求證：$\overline{LM} \cong \overline{NO}$

陳述	理由
1. $\overrightarrow{KM}$ 是 $\overline{LN}$ 的平分線。 $\overrightarrow{KN}$ 是 $\overline{MO}$ 的平分線。	1. 給定（已知）
2. $\overline{LM} \cong \overline{MN}$	2. 線段平分線的定義
3. $\overline{MN} \cong \overline{NO}$	3. 線段平分線的定義
4. $\overline{LM} \cong \overline{NO}$	4. 全等的遞移性質

注意：因為陳述 2 與 3 基於相同理由，它們可以組合成一個步驟就好。

流程圖證明

流程圖證明是指一個使用方框及箭頭，以顯示導致結論的每個陳述的邏輯順序之圖表。

流程圖證明要領
- 將每個陳述置於各自方框之中。
- 在方框底下列出理由。
- 從給定陳述開始。
- 若給定陳述一個以上，則分開它們並放在各自的方框之中。
- 按邏輯順序增列更多陳述及理由。
- 完結於待證的陳述（成立）。

例子：

給定：$\overline{BD}$ 平分 $\overline{AC}$，$BD = BC$

求證：$AB = BD$

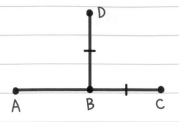

$\overline{BD}$ 平分 $\overline{AC}$		$BD = BC$
給定		給定

↓

$\overline{AB} \cong \overline{BC}$

線段平分線的定義

$\overline{BD} \cong \overline{BC}$

全等的定義

$\overline{AB} \cong \overline{BD}$

全等的遞移性質

$AB = BD$

全等的定義

例子：

給定：$\angle PQR$ 是直角

求證：$\angle 1$ 及 $\angle 2$ 是補角

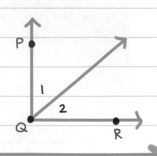

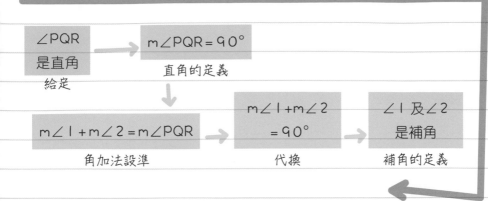

∠PQR
是直角
給定

m∠PQR＝90°
直角的定義

m∠1+m∠2＝m∠PQR
角加法設準

m∠1+m∠2
＝90°
代換

∠1及∠2
是補角
補角的定義

段落證明

段落證明（或非正規證明）是在一個段落的形式中說明假說（或猜測）何以為真（或成立）。這種證明還是遵循邏輯步驟並且給出支撐理由。它比兩欄證明之形式較為鬆散。

例子：

求證對頂角∠1與∠2全等。

段落證明樣本：

我們已知∠1及∠2是對頂角。由於線性

成對角互補，m∠1+m∠3＝180°且

m∠2+m∠3＝180°。運用代換，m∠1+m∠3＝m∠2+m∠3。

從等式兩邊都減去m∠3，可得m∠1=m∠2。根據全等的定義，

∠1≅∠2。

例子：

給定：$\angle 1 \cong \angle 2$, $m\angle 2 = m\angle 3$

求證：$\angle 1 \cong \angle 3$

在此，我們給出三種不同形式的證明。

兩欄證明

給定：$\angle 1 \cong \angle 2$, $m\angle 2 = m\angle 3$

求證：$\angle 1 \cong \angle 3$

陳述	理由
1. $\angle 1 \cong \angle 2$, $m\angle 2 = m\angle 3$	1. 給定
2. $\angle 2 \cong \angle 3$	2. 全等的定義
3. $\angle 1 \cong \angle 3$	3. 全等的遞移性質

例子：

流程圖證明

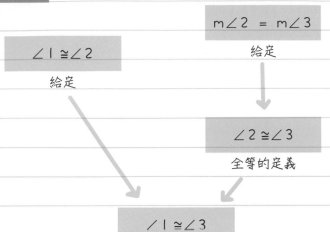

段落證明

給定條件是 $m\angle 2 = m\angle 3$。根據全等的定義，$\angle 2 \cong \angle 3$。

又有給定條件 $\angle 1 \cong \angle 2$。

因此，根據全等的遞移性質，$\angle 1 \cong \angle 3$。

隨 堂 小 測 驗

針對下列問題 1-5，敘述各自表現等式或全等的性質。

1. 若 $4x = 16$，則 $x = 4$。

2. $2x + 1 = 2x + 1$

3. 若 $y = 3x + 4$ 且 $y = 5$，則 $5 = 3x + 4$。

4. 若 $\overline{AB} \cong \overline{CD}$ 且 $\overline{CD} \cong \overline{EF}$，則 $\overline{AB} \cong \overline{EF}$。

5. 若 $\angle P \cong \angle Q$，則 $\angle Q \cong \angle P$。

6. 完成下列的兩欄證明。

給定：m∠BAD = 97°,

m∠CAD = 32°

求證：m∠BAC = 65°

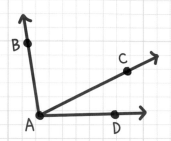

陳述	理由
1. _____	1. _____
2. m∠BAC + m∠CAD = m∠BAD	2. 角加法設準
3. m∠BAC + 32° = 97°	3. _____
4. _____	4. 等式的減法性質

更多題目

81

7. 在下列的流程圖證明 m∠GFH = m∠IFJ 中，補上漏掉的步驟。

給定：m∠GFI = m∠HFJ

求證：m∠GFH = m∠IFJ

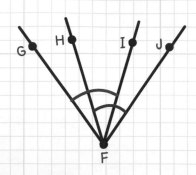

給定

m∠GFI = m∠GFH + m∠HFI

角加法設準   角加法設準

代換

m∠HFI = m∠HFI

反身性質

m∠GFH = m∠IFJ

8. 在下列的段落證明中，補上漏掉的空白。

給定：ℓ 平分 $\overline{SU}$

求證：$ST = \dfrac{1}{2}SU$

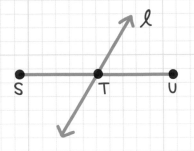

我們已知的條件是 ℓ 平分 $\overline{SU}$。根據線段加法設準，_____。
根據_____的定義，$\overline{ST} \cong \overline{TU}$。由於全等的線段的長度相
等，因此，_____。將這個代入 ST + TU = SU，最後得到
$ST = \dfrac{1}{2}SU$。

9. 在下列的段落證明中，補上漏掉的空白。

給定：$\angle 2 \cong \angle 3$，$\angle 1$ 與 $\angle 2$ 是對頂角

求證：$m\angle 1 = m\angle 3$

由於 $\angle 1$ 與 $\angle 2$ 是對頂角，_____。已知 $\angle 2 \cong \angle 3$。根據
_____，$\angle 1 \cong \angle 3$。全等角的度量相等，故_____。

解答在下一頁

對 答 時 間

1. 等式的除法性質（或等式的乘法性質）

2. 等式的反身性質。

3. 等式的代換性質（或等式的遞移性質）

4. 全等的遞移性質

5. 全等的對稱性質

6.

陳述	理由
1. m∠BAD＝97°, 　　m∠CAD＝32°	1. 給定
2. m∠BAC＋m∠CAD 　　＝m∠BAD	2. 角加法設準
3. m∠BAC＋32°＝97°	3. 等式的代換性質
4. m∠BAC＝65°	4. 等式的減法性質

7.

$$m\angle GFI = m\angle HFJ$$

給定

$$m\angle GFI = m\angle GFH + m\angle HFI$$

角加法設準

$$m\angle HFJ = m\angle HFI + m\angle IFJ$$

角加法設準

$$m\angle GFH + m\angle HFI = m\angle HFI + m\angle IFJ$$

代換

$$m\angle HFI = m\angle HFI$$

反身性質

$$m\angle GFH = m\angle IFJ$$

等式的減法性質

8. 已知 ℓ 平分 $\overline{SU}$。根據線段加法設準，$ST + TU = SU$。根據線段平分定義，$\overline{ST} \cong \overline{TU}$。全等線段長度相等，故 $ST = TU$。將這個代入 $ST + TU = SU$，最後得到 $ST = \dfrac{1}{2}SU$。

9. 由於 $\angle 1$ 與 $\angle 2$ 是對頂角，$\angle 1 \cong \angle 2$。已知 $\angle 2 \cong \angle 3$。根據全等的遞移性質，$\angle 1 \cong \angle 3$。全等角度量相等，故 $m\angle 1 = m\angle 3$。

單元

2

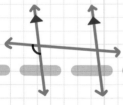

平行線

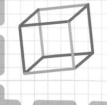

平行線 及其截線

平行線是指落在同一平面上且永不相交的直線。它們都以箭頭表示之。

平行線之間彼此距離永遠相等。

↑
線上的箭頭表示平行

記號 **//** 被用以表示平行線：$\ell \,/\!/\, m$。

∥ 是「平行於」的符號

∦ 是「不平行於」的符號

落在兩個不同平面上的**歪斜線**永不相交。

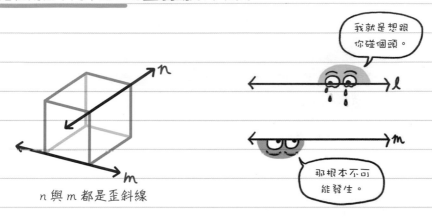

n 與 m 都是歪斜線

我就是想跟你碰個頭。

那根本不可能發生。

平行平面是兩個永不相交的平面。

平面 P ∥ 平面 Q

兩條線段或射線若包含它們的直線平行，則它們平行；若包含它們的直線歪斜，則它們歪斜。

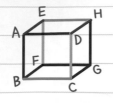
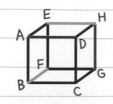
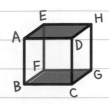

平行線段	歪斜線段	平行平面
$\overline{AE} \parallel \overline{DH}$	$\overline{AD}$ 與 $\overline{HG}$	平面 AEH $\parallel$ 平面 BCG
$\overline{EF} \parallel \overline{DC}$	$\overline{BF}$ 與 $\overline{EH}$	
$\overline{BC} \parallel \overline{EH}$		

截線

截線是與兩條或更多直線相交的一條直線。

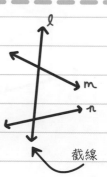

由截線與它所相交的直線所構成的角有特殊的
名稱。

截線

內角是指介於被截線所交的直線之間的角。

內角：∠3, ∠4,
∠5, ∠6

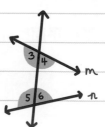

外角是指所有非介於被截線所交的直線之間的
角。

外角：∠1, ∠2,
∠7, ∠8

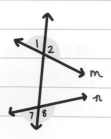

成對的角	例子	特徵
內錯角	 ∠3 與∠6， ∠4 與∠5	內角在截線的異側
同側內角	 ∠3 與∠5， ∠4 與∠6	內角在截線的同側
外錯角	 ∠1 與∠8， ∠2 與∠7	外角在截線的異側

91

截線所形成的成對角

成對的角	例子	特徵
同位角	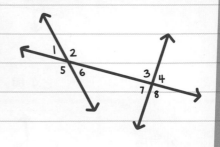 ∠1 與 ∠5， ∠2 與 ∠6， ∠3 與 ∠7， ∠4 與 ∠8	在截線的同側之所截直線相同相對位置之角

例子： 命名圖形中所有成對的內錯角、同側內角、外錯角，以及同位角。

內錯角：∠2 與 ∠7，∠3 與 ∠6

同側內角：∠2 與 ∠3，∠6 與 ∠7

外錯角：∠1 與 ∠8，∠4 與 ∠5

同位角：∠1 與 ∠3，∠2 與 ∠4，∠5 與 ∠7，∠6 與 ∠8

兩條或更多截線

這個圖形顯示了四條截線。每一條都交截了另兩條直線。

ℓ 是與直線 n 與 p 相交的截線。
m 是與直線 n 與 p 相交的截線。
n 是與直線 ℓ 與 m 相交的截線。
p 是與直線 ℓ 與 m 相交的截線。

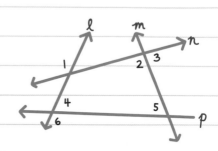

由上圖中的截線所構成的某些成對的特殊角如下：

■ ∠1 與 ∠6：由截線 ℓ 所連結的外錯角。

■ ∠1 與 ∠3：由截線 n 所連結的外錯角。

■ ∠3 與 ∠5：由截線 m 所連結的內錯角。

■ ∠4 與 ∠5：由截線 p 所連結的同側內角。

■ ∠2 與 ∠5：由截線 m 所連結的同側內角。

例子： 命名圖形中的所有截

線所構成的成對角。

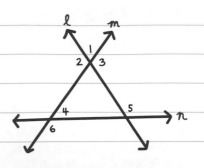

每一條直線都是連結其他兩條直線的
截線。

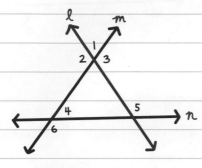

ℓ 是連結直線 m 與 n 的截線。

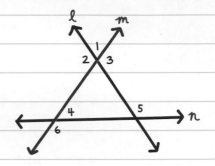

m 是連結直線 ℓ 與 n 的截線。

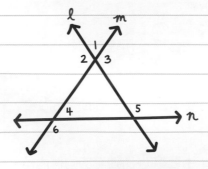

n 是連結直線 ℓ 與 m 的截線。

上圖由截線所構成的成對角如下：

內錯角

∠2 與∠4，截線 m

（∠2 與∠4 介於直線 ℓ 與 n 之間）

同側內角

∠3 與∠5，截線 ℓ

（∠3 與∠5 介於直線 m 與 n 之間）

外錯角

∠1 與∠6，截線 m

（∠1 與∠6 介於直線 ℓ 與 n 之間）

同位角

∠1 與∠5，截線 ℓ

∠3 與∠4，截線 m

∠4 與∠5，截線 n

隨堂小測驗

針對問題 1-3，利用底下的圖。

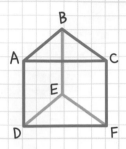

1. 命名或（標示）與線段 $\overline{AD}$ 平行的兩條線段。

2. 命名或（標示）與線段 $\overline{AC}$ 歪斜的三條線。

3. 命名或（標示）兩個平行的平面。

針對問題 4-7，利用底下的圖。

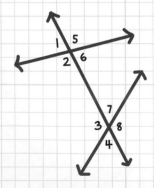

4. 命名或（標示）所有成對的內錯角。

5. 命名或（標示）所有成對的同側內角。

6. 命名或（標示）所有成對的外錯角。

7. 命名或（標示）所有成對的同位角。

針對問題 8-11，利用底下的圖。

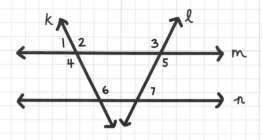

8. 命名或（標示）連結∠1 與∠5 的截線，並且命名它所構成的成對角。

9. 命名或（標示）連結∠5 與∠7 的截線，並且命名它所構成的成對角。

10. 找出已被標示號碼的成對內錯角。命名或（標示）連結它的截線。

11. 找到已被標示號碼的成對同位角。命名或（標示）連結每一對的截線。

解答在下一頁

對 答 時 間

1. $\overline{BE}$ 與 $\overline{CF}$

2. $\overline{BE}$, $\overline{DE}$ 與 $\overline{EF}$

3. 平面 ABC 及平面 DEF

4. $\angle 2$ 與 $\angle 7$，$\angle 3$ 與 $\angle 6$

5. $\angle 2$ 與 $\angle 3$，$\angle 6$ 與 $\angle 7$

6. $\angle 1$ 與 $\angle 8$，$\angle 4$ 與 $\angle 5$

7. $\angle 1$ 與 $\angle 3$，$\angle 2$ 與 $\angle 4$，$\angle 5$ 與 $\angle 7$，$\angle 6$ 與 $\angle 8$

8. 截線 m，外錯角

9. 截線 ℓ，同側內角

10. $\angle 4$ 與 $\angle 6$，截線 k

11. $\angle 1$ 與 $\angle 3$，截線 m

$\angle 2$ 與 $\angle 6$，截線 k

$\angle 6$ 與 $\angle 7$，截線 n

8

證明特別的
成對角

在若干平行線之間特別的成對角具有特定的性質，而且可用以證明兩直線平行。

同位角設準

若兩直線被一條截線所截，則它們的同位角相等。

位於截線的同側

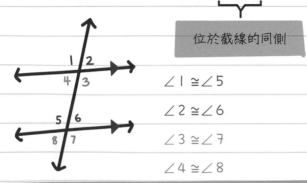

$\angle 1 \cong \angle 5$

$\angle 2 \cong \angle 6$

$\angle 3 \cong \angle 7$

$\angle 4 \cong \angle 8$

重要：這兩條直線必須平行。

平行　　　　　　　　不平行

例子：

在下列圖形中，m∠2＝81°。
求其他度量也是 81° 的所有
角。

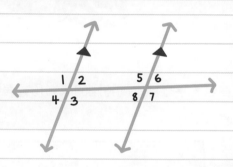

由於這兩條直線平行，我們得知：

同位角∠2 與∠6 全等，故：m∠6＝81°

對頂角∠2 與∠4 全等，故：m∠4＝81°

同位角∠4 與∠8 全等，故：m∠8＝81°

內錯角定理

若兩條平行線被一條截線所截，則它們的
內錯角全等。

$$\angle 1 \cong \angle 3$$

$$\angle 2 \cong \angle 4$$

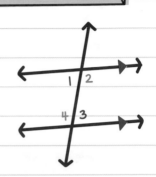

例子：

給定：$k \parallel \ell$

求證：$\angle 5 \cong \angle 3$

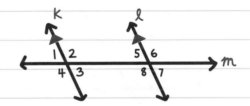

陳述	理由
1. $k \parallel \ell$	1. 給定
2. $\angle 3 \cong \angle 7$	2. 同位角設準
3. $\angle 7 \cong \angle 5$	3. 對頂角定義
4. $\angle 3 \cong \angle 5$	4. 全等的遞移性質
5. $\angle 5 \cong \angle 3$	5. 全等的對稱性質

外錯角定理

若兩平行線被一條截線所截，則它們

的外錯角全等。

$$\angle 1 \cong \angle 3$$

$$\angle 2 \cong \angle 4$$

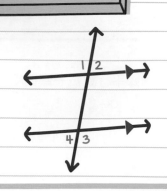

例子： 在下列圖形中，求 m∠1, m∠2 及 m∠3。

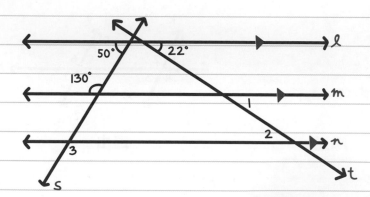

根據同位角全等設準應用在平行線

ℓ 與 m 及截線 t 上，m∠1 = 22°。

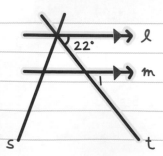

根據內錯角定理應用在平行線 m 與
n 及截線 t 上，m∠2 = 22°。

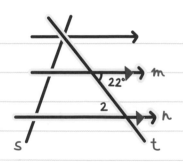

根據外錯角定理應用在平行線 m 與
n 及截線 s 上，m∠3 = 130°。

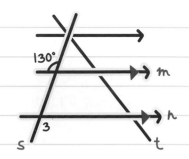

同側內角定理

當兩平行線被一條截線所截，則它們的同側內角互補。

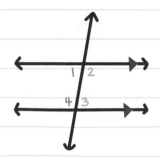

$$m\angle 1 + m\angle 4 = 180°$$
$$m\angle 2 + m\angle 3 = 180°$$

例子： 求下列圖形中的 x 與 y 之值。

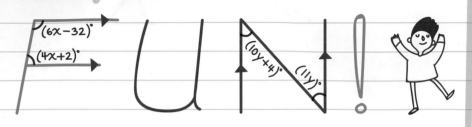

在圖形 F 上，我們知道被標示的角互補（根據同側內角定理）：

$6x-32+4x+2=180$

$10x-30=180$ 化簡

$10x=210$ 兩邊各加 30

$x=21$ 兩邊各除以 10

在圖形 N 上，我們知道被標示的角全等（根據內錯角定理）：

$10y+4=11y$

$y=4$ 從兩邊各減 10y

平行線設準與定理

同位角設準

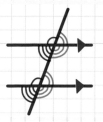

若兩直線平行,則同位角全等。

內錯角定理

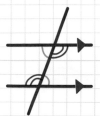

若兩直線平行,則內錯角全等。

同側內角定理

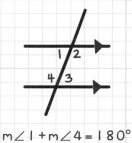

若兩直線平行,則同側內角互補。

$$m\angle 1 + m\angle 4 = 180°$$
$$m\angle 2 + m\angle 3 = 180°$$

外錯角定理

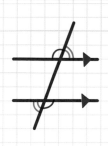

若兩直線平行,則外錯角全等。

隨堂小測驗

1. 內錯角定理可用以求 x 的值嗎？

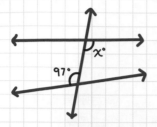

針對問題 2-5，求 m∠1。你會用到哪個定理或設準？

2.

3.

4.

5.

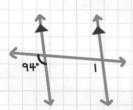

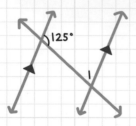

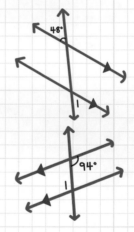

6. 在右圖中，m∠11＝103°。命名（或標示）具有度量 103° 的所有其他角。

針對問題 7 與 8，利用下列圖形。

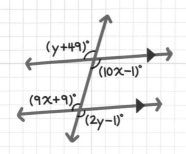

7. 求 x 的值。你會用到哪個定理或設準來求這個值？

8. 求 y 的值。

針對問題 9 與 10，利用下列圖形。

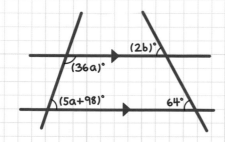

9. 求 a 的值。你會用到哪個定理或設準？

10. 求 b 的值。你會用到哪個定理或設準？

解答在下一頁

對答時間

1. 不對，這些直線不平行

2. $m\angle 1 = 94°$，利用同位角設準

3. $m\angle 1 = 48°$，利用外錯角定理

4. $m\angle 1 = 55°$，利用同側內角定理

5. $m\angle 1 = 94°$，利用內錯角定理

6. $\angle 1$, $\angle 3$, $\angle 5$, $\angle 7$, $\angle 9$

7. $x = 10$，利用內錯角定理

8. $y = 50$

9. $a = 2$，利用同側內角定理。

10. $b = 32$，利用同位角設準。

證明直線平行

平行線定理與設準的逆定理或陳述是成立的。

同位角設準的逆陳述	若同位角全等，則兩線平行。
內錯角定理的逆定理	若內錯角全等，則兩線平行。
同側內角定理的逆定理	若同側內角互補，則兩線平行。
外錯角定理的逆定理	若外錯角全等，則兩線平行。

利用這些定理來判斷這些直線是否平行。

同側內角定理的逆定理

同側內角互補（101°＋79°＝180°），
故直線 r 及 s 平行。

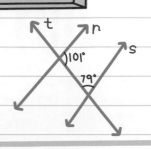

外錯角定理的逆定理

外錯角不全等，故直線 e 及 f 不平
行。

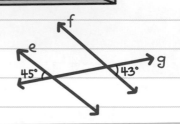

同位角設準的逆陳述

同位角不全等，故直線 h 及 i 不平行。

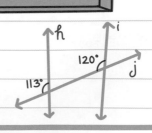

內錯角定理的逆定理

內錯角全等，故直線 v 及 w 平行。

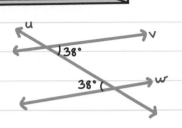

例子： 若 i ∥ j 且 i ∥ k，

求證 j ∥ k。

給定：i ∥ j, i ∥ k

求證：j ∥ k

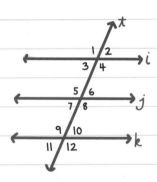

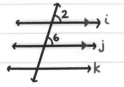

i ∥ j 因而 ∠2 ≅ ∠6

∠6 ≅ ∠10

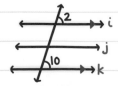

i ∥ k 因而 ∠2 ≅ ∠10

陳述	理由
1. i ∥ j, i ∥ k	1. 給定
2. ∠2 ≅ ∠6	2. 同位角設準
3. ∠2 ≅ ∠10	3. 同位角設準
4. ∠6 ≅ ∠10	4. 全等的遞移性
5. j ∥ k	5. 同位角設準的逆陳述

例子： 直線 ℓ 平行於直線 m？

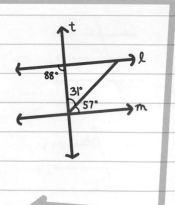

由於 31°+57°=88°，內錯角全等。

根據內錯角定理的逆定理，我們知道 ℓ 平

行於 m。

例子：

寫出一個段落證明以顯示：

若 m∠2 + m∠7 = 180°，則 ℓ // m。

給定：m∠2 + m∠7 = 180°

求證：ℓ // m

給定：m∠2 + m∠7 = 180°。因為對頂角具有相等的度量，

m∠2 = m∠4 且 m∠7 = m∠5。

將此二值代入給定等式，得出 m∠4 + m∠5 = 180°。

根據同側內角定理的逆定理，ℓ // m 得證。

隨堂小測驗

完成每一個句子。

1. 若內錯角全等，則兩直線_____。

2. 若同側內角為_____，則兩直線平行。

針對問題 3-6，判斷直線 ℓ 與 m 是否平行並敘述理由。

3.

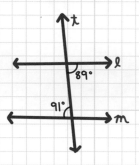

4.

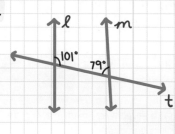

5.

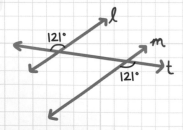

6.

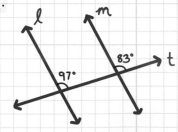

7. d ∥ ℓ 成立嗎？

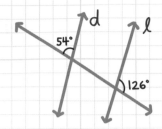

8. 下列哪些直線平行？說明你的理由。

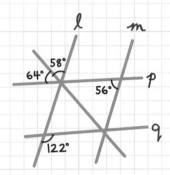

9. 填上下列段落證明的空白以顯示：若 m∠1+m∠6＝180°，則
ℓ ∥ m。

給定 m∠1+m∠6＝180°。因
為＿＿＿＿具有相等的度量，
m∠1＝m∠3。代入給定等式
得＿＿＿＿。根據＿＿＿＿，
ℓ ∥ m。

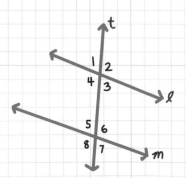

10. 針對下列證明，完成每個陳述及理由。

給定：n ∥ o, m∠1＋m∠4＝180°

求證：ℓ ∥ m

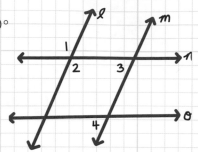

陳述	理由
1. n ∥ o, 　 m∠1＋m∠4＝180°	1. 給定
2. ∠3 ≅ ∠4	2. ＿＿＿＿
3. m∠3＝m∠4	3. 全等的定義
4. ＿＿＿＿	4. 對頂角的定義
5. m∠1＝m∠2	5. ＿＿＿＿
6. m∠2＋m∠3＝180°	6. 代換
7. ℓ ∥ m	7. ＿＿＿＿

對答時間

1. 平行

2. 互補

3. 不對，內錯角不全等。

4. 是的，同側內角定理的逆定理。

5. 是的，外錯角定理的逆定理。

6. 不對，同位角不全等。

7. 是的。（因為 180°-126°=54°，根據同位角設準的逆陳述或外錯角定理的逆定理，d // ℓ）

8. p 平行於 q。由於 64°+58°=122°，故根據外錯角定理的逆定理（連結到截線 ℓ），p // q。

9. 給定 m∠1+m∠6=180°。因為對頂角具有相同的度量，m∠1=m∠3。代入給定等式，得 m∠3+m∠6=180°。根據同側內角定理的逆定理，ℓ // m。

更多解答

10.

陳述	理由
1. n // o, 　　m∠1+m∠4=180°	1. 給定
2. ∠3 ≅ ∠4	2. 同位角設準
3. m∠3 =m∠4	3. 全等的定義
4. ∠1 ≅ ∠2	4. 對頂角的定義
5. m∠1 =m∠2	5. 全等的定義
6. m∠2+m∠3 =180°	6. 代換
7. ℓ // m	7. 同側內角定理的逆定理

單元

3

三角形與全等

三角形的類型

多邊形是指一個二維的（平直的）封閉圖形，它至少有三個邊是直線。

三角形是指一個多邊形，它有三個邊及三個角。它的記號是 △。

為了命名（或稱呼）一個三角形，先寫下記號 △ 再接著寫下三個邊的字母。

三角形：△ABC

邊：$\overline{AB}$, $\overline{AC}$, $\overline{BC}$

頂點：A, B, C

分類三角形

我們可以運用邊來分類（或組織）三角形：

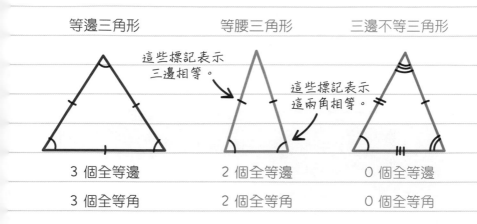

等邊三角形	等腰三角形	三邊不等三角形
這些標記表示三邊相等。	這些標記表示這兩角相等。	
3 個全等邊	2 個全等邊	0 個全等邊
3 個全等角	2 個全等角	0 個全等角

我們也可以運用角的類型來分類三角形：

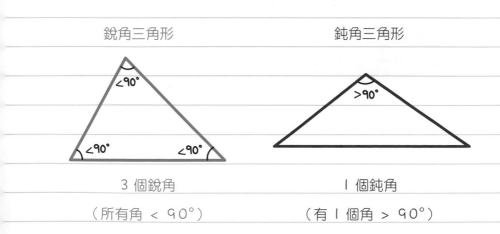

銳角三角形	鈍角三角形
3 個銳角	1 個鈍角
（所有角 < 90°）	（有 1 個角 > 90°）

直角三角形

等角三角形

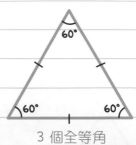

l 個直角（90°）

3 個全等角

若三角形等邊，則它等角。

若三角形等角，則它等邊。

若三角形等邊，則它有三個 60° 角。

等邊 **等角**

我們可以組合這兩個分類系統來更精確地描述三角形。

例子： 分類這個三角形。

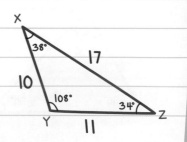

角：有一個鈍角

邊：無全等邊

類型：鈍角三不等邊三角形

例子： $\overrightarrow{AC}$ 平分∠BAD。

判斷 △ABD 是銳角、

鈍角、直角或是等角三角形。

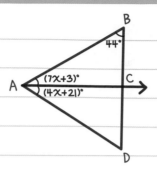

步驟 1：求 x 的值。

由於 $\overrightarrow{AC}$ 平分∠BAD，那就表示它將∠BAD 平分成兩個全等（且有相等度量）的角。

m∠BAC = m∠CAD

7x + 3 = 4x + 21	代換
3x + 3 = 21	從等式兩邊都減去 4x
3x = 18	從兩邊都減去 3
x = 6	兩邊都除以 3

步驟 2：求 m∠BAC, m∠CAD，及 m∠BAD。

$m∠BAC = (7x + 3)° = [7(6) + 3]° = 45°$

$m∠CAD = (4x + 21)° = [4(6) + 21]° = 45°$

$m∠BAD = m∠BAC + m∠CAD$

$\qquad = 45° + 45°$

$\qquad = 90°$

由於∠BAD 度量 90°，故它是直角，因而 △ABD 是直角三角形。

等腰三角形

在一個等腰三角形中，長度相等的兩邊稱
之為腰。第三邊則稱之為底邊。

兩腰所對的角稱之為底角。

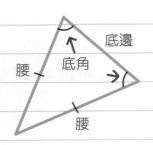

在這個等腰三角形中：

∠A 是 $\overline{BC}$ 的對角

∠B 是 $\overline{AC}$ 的對角

∠C 是 $\overline{AB}$ 的對角

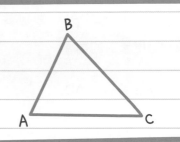

等腰三角形定理

若一個三角形的兩邊全等，則其對角也
全等。

若 $\overline{AB} \cong \overline{BC}$，則 $\angle A \cong \angle C$。

這個定理的逆定理也成立。

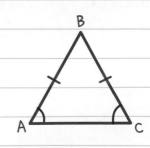

等腰三角形定理的逆定理

若一個三角形的兩角全等，則它們的對邊也全等。

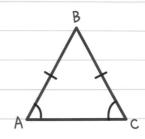

若 $\angle A \cong \angle C$，則 $\overline{AB} \cong \overline{BC}$。

例子： 求 $\triangle LMN$ 中的 x 之值。

由於 $\overline{LM} \cong \overline{MN}$，我們知道 $\angle L$ 全等於
$\triangle N$（根據等腰三角形定理）。

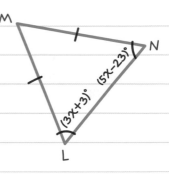

$m\angle L = m\angle N$

$3x + 3 = 5x - 23$	代換
$3 = 2x - 23$	從等式兩邊減去 $3x$
$26 = 2x$	兩邊都加上 23
$x = 13$	兩邊都除以 2

隨 堂 小 測 驗

完成下列每一個陳述。

1. 等腰三角形有＿＿＿＿＿＿全等邊。

2. 三邊不等三角形有＿＿＿＿＿＿全等邊。

3. 銳角三角形有＿＿＿＿＿＿銳角。

4. ∠A 的度量是＿＿＿＿＿＿。

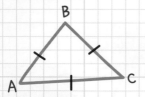

針對下列問題 5-7，利用角與邊的度量，來分類每個三角形。

5.

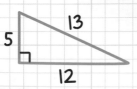

6.

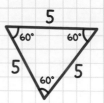

7.

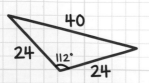

8. $\overrightarrow{QS}$ 平分∠PQR。判斷 △PQR 是銳角、鈍角還是直角三角形。

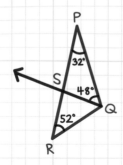

9. 求下列三角形中的 x 之值。

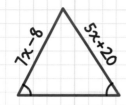

10. 求下列圖形中的 y 之值。

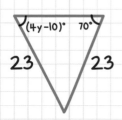

11. 求下列圖形中的 x, y 及 z 之值。

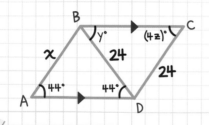

解答在下一頁

127

對答時間

1. 2 個

2. 0 個

3. 3 個

4. 60°

5. 直角及不等邊

6. 銳角、等角及等邊

7. 鈍角等腰

8. 鈍角

9. $7x-8=5x+20$；因此 $x=14$。

10. $70=4y-10$，故 $y=20$

11. $x=24, y=44, z=11$

11

內角與外角

內角

在三角形內部的角稱之為內角。

內角：∠1，∠2，∠3

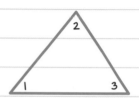

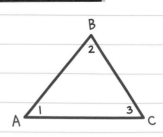

三角形內角和定理

三角形的三個內角的度量之和是 180°。

$$m\angle 1 + m\angle 2 + m\angle 3 = 180°$$

例子： 求 △ABC 中的 m∠C 之值。

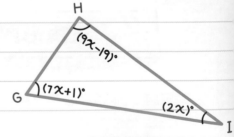

∠B 是直角，故 m∠B＝90°。

根據三角形內角和定理，三角形的內角度量加起來等於 180°：

m∠A＋m∠B＋m∠C＝180°

35°＋90°＋m∠C＝180°

125°＋m∠C＝180°

m∠C＝55°

例子： 求 △GHI 中的每一

角之度量。

所有的三個內角加起來等於 180°：

m∠G＋m∠H＋m∠I＝180°

(7x＋1)＋(9x－19)＋2x＝180

$18x-18=180$

$18x=198$

$x=11$

將 $x=11$ 代入每一角的度量可得：

$m\angle G = (7x+1)° = [7(11)+1]° = 78°$

$m\angle H = (9x-19)° = [9(11)-19]° = 80°$

$m\angle I = (2x)° = 2(11)° = 22°$

檢視你的答案

$m\angle G + m\angle H + m\angle I = 78° + 80° + 22° = 180°$ ✓

我喜歡答對！

外角

在三角形之外的角稱為其外角。

∠１ 是 △ABC 的一個外角。

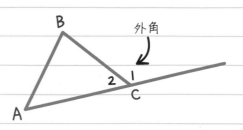

∠１ 與∠２ 互為補角。

m∠１+m∠２=１８０°

例子： 在 △PQR 中，m∠Q 是４５°且 m∠R 是８５°，求 m∠１。

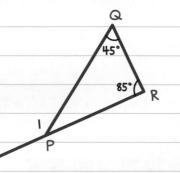

首先，求∠QPR 的度量。

所有的三個內角加起來等於１８０°：

m∠QPR+m∠Q+m∠R=１８０°

m∠QPR+４５°+８５°=１８０°

m∠QPR=５０°

然後，利用那些資訊求 m∠1。

∠1 與∠QPR 互補，

m∠1+m∠QPR=180°

m∠1+50°=180°

m∠1=130°

三角形的一個外角之度量等於不相鄰的兩個內角的
度量和。

m∠1 = m∠2 + m∠3

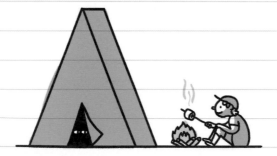

給定：△ABC 及外角∠4

求證：m∠1+m∠2=m∠4

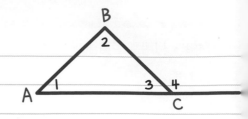

$$\triangle ABC \text{ 及外角} \angle 4$$

給定

$$m\angle 1 + m\angle 2 + m\angle 3 = 180°$$

三角形內角和定理

$$m\angle 3 + m\angle 4 = 180°$$

線性成對之定義

$$m\angle 1 + m\angle 2 + m\angle 3 = m\angle 3 + m\angle 4$$

代換

$$m\angle 1 + m\angle 2 = m\angle 4$$

等式的減法性質

例子： 求 m∠1。

因為 72° 與 m∠1 及 27° 的和具有

相同的值，

$72° = m\angle 1 + 27°$

$72° - 27° = m\angle 1 + 27° - 27°$

$45° = m\angle 1$

$m\angle 1 = 45°$

例子： 在右圖中，求 x 的值。

由於對頂角全等，

m∠1 = 110°

由於 150° 與 m∠1 + x° 相等，

150 = m∠1 + x

150 = 110 + x

x = 40

隨堂小測驗

1. 求 △PQR 中的 x 之值。

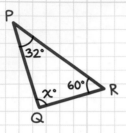

2. 求 △TUV 中的 x 之值。

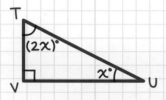

3. 求 ∠A, ∠B 及 ∠C 的度量。

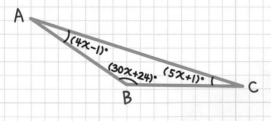

4. 求 △JKL 中的 m∠1。

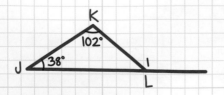

5. 求 △DEF 中的 m∠F。

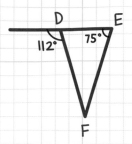

6. 求底下圖形中的 b 之值。

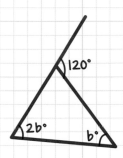

7. 求底下圖形中的 r 之值。

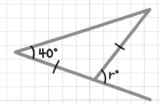

解答在下一頁

對答時間

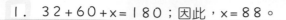

1. $32+60+x=180$；因此，$x=88$。

2. $2x+x+90=180$；因此，$x=30$。

3. $(4x-1)+(30x+24)+(5x+1)=180$；因此，$m\angle A=15°$，$m\angle B=144°$，$m\angle C=21°$。

4. $38+102=m\angle 1$；因此，$m\angle 1=140°$。

5. $112=75+m\angle F$；因此，$m\angle F=37°$。

6. $120=2b+b$；因此，$b=40$。

7. $40+40=r$；因此，$r=80$。

12

SSS 與 SAS 全等

全等

全等的多邊形具有相同的形狀與大小。它們對應角（在各圖的相同的相對位置的角）與對應邊都全等。

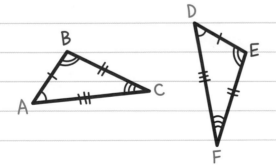

若 △ABC 與 △DEF 全等，則其對應角全等：

$$\angle A \cong \angle D \qquad \angle B \cong \angle E \qquad \angle C \cong \angle F$$

而且其對應邊也全等：

$\overline{AB} \cong \overline{DE}$ $\overline{BC} \cong \overline{EF}$ $\overline{AC} \cong \overline{DF}$

全等形的陳述如下：$\triangle ABC \cong \triangle DEF$。

重要資訊：確認對應角被列在相同的順序上。
例如，當我們寫下
$\triangle ABC \cong \triangle DEF$ 時，意思是説：$\angle A \cong \angle D$,
$\angle B \cong \angle E$，及 $\angle C \cong \angle F$。我們不能寫成
$\triangle ABC \cong \triangle EFD$，因為 $\angle A$ 不全等於 $\angle E$。

例子：   判斷 $\triangle GHI$ 是否全等於 $\triangle JKL$。如果是，寫下一個
全等形的陳述。

求下圖中漏掉的角之度量。

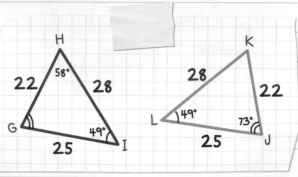

根據三角形內角和定理，

$m\angle G + m\angle H + m\angle I = 180°$

$m\angle G + 58° + 49° = 180°$

$m\angle G = 73°$

還有，$m\angle J + m\angle K + m\angle L = 180°$

$73° + m\angle K + 49° = 180°$

$m\angle K = 58°$

這兩個三角形全等因為它們有全等的角……

$\angle G \cong \angle J$　　　$\angle H \cong \angle K$　　　$\angle I \cong \angle L$

……而且，它們的對應邊也全等：

$\overline{GH} \cong \overline{JK}$　　　$\overline{HI} \cong \overline{KL}$　　　$\overline{GI} \cong \overline{JL}$

全等形的陳述如下：$\triangle GHI \cong \triangle JKL$。

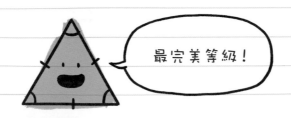

最完美等級！

SSS 全等

SSS 全等設準

若一個三角形的三邊（各自）全等於另一個三角形的三邊，則這兩個三角形全等。

若我們知道對應邊全等，則它們的對應角也全等。

若 $\overline{AB} \cong \overline{DE}$，$\overline{BC} \cong \overline{EF}$ 且 $\overline{AC} \cong \overline{DF}$，

則 $\triangle ABC \cong \triangle DEF$。

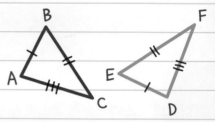

在這個三角形中，$\overline{KM}$ 平分 $\overline{JL}$ 而且 $\overline{JK} \cong \overline{KL}$。判斷 $\triangle JKM$ 是否全等於 $\triangle LKM$。

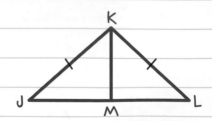

由於 $\overline{KM}$ 平分 $\overline{JL}$，$\overline{JK} \cong \overline{KL}$。

對應邊全等：

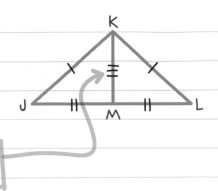

$\overline{JK} \cong \overline{KL}$

$\overline{JM} \cong \overline{ML}$

$\overline{KM} \cong \overline{KM}$ ← 一個線段與
其自身全等

因此，△JKM ≅ △LKM。

例子：

寫下兩欄證明來驗證這
兩個三角形全等。

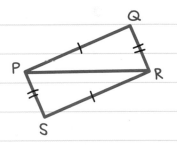

給定：$\overline{PQ} \cong \overline{RS}$ 及 $\overline{QR} \cong \overline{SP}$

求證：△PQR ≅ △RSP

陳述	理由
1. $\overline{PQ} \cong \overline{RS}$, $\overline{QR} \cong \overline{SP}$	1. 給定
2. $\overline{PR} \cong \overline{PR}$	2. 全等的反身性
3. △PQR ≅ △RSP	3. SSS 全等設準

SAS 全等

SAS 全等設準

若一個三角形的兩邊及其**夾角**全等於另一個三角形的兩邊及其夾角，則這兩個三角形全等。

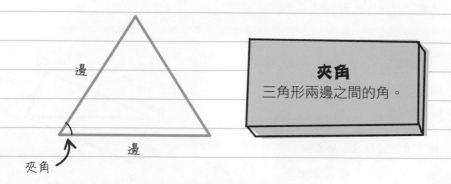

邊

邊

夾角

夾角
三角形兩邊之間的角。

若 $\overline{AB} \cong \overline{DE}$，$\angle A \cong \angle D$
且 $\overline{AC} \cong \overline{DF}$

則 $\triangle ABC \cong \triangle DEF$。

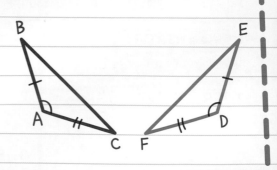

下列哪些三角形按 SAS 設準全等？

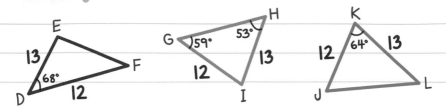

每個三角形都有長度 12 和 13 的邊。若其夾角全等，則這些三角形全等。

首先，求第二個三角形中漏掉的夾角。

由於三角形的內角和之度量加起來等於 180°，

m∠G+ m∠H + m∠I = 180°

59° + 53° + m∠I = 180°

m∠I = 68°

△JKL 不全等於其他兩個三角形，這是因為其夾角∠K 不全等於∠I 或∠D(m∠K=64°)

對應邊：$\overline{DE} \cong \overline{HI}$ 及 $\overline{DF} \cong \overline{GI}$

夾角：$\angle D \cong \angle I$

則根據 SAS 全等設準，$\triangle DEF \cong \triangle IHG$

例子： 求證這兩個三

角形全等。

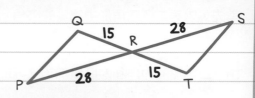

給定：QR = 15, RT = 15

　　　PR = 28 且 RS = 28

求證：$\triangle PQR \cong \triangle STR$

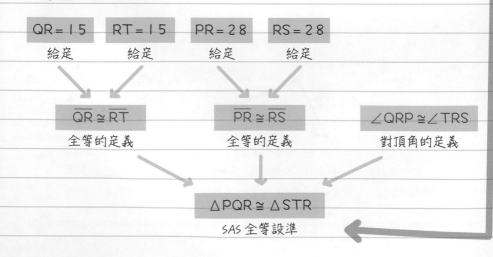

QR = 15	RT = 15	PR = 28	RS = 28
給定	給定	給定	給定

$\overline{QR} \cong \overline{RT}$
全等的定義

$\overline{PR} \cong \overline{RS}$
全等的定義

$\angle QRP \cong \angle TRS$
對頂角的定義

$\triangle PQR \cong \triangle STR$
SAS 全等設準

我們也可以在一個坐標平面上求解與三角形（以及其他形狀）有關的
問題。

在坐標平面上，一個三角形是由三個點所構成。這些點是這個三角形
的頂點。若一個線段是水平或垂直，則我們可以經由計算單位長的正
方格之個數，來求得這一線段的長度（按此單位長表示）。

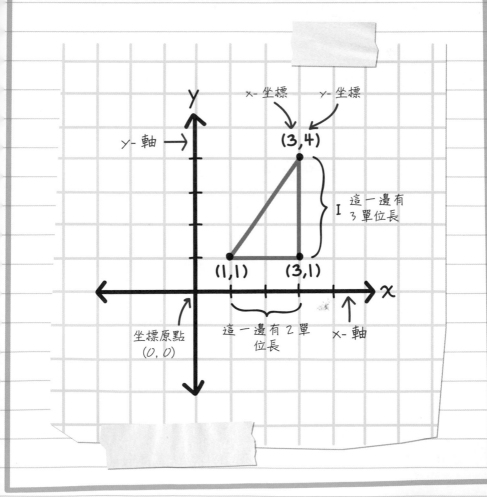

例子：

判斷這兩個三角形是否全等。

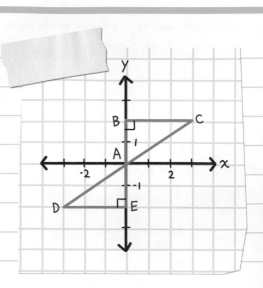

對應邊：

由於 AB = 2 個單位且 AE = 2 個單位，

$\overline{AB} \cong \overline{AE}$

由於 BC = 3 個單位且 DE = 3 個單位，

$\overline{DE} \cong \overline{BC}$

夾角：

m∠DEA = 90° 且 m∠CBA = 90°，故

∠DEA ≅ ∠CBA

因此，根據 SAS 全等設準，△DEA ≅ △CBA。

隨 堂 小 測 驗

1. 給定 △ABC ≅ △DEF，敘述全等的對應邊與角。

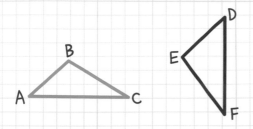

針對問題 2-6，判斷給定的三角形是否全等。如果是，寫下其全等陳述並包括它所演示的設準（SSS 或 SAS）。

2. △JKL 與 △LMJ

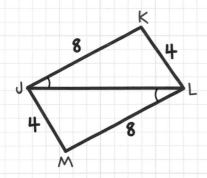

3. △ABD 與 △DCA

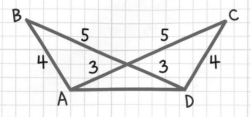

4. △PQR與△STU

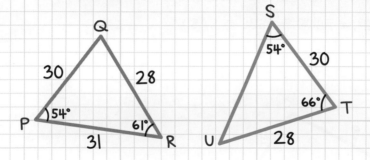

5. △ABC 與 △DEF

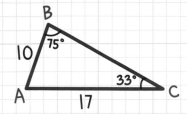
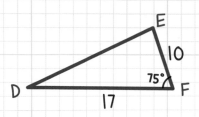

6. △PQR 與 △STR

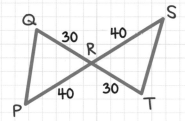

解答在下一頁

對答時間

1. $\overline{AB} \cong \overline{DE}$, $\overline{BC} \cong \overline{EF}$, $\overline{AC} \cong \overline{DF}$, $\angle A \cong \angle D$,
   $\angle B \cong \angle E$, $\angle C \cong \angle F$

2. 是的，$\triangle JKL \cong \triangle LMJ$，SSS

3. 是的，$\triangle ABD \cong \triangle DCA$，SSS

4. 不是。

5. 不是。

6. 是的，$\triangle PQR \cong \triangle STR$，SAS

ASA 與 AAS 全等

判斷三角形是否全等，還有其餘的方法。

ASA

ASA 全等設準

若一個三角形中的兩角及其**夾邊**全等於另一個三角形的兩角及其夾邊，則這兩個三角形全等。

若 ∠A ≅ ∠D, $\overline{AC}$ ≅ $\overline{DF}$ 且 ∠C ≅ ∠F

則 △ABC ≅ △DEF。

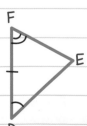

夾邊

三角形中兩角之間的邊。

例子： 下列哪些三角形按 ASA 設準為全等？

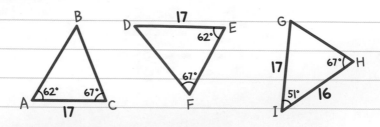

每個三角形都有一邊長 17。那些都將是夾邊。

首先，求出漏掉的相鄰角度量。

m∠D+m∠E+m∠F=180°	m∠G+m∠H+m∠I=180°
m∠D+62°+67°=180°	m∠G+67°+51°=180°
m∠D=51°	m∠G=62°

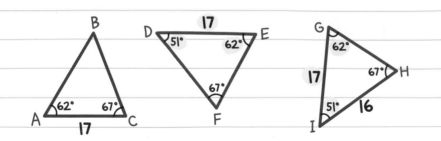

∠D ≅ ∠I, $\overline{DE}$ ≅ $\overline{IG}$ 且 ∠E ≅ ∠G，

因此，根據 ASA 設準，△DEF ≅ △IGH。

即使不知道角與邊的正確度量，我們
還是可以證明這些三角形全等。

我們知道 $\overline{QR}$ ∥ $\overline{PS}$（給定）

利用 $\overline{PS}$ 與 $\overline{QR}$ 平行以及 $\overline{QS}$ 為
截線之事實。

那表示∠SQR ≅ ∠QSP（內錯角全等）

$\overline{QP}$ ∥ $\overline{RS}$（給定）

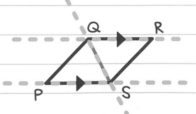

∠PQS ≅ ∠QSR（內錯角全等）

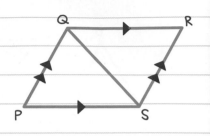

$\overline{QS} \cong \overline{QS}$（兩個三角形的共邊）

段落證明：

我們已知 $\overline{QR}$ ∥ $\overline{PS}$ 且 $\overline{QP}$ ∥ $\overline{RS}$。
根據內錯角定理，∠SQR ≅ ∠QSP
且∠PQS ≅ ∠QSR。還有，根據全
等反身性，$\overline{QS} \cong \overline{QS}$。

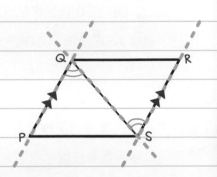

因此，根據 ASA 全等設準，
△PQS ≅ △RSQ。

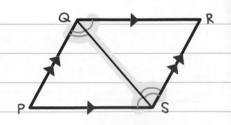

AAS 全等

AAS 全等設準

若一個三角形的兩角及其非夾邊全等於另一三角形的兩角及其對應的非夾邊，則這兩個三角形全等。

若 ∠A ≅ ∠D，∠B ≅ ∠E
及 $\overline{BC} ≅ \overline{EF}$，

則 △ABC ≅ △DEF。

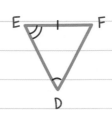

例子： 求證 △ABC ≅ △FDE。

∠A ≅ ∠F

∠B ≅ ∠D

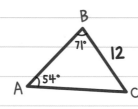
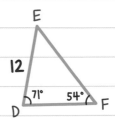

$\overline{BC} ≅ \overline{DE}$

因此，根據 AAS 全等設準，△ABC ≅ △FDE。

求證下列兩個三角形全等。

給定：∠P ≅ ∠S

$\overline{QP} ≅ \overline{TS}$

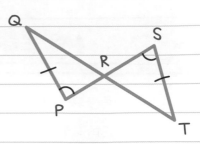

∠QRP ≅ ∠SRT（對頂角全等）

根據 AAS 全等設準，△PQR ≅ △STR。

弦股(HL)定理

這個全等定理是特別針對直角三角形。

若一個直角三角形的斜邊及一股全等於另一個直角三角形中的斜邊及一股，則這兩個直角三角形全等。

若∠A 與∠D 是直角，

$\overline{BC} ≅ \overline{EF}$ 且 $\overline{AB} ≅ \overline{DE}$

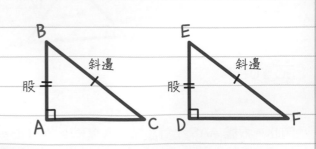

則 △ABC ≅ △DEF。

三角形全等摘要

SSS（邊一邊一邊）	 所有邊都全等
SAS（邊一角一邊）	 兩邊及其夾角全等
ASA（角一邊一角）	 兩角及其夾邊全等
AAS（角一角一邊）	 兩角及一個非夾邊全等
HL（弦股）	 兩個直角三角形的弦與一股全等

SSA（邊—邊—角）全等可用以確認兩個三角形全等嗎？

這些三角形有兩對對應邊彼此全等，
還有一對非夾角全等，但它們卻有不
同的形狀。

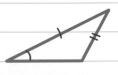

SSA 不是證明全等的一種方法。

AAA（角—角—角）全等可用以確認兩個三角形全等嗎？

這些三角形有三對對應角彼此全
等，但它們有不同的形狀。

AAA 不是證明全等的一種方法。

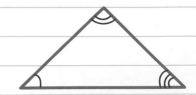

隨堂小測驗

針對問題 1-5，敘述可用以證明給定兩個三角形全等的全等設準或定理。如果都不存在，就回答說：「沒有。」

1.

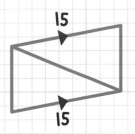

2.

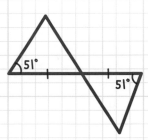

3.

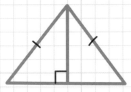

4.

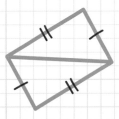

5.

6. 求使得 △GHI ≅ △JKI 的 x 之值。

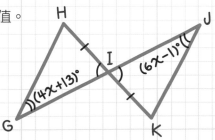

解答在下一頁

對答時間

1. SAS

2. ASA

3. HL

4. SSS

5. AAS

6. $x = 7$

14

三角形的平分線

垂直平分線

垂直平分線（或中垂線）恆按直角大小（90°）穿過一個線段，並且將它分成兩個相等的部分。

中垂線定理

若一點在一條線段的垂直平分線上，則這個點與這條線段的兩端**等距離**。

相等的距離

若點 P 在線段 $\overline{AC}$ 的中垂線上，

則 AP = PC。

這個定理的逆定理也成立。

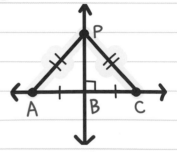

中垂線定理的逆定理

若一個點與一條線段的兩個端點等距離，則它是在那條線段的中垂線上。

若 AP＝PC，則點 P 是在線段 $\overline{AC}$ 的中垂線上。

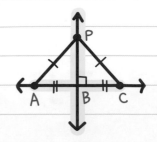

例子： 求圖形中的 x 之值。

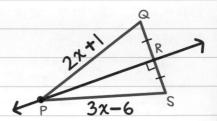

由於 $\overleftrightarrow{PR}$ 是線段 $\overline{QS}$ 的中垂線，點 P 到 Q 與 S 的距離相等。

PQ＝RS

$2x+1 = 3x-6$

$x = 7$

當三條或更多直線相交於一點，它們稱之為共點。

它們的交點則稱之為共交點。

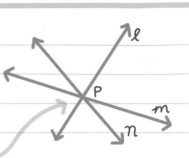

直線 ℓ, m 及 n 共點。點 P 是它們的 共交點。

外心

在一個三角形中，有三條中垂線共交於一點，也就是外心。

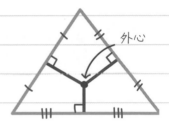

外心可能在形外或形內。

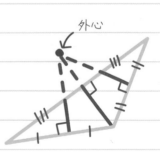

我們可以畫一個圓通過任意三角形的三個頂點。這個三角形的外心將是這個圓的圓心。

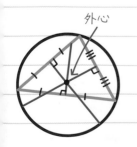

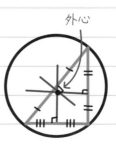

想著圓心！

外心定理

三角形的外心與三個頂點等距。

若 R 是 △GHI 的外心，

則 HR = GR = RI。

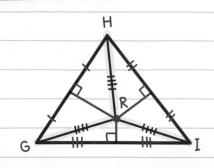

例子： 在 △GHI 中，HR = 3x－7, GR = x + 3。

求 RI 的值。

由於外心到三個頂點等距，亦即

HR = GR = RI。

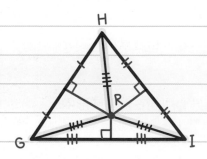

步驟 1：求 x 的值。

HR = GR

$3x - 7 = x + 3$

$2x - 7 = 3$

$2x = 10$

$x = 5$

步驟 2：計算 HR（或 GR——它們等長）。

HR = 3x – 7 = 3 (5) – 7 = 8

由於 HR = RI

RI = 8

內心

在一個三角形中，三個內角的角平分

線相交於一點。這個點位於

這個三角形的中心且稱之為**內心**。

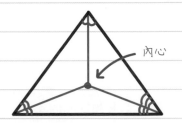

內心

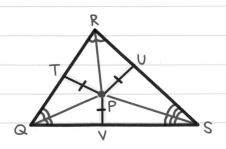

內心定理

內心到這個三角形的三邊等距離。

若 P 是內心，則 PT = PU = PV。

例子： 若點 M 是 △JKL 的內心，MN = 3x + 16

且 MP = 7x + 12，求 MO。

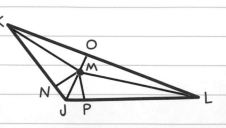

根據內心定理，MN = MP = MO。

步驟 1：求 x 的值。

MN = MP

3x + 16 = 7x + 12

16 = 4x + 12

4 = 4x

x = 1

步驟 2：求 MO 的值。

將 x 之值代入 MN，

MN = 3x + 16 = 3(1) + 16 = 19

由於 MN = MO，

MO = 19

中線與重心

三角形的 **中線** 是從一頂點到其對邊中點
的連線。

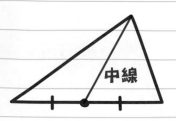

每一個三角形有三條中線相交於稱

之為**重心**的點。

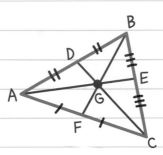

重心

重心定理

重心是坐落在每一頂點到其對邊中點距離

的 $\frac{2}{3}$ 處。

若 G 是 △ABC 的重心，則

$$BG = \frac{2}{3} BF, \quad AG = \frac{2}{3} AE, \quad CG = \frac{2}{3} CD$$

例子： 在右圖的 △ABC 中，

BG = 8。

求 GF 與 BF 的度量。

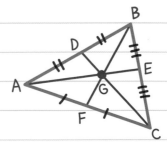

根據重心定理

$$BG = \frac{2}{3} BF$$

$$8 = \frac{2}{3} BF$$

$$8 \times 3 = \frac{2}{3} \cancel{BF} \times \cancel{3}$$ 兩邊各乘以 3

$$24 = 2 \times BF$$ 兩邊各除以 2

$$BF = 12$$

我們現在可以利用線段加法設準來求 GF：

$$BF = BG + GF$$

$$12 = 8 + GF$$

$$GF = 4 \longleftarrow$$

若你想平衡你手上的三角形，你將需要將你的手指放在它的重心處來平衡。這個點稱之為重（力之）心，是重量處處平衡的點。

高與垂心

三角形的**高**是從一個頂點到其對邊、且垂直於該邊的線段。高這個線段可以在形外或形內。

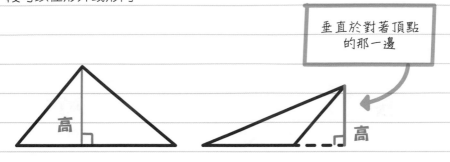

> 垂直於對著頂點的那一邊

每一個三角形有三個高。

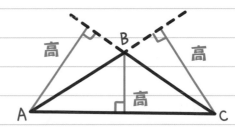

三角形的三個高相交的點稱之為**垂心**。

垂心可能在形外或形內。

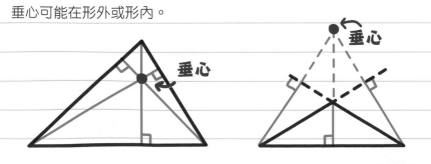

三角形的平分線與它們相交的共點：

名詞（辭項）	（諸線）共點	定理
中垂線 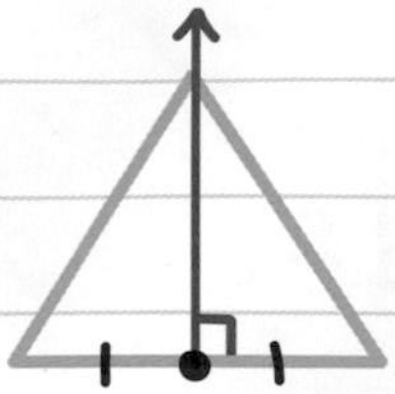	外心 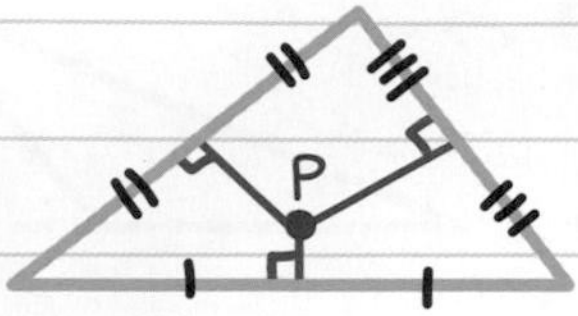	三角形外心是與其三頂點等距。 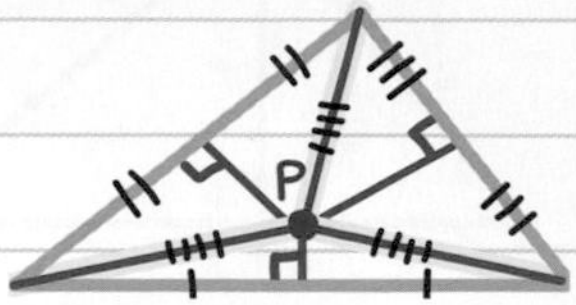
角平分線 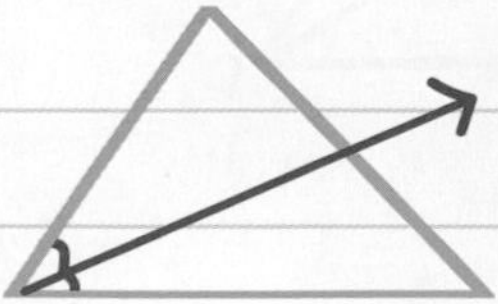	內心 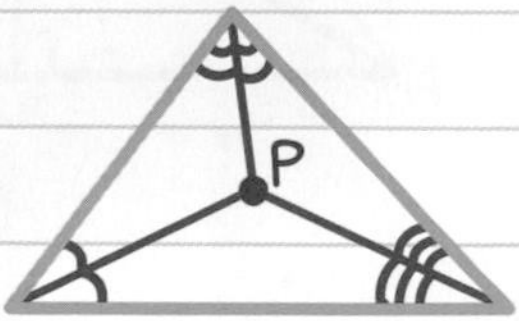	三角形內心是與其三邊等距。 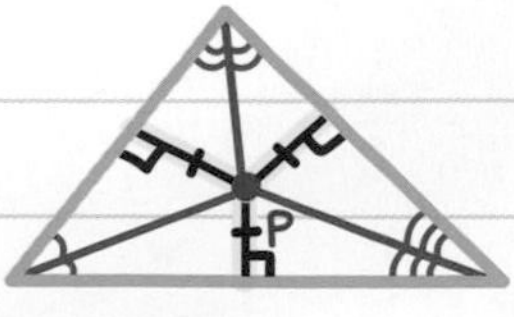
中線 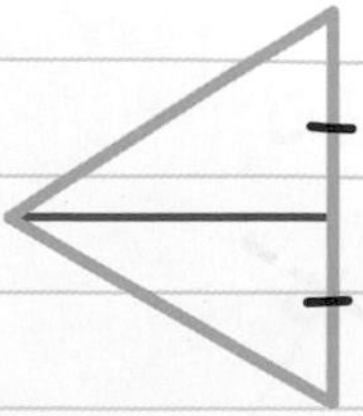	重心 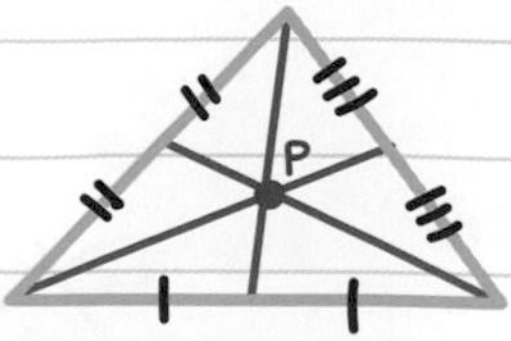	若點 P 是 $\triangle ABC$ 的重心，則 $BP = \dfrac{2}{3} BF$，$AP = \dfrac{2}{3} AE$，$CP = \dfrac{2}{3} CD$ 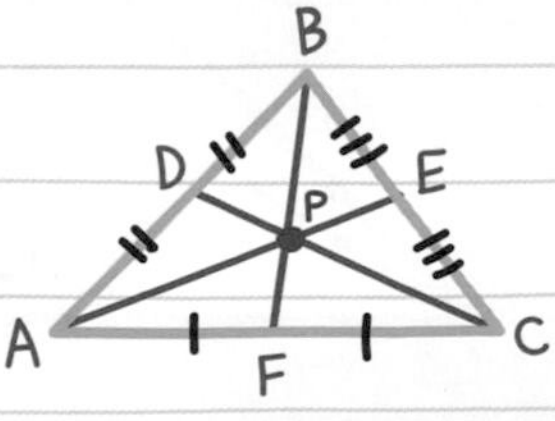

名詞（辭項）	（諸線）共點	定理
高	垂心	沒有相關定理

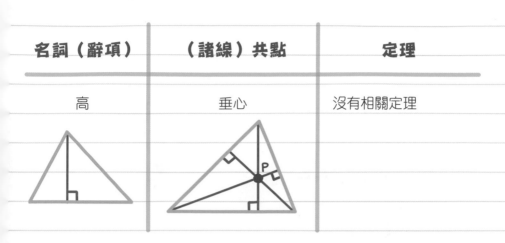

記住（概念）名詞及其配對的共點之一種（英文版）方法：

Median（中線）—Centroid（重心），

Altitude（高）—Orthocenter（垂心），

Perpendicular Bisector（中垂線）—Circumcenter（外心），

Angle Bisector—Incenter.（角平分線—內心）

My cat ate old peanut butter cookies and became ill.

隨堂小測驗

1. 求 x 之值。

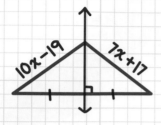

2. 求 MN 的度量。

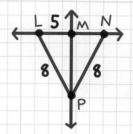

3. 針對下列插圖 a，b 及 c 中的三角形，敘述 AB 是否為中垂線、中線或高。

a.

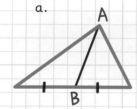

b.

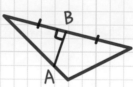

c.

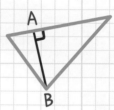

針對問題 4–7，判斷點 P 是否為三角形的內心、外心、重心，或垂心。

4.

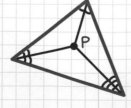

5.

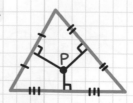

6.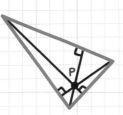

7.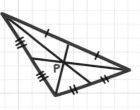

8. 求下列三角形 △GHI 中 JI 的度量。

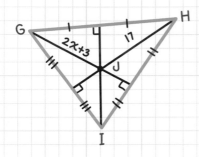

9. 在 △ABC 中，DG = 2x + 3 且 GF = 3x−7。求 x 之值。

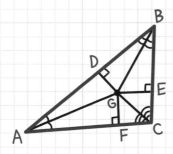

10. 在底下的三角形中，EI = 135。求 EK 與 KI 的值。

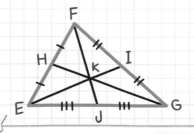

解答在下一頁

對 答 時 間

1. $10x-19 = 7x+17$，因此 $x = 12$。

2. $MN = 5$

3. a 中線；b 中垂線；c 高

4. 內心

5. 外心

6. 垂心

7. 重心

8. $JI = 17$

9. $2x+3 = 3x-7$，因此 $x = 10$。

10. $EK = \frac{2}{3}(135)$，因此 $EK = 90$，$KI = 45$。

三角不等式

比較邊與角

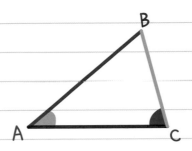

當我們比較三角形的兩邊時，長邊所對的角大於短邊所對的角。

> 若 $\overline{AB} > \overline{BC}$，則 $m\angle C > m\angle A$。

當我們比較三角形的兩角時，大角所對的邊大於小角所對的邊。

> 若 $m\angle C > m\angle A$，則 $\overline{AB} > \overline{BC}$。

例子： 由於 6>5，故 y>x

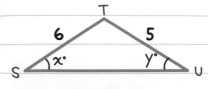

例子： 由於 62°>56°，故 a>b。

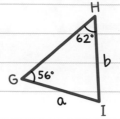

例子： 按最大到最小之順序，列出 △JKL 中的角。

由於 $\overline{JK}>\overline{KL}>\overline{JL}$（24>21>15），

故 m∠L>m∠J>m∠K。

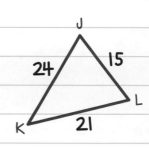

例子： 按最長到最短之順序，列出 △GHI 中的邊。

由於 m∠I>m∠H>m∠G

（126°>33°>21°）

故 $\overline{GH}>\overline{GI}>\overline{HI}$

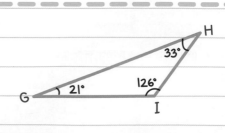

三角不等式定理

三角形的任兩邊長度之和大於其第三邊之長度。換言之，將兩邊之長度相加，該和將大於第三邊之長度。

$A\beta + \beta C > AC$

$\beta C + AC > A\beta$

$A\beta + AC > \beta C$

這三根棒子將永遠不會構成一個三角形，因為較短的兩根棒子長度之和小於較長的棒子之長度。

$3\,cm + 4\,cm < 10\,cm$

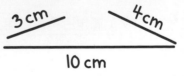

例子： 一個三角形三邊之長度有沒有可能是 14，21，

及 30 ？

找出任意兩邊大於第三邊的例子。

14 + 21 > 30

35 > 30 ✔

14 + 30 > 21

44 > 21 ✔

21 + 30 > 14

51 > 14 ✔

由於上述註記（✓）滿足三角形不等式定理，因此，這些邊構成

一個三角形。

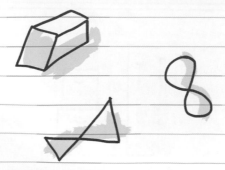

貝姬為了種菜，正在造一個三角形的播種機。她有兩根長度為 12 公尺及 5 公尺的木棒。那麼，她的第三邊的長度值之範圍為何？

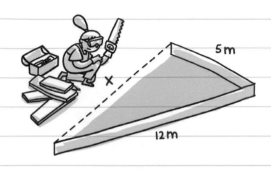

令第三邊為（變數）x。根據三角形不等式定理，x 必須滿足下列這些條件：

x + 5 > 12	5 + 12 > x	12 + x > 5
x > 7	17 > x	x > -7
	（或 x < 17）	由於 x > -7 有負數，我們可忽略

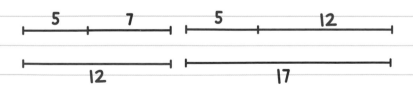

第三邊的長度必須大於 7 公尺且小於 17 公尺。

隨堂小測驗

針對問題 1 及 2，完成敘述句。填上空格。

1. 由於 PR>QR，_____ > _____。

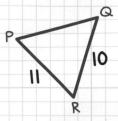

2. 由於 m∠X<m∠Z，_____ < _____。

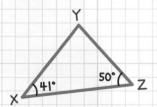

3. 按最大到最小順序，列出 △XYZ 中的角。

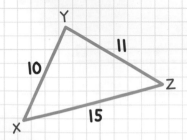

4. 按最長到最短順序，列出 △DEF 中的邊。

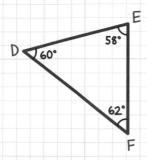

在問題 5-8 之中，在給定邊長的條件下，試敘述是否可構成一個三角形？

5. 7, 10, 15

6. 21, 30, 76

7. 5, 5, 9

8. 10, 23, 40

9. 一個三角形有兩個長為 6 和 17 的邊。求第三邊的長度可能值之範圍。

10. 一個三角形有兩個邊長都是 22。求第三邊長的可能值之範圍。

解答在下一頁

對答時間

1. m∠Q > m∠P

2. YZ < XY

3. ∠Y, ∠X, ∠Z

4. $\overline{DE}$, $\overline{EF}$, $\overline{DF}$

5. 是的

6. 不是

7. 是的

8. 不是

9. 11 < x < 23

10. 0 < x < 44

單元 4

四邊形與多邊形

16

平行四邊形

四邊形

四邊形（quadrilateral）是具有四個邊的形狀。

> quadri = 4

> lateral = 邊

我們利用四邊形的四個頂點之字母來稱呼它。

這個四邊形被稱之為 PQRS。

常見四邊形：

名稱	例子	特徵
平行四邊形		對邊平行且長度相等
長方形		平行四邊形的四邊全都形成直角
菱形	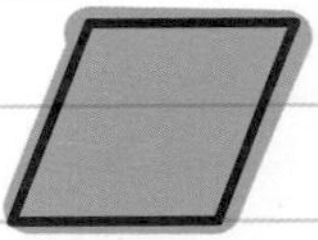	平行四邊形的四邊都等長
正方形		平行四邊形四邊等長且全都形成直角
梯形	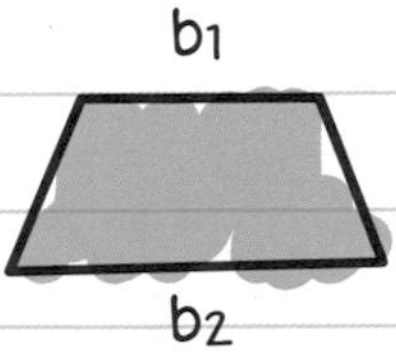 b_1 ... b_2	恰好有兩個平行邊。各邊不一定等長

平行四邊形的性質

平行四邊形具有下列性質：

🔲 全等的對邊

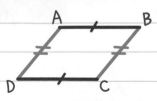

🔲 全等的對角

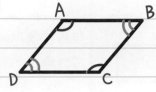

🔲 相鄰的角互補

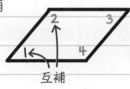

🔲 兩對角線彼此平分

一條對角線連接兩個不相鄰的頂點

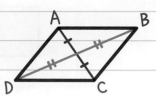

🔲 每條對角線都將平行四邊形

分成了兩個全等的三角形

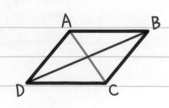

例子： ABCD 是一個平行四邊形。求 $\overline{BD}$ 的長度。

步驟 1：求 x 之值。

在平行四邊形中，對角線彼此平分，因此，$\overline{AC}$ 將 $\overline{BD}$ 分成兩個全等的線段。

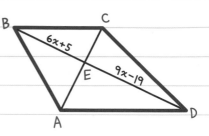

$\overline{BE} \cong \overline{ED}$

$BE = ED$

$6x + 5 = 9x - 19$

$5 = 3x - 19$

$24 = 3x$

$x = 8$

步驟 2：求 BE 與 ED 之值。

$$BE = 6x + 5 \qquad\qquad ED = 9x - 19$$

$$= 6(8) + 5 \qquad\qquad = 9(8) - 19$$

$$= 48 + 5 \qquad\qquad = 72 - 19$$

$$= 53 \qquad\qquad\quad = 53$$

由於 $BE = ED$，我們知道計算無誤！

步驟 3：求 BD 的長度。

$$BD = BE + ED$$

$$= 53 + 53$$

$$= 106$$

用以證明平行四邊形的定理

我們可以利用下列定理,證明一個四邊形是平行四邊形。

若四邊形兩對的對邊全等,則它是
平行四邊形。

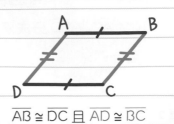

$\overline{AB} \cong \overline{DC}$ 且 $\overline{AD} \cong \overline{BC}$

若四邊形兩對的對角全等,則它是
平行四邊形。

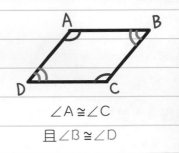

$\angle A \cong \angle C$
且 $\angle B \cong \angle D$

若在四邊形中,一個角與它的兩
個相鄰的角都互補,則它是平行
四邊形。

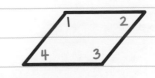

$m\angle 1 + m\angle 2 = 180°$
且 $m\angle 1 + m\angle 4 = 180°$

若四邊形兩條對角線彼此平分，則它是平行四邊形。

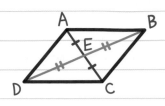

$$\overline{AE} \cong \overline{EC} \text{ 且 } \overline{DE} \cong \overline{EB}$$

若四邊形中有一組對邊同時是平行且全等，則它是平行四邊形。

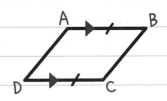

$$\overline{AB} \cong \overline{DC} \text{ 且 } \overline{AB} \parallel \overline{DC}$$

例子： 求 x 與 y 之值使得 ABCD 是一個平行四邊形。

為了使得 ABCD 成為平行四邊
形，

1. ∠A 與 ∠B 必須互補。

$m\angle A + m\angle B = 180°$

$(3x-15)+(10x)=180$

$13x-15=180$

$13x=195$

$x=15$

2. ∠A 與 ∠D 必須互補。

$m\angle A + m\angle D = 180°$

$(3x-15)+(y+6)=180$

$3(15)-15+y+6=180$

$36+y=180$

$y=144$

例子： 求證 EFGH 是平行四邊形。

由於 m∠E＋m∠H ＝ 180°，

故根據同側內角定理的逆定理，

$\overline{EF} \parallel \overline{HG}$。由於 EF＝HG＝8，

故 $\overline{EF} \cong \overline{HG}$。

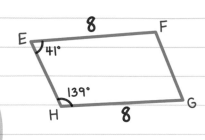

EFGH 有一組的對邊全等且平

行，因此它是平行四邊形。

若兩直線被一條截線所
截而且同側內角互補，
則它們平行。

隨堂小測驗

1. 完成下列句子。

    若一個四邊形是平行四邊形，則它的對邊是_____ 且 _____。

2. 完成下列句子。

    若一個四邊形是平行四邊形，則它的相鄰角是_____。

3. 已知 ABCD 為平行四邊形。求 x 之值。

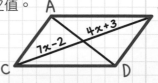

4. 求平行四邊形 ABCD 中漏掉的角度量。

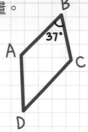

5. 求 x，以及平行四邊形中 $m\angle A$ 與 $m\angle C$ 之值。

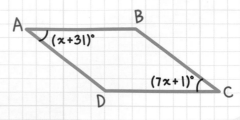

6. 求 x，以及平行四邊形中 m∠A 與 m∠D 之值。

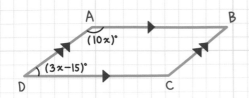

針對問題 7-9，說明資訊是否足以判斷給定四邊形是一個平行四邊形。

7.

8.

9.

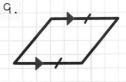

10. 求 x 與 y 之值使得 ABCD 是一個平行四邊形。

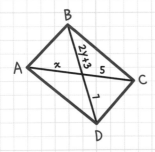

解答在下一頁

對 答 時 間

1. 全等，平行

2. 互補

3. $7x-2 = 4x+3$，故 $x = \dfrac{5}{3}$

4. $m\angle A = 143°$, $m\angle C = 143°$, $m\angle D = 37°$

5. $x+31 = 7x+1$，故 $x = 5$, $m\angle A = 36°$, $m\angle C = 36°$

6. $3x-15+10x = 180$，故 $x = 15$, $m\angle A = 150°$, $m\angle D = 30°$

7. 不是

8. 是的

9. 是的

10. $2y+3 = 7$，故 $y = 2$, $x = 5$

菱形、長方形與正方形

菱形、長方形與正方形是四邊形但也是平行四邊形。

菱形

菱形是四邊全等的平行四邊形。

菱形具有平行四邊形的所有性質，又加上更多。

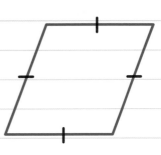

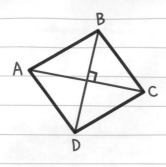

$\overline{AC}$ 垂直於 $\overline{BD}$。

寫成 $\overline{AC} \perp \overline{BD}$。

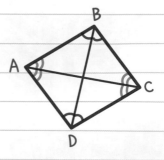

$\overline{AC}$ 平分∠A 與∠C。

$\overline{BD}$ 平分∠B 與∠D。

例子： 求菱形 TUVW 中的 m∠UVW。

∠UVT 是 30°。

$\overline{TV}$ 平分∠UVW。

因此，m∠TVW 也是 30°。

m∠UVW = m∠UVT ＋ m∠TVW

= 30° + 30° = 60°

例子： 在菱形 DEFG 中，

m∠EDG = 104°。求 x 的值。

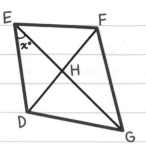

在菱形中，由於兩對角線互相垂直，

m∠DHE = 90°

因為每一條對角線都平分菱形中的一組對角，

$\overline{DF}$ 平分∠EDG

$$m\angle EDF = \frac{1}{2} m\angle EDG$$

$$= \frac{1}{2}(104°)$$

$$= 52°$$

由於三角形的內角度量加起來等於 180°，

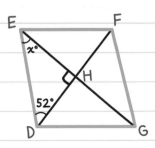

x + 52 + 90 = 180

x + 142 = 180

x = 38

用以證明四邊形為菱形的定理

利用這些定理來判斷是否一個平行四邊形是菱形。

若平行四邊形具有互相垂直的對角線，則它是菱形。

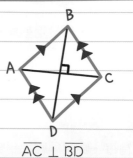

$$\overline{AC} \perp \overline{BD}$$

若平行四邊形有一條對角線平分一組對角，則它是菱形。

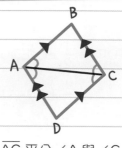

$\overline{AC}$ 平分 $\angle A$ 與 $\angle C$

若平行四邊形有一組相鄰的全等邊，則它是菱形。

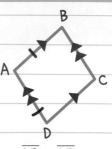

$$\overline{AB} \cong \overline{AD}$$

例子： 試判斷 GHIJ 是否為菱形。

GHIJ 是平行四邊形，因為它的兩

組對邊各自平行。

它的對角線 $\overline{HJ}$ 平分∠GHI 及

∠GJI，因此，它是菱形。

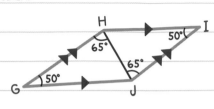

步驟 1： 求證 GHIJ 是平行四邊形。

由於 $\overline{GH}$ ∥ $\overline{JI}$ 且 $\overline{HI}$ ∥ $\overline{GJ}$，兩組對邊各自平行，使得 GHIJ 成為一

個平行四邊形。

步驟 2： 求證 GHIJ 是菱形。

由於三角形的內角度量加起來等於 180°，而 GJH 是一個三角形：

$m\angle GJH + 50° + 65° = 180°$

$m\angle GJH = 65°$

因此，$\overline{HJ}$ 平分∠GJI。

由於三角形的內角度量加起來等於 180°，

而且 JHI 是一個三角形：

m∠JHI + 50° + 65° = 180°

m∠JHI = 65°

因此，$\overline{HJ}$ 平分∠GHI。

由於 GHIJ 的一條對角線平分了它的一組對角，因此，它是菱形。

長方形

長方形是具有四個直角的平行四邊形。

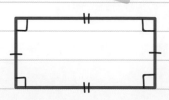

若一個平行四邊形是長方形，則它的兩條對角線全等。

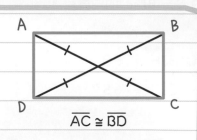

$$\overline{AC} \cong \overline{BD}$$

這一定理的逆定理也成立。

若平行四邊形有全等的兩條對角線，則它是長方形。

例子： 在一個長方形的籬

笆上，有兩根木頭支架，

其長度分別是 LN＝(5x＋2) 公尺

與 KM＝(20x–18) 公尺。求

支架的近似長度。

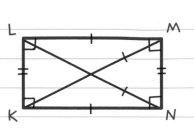

靠近但不正確

由於籬笆是長方形的形狀，故它的對角線全等。

LN＝KM

$5x + 2 = 20x - 18$

$20 = 15x$

$x = \dfrac{20}{15}$

$ = \dfrac{20 \div 5}{15 \div 5}$　　　以 5 同時除分子與分母來化簡分數

$x = \dfrac{4}{3}$

對角線的長度是：

$$LN = 5x + 2$$
$$= 5\left(\frac{4}{3}\right) + 2$$
$$= \frac{26}{3} \approx 8.7$$

$$KM = 20x - 18$$
$$= 20\left(\frac{4}{3}\right) - 18$$
$$= \frac{26}{3} \approx 8.7$$

木頭支架的長度大約是 8.7 公尺。

正方形

正方形是具有四個直角及四個全等邊的平行四邊形。

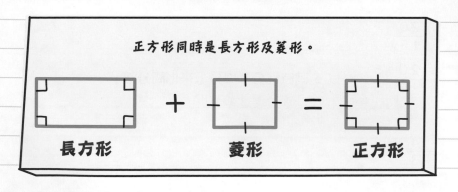

正方形同時是長方形及菱形。

長方形 + 菱形 = 正方形

在正方形 ABCD 中，求 x 及 y 之值。

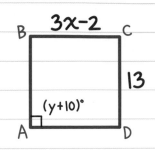

由於正方形有<u>四個全等邊</u>，

BC = CD

3x－2 = 13

3x = 15

x = 5

由於正方形也具有<u>四個直角</u>，

m∠A = 90°

y + 10 = 90

y = 80

隨 堂 小 測 驗

針對問題 1–5，說明給定平行四邊形是否為長方形、菱形，且／或正
方形。

1.

2.

3.

4.

5.

6. 判斷四邊形 ABCD 是否為菱形。

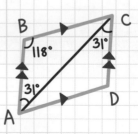

7. 求菱形 GHIJ 中 x 之值。

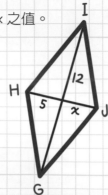

8. 求菱形 ABCD 中 x 之值。

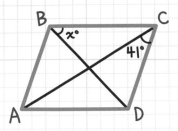

9. 在長方形 KLMN 中，LN = 24x - 30 且 KM = 17x - 2。求 x，LN 及 KM 之值。

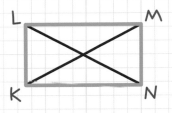

10. 求正方形 TUVW 中，x 及 y 之值。

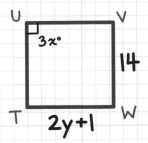

解答在下一頁

對答時間

1. 菱形

2. 菱形與長方形

3. 菱形、長方形及正方形

4. 菱形

5. 長方形

6. 是的。它是平行四邊形而且有一條對角線平分一組對角。

7. x = 5

8. x = 49

9. 24x−30 = 17x−2；因此，x = 4, LN = 66, KM = 66

10. 3x = 90，因此 x = 30。2y+1 = 14，因此 y = $\dfrac{13}{2}$

梯形與箏形

梯形與箏形都是非平行四邊形的四邊形。

梯形

梯形是恰有一組平行（對）邊的四邊形。

這組平行邊稱之為底，而非平行的
邊則稱之為足。

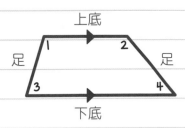

與底邊相鄰的角稱之為底角。

∠１與∠２是相對於上底的底角。

∠３與∠４是相對於下底的底角。

梯形的**中線**是平分兩足的一條
線段。

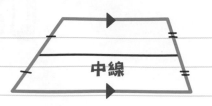

中線

梯形的中線平行於上下底。它的長度可藉由取上下底的平均數
（亦即：上下底長度相加再除以二）而得到。

梯形中線的長度 = $\dfrac{b_1 + b_2}{2}$

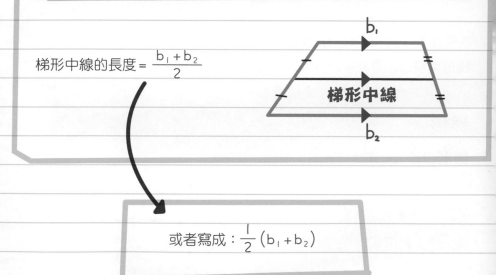

b_1

梯形中線

b_2

或者寫成：$\dfrac{1}{2}\left(b_1 + b_2\right)$

例子： 一座橋的橫樑被造成梯形狀。下底長 2 3 0 公尺，中間橫樑長 1 5 0 公尺。試問上橫樑的長度為何？

上橫樑 = b_1

下橫樑 = b_2

b_2 = 2 3 0 公尺

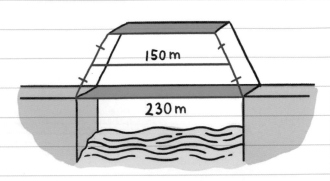

（梯形）中線 = 1 5 0 公尺

中線長 = $\dfrac{b_1 + b_2}{2}$

$150 = \dfrac{b_1 + 230}{2}$

$150 \times 2 = \dfrac{b_1 + 230}{\cancel{2}} \times \cancel{2}$　　　　兩邊都乘上 2

$300 = b_1 + 230$

$b_1 = 70$

故上橫樑是 7 0 公尺。

等腰梯形

等腰梯形具有全等的雙足。

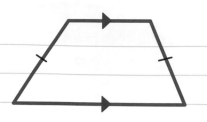

> 若一個梯形等腰,則它有兩組成對
> 的全等底角。

若 $\overline{AB} \cong \overline{CD}$,則 $\angle B \cong \angle C$
且 $\angle A \cong \angle D$。

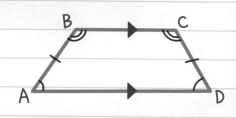

例子: 求 m∠Q, m∠R,
及 m∠S。

由於 $\overline{QR} \parallel \overline{PS}$ 且 ∠Q 與 ∠P 互補
(同側內角互補定理)

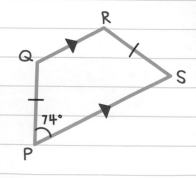

m∠Q+m∠P = 180°

m∠Q+74° = 180°

m∠Q = 106°

> 當兩條平行線被一條截線
> 所截,則同側內角互補。

由於在等腰梯形中，底角全等，

$m\angle R = m\angle Q = 106°$

$m\angle S = m\angle P = 74°$

一個梯形等腰若且唯若其對角線全等。

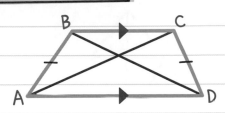

$\overline{AB} \cong \overline{CD}$ 若且唯若 $\overline{AC} \cong \overline{BD}$。

例子： 判斷梯形 WXYZ 是否為等腰。

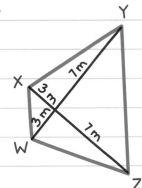

$XZ = 3 + 7 = 10$

$WY = 3 + 7 = 10$

由於 $XZ = 10$ 且 $WY = 10$，故 $XZ = WY$。

由於兩條對角線全等，因此，給定梯形為等腰。

箏形

箏形是兩組鄰邊各自全等的四邊形。

若一個四邊形為箏形,則它的對角線互相垂直。

若一個四邊形為箏形,則至少有一組對角全等。

例子: 給定箏形,其中 $\overline{AB} \cong \overline{BC}$ 且 $\overline{AD} \cong \overline{CD}$,求證 $\angle A \cong \angle C$。

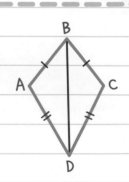

題目給定條件 $\overline{AB} \cong \overline{BC}$ 且 $\overline{AD} \cong \overline{CD}$。

又,$\overline{BD} \cong \overline{BD}$。

根據 SSS,$\triangle ABD \cong \triangle CBD$。由於全等角有對應的全等邊,$\angle A \cong \angle C$。

SSS 三角定理

四邊形的類型

四邊形

多邊形有 4 個邊

平行四邊形

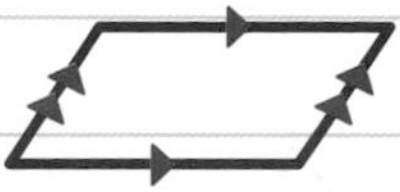

對邊平形

對邊全等

對角全等

相鄰角互補

對角線互相平分

對角線構成 2 個全等三角形

菱形

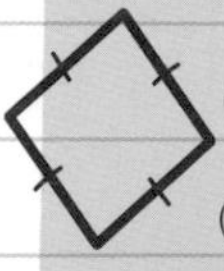

4 個全等邊

(2) 對角線

(互相) 垂直

對角線平分對角

正方形

(同時是) 菱形與長方形

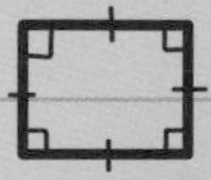

長方形

4 個直角

對角線全等

箏形

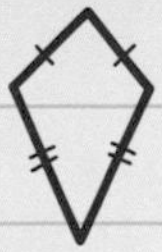

2 組相鄰的全等邊

有 1 組對角全等

2 對角線垂直

梯形

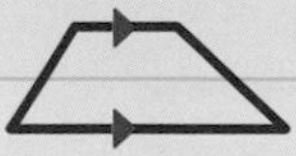

有一組平行的對邊

等腰梯形

2 足全等

底角全等

對角線全等

隨堂小測驗

1. 命名（用頂點字母）稱呼四邊形 PQRS 中的底邊、足邊、底角以及中線。

2. 求 b 之值。

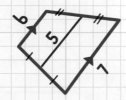

3. 求 x 之值。

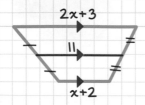

4. 求 m∠P 與 m∠R。

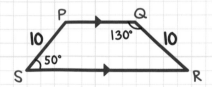

5. 求等腰梯形 GHIJ 中漏掉的角之度量。

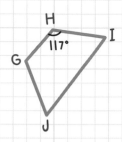

6. 給定等腰梯形的兩對角線分別有長度為 7x + 23 及 15x + 19。
   求 x 之值。

7. 求 y 之值。

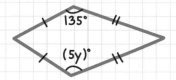

解答在下一頁

對 答 時 間

1. 底邊：$\overline{PS}$ 與 $\overline{QR}$；足邊：$\overline{PQ}$ 與 $\overline{SR}$；

   底角：∠P 與 ∠S，以及 ∠Q 與 ∠R；

   中線：$\overline{TU}$

2. $\dfrac{b+7}{2} = 5$，故 b = 3。

3. $\dfrac{2x+3+x+2}{2} = 11$，故 $x = \dfrac{17}{3}$

4. m∠P = 130°, m∠R = 50°

5. m∠G = 117°, m∠I = 63°, m∠J = 63°

6. $7x + 23 = 15x + 19$，故 $x = \dfrac{1}{2}$

7. $135 = 5y$，故 y = 27

多邊形中的角之度量

多邊形是一種封閉的平面圖形，它至少有三個邊是直線形。多邊形按它所具有的邊數來命名（或稱呼）。

邊數	名稱（或定義）		邊數	名稱（或定義）
△ 3	三角形		⬡ 7	七邊形
▱ 4	四邊形		⬠ 8	八邊形
⬠ 5	五邊形		◯ 9	九邊形
⬡ 6	六邊形		◯ 10	十邊形

內角之度量

多邊形的內角是指這個形狀的邊界內的角。

三角形的內角加起來等於 180°。

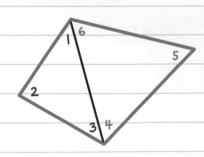

這個命題對於所有三角形都是對的。

$$90 + 45 + 45 = 180$$

我們可以利用這個資訊，來找到其他多邊形中的角度量之和。

四邊形可以用兩個三角形來構成。

每個三角形的內角之度量和是：

$$m\angle 1 + m\angle 2 + m\angle 3 = 180°$$

$$m\angle 4 + m\angle 5 + m\angle 6 = 180°$$

所有內角和是：

$$180° + 180° = 360° \text{ 或 } 2 \times 180° = 360°$$

四邊形的內角加起來等於 360°。這對所有四邊形都成立。

法則：每次你（多）加一個邊到一個給定的邊形時，你就多加了 180° 到其內角和。

同樣的程序可以運用到任意邊數的多邊形上。

邊數	三角形的個數	內角度量之和
3	1	1 × 180°
4	2	2 × 180°
5	3	3 × 180°
n	(n–2)	(n–2) × 180°

邊數減 2，其差數告知我們有幾個三角形構成這個多邊形。

內角之和 = (n-2) × 180°
這表示：「構成多邊形的三角形之個數乘上 180°」。

例子： 求十邊形的內角度量之和。

十邊形有 10 個邊。

它的內角度量之和是：

$$(n-2)180° = (10-2)180° = (8)180° = 1440°$$

例子： 求五邊形中的 m∠K。

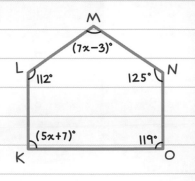

首先，求五邊形的角度量之和：

$$(n-2)180° = (5-2)180°$$
$$= (3)180° = 540°$$

由於五邊形的角度量加起來等於 540°：

$$m∠K + m∠L + m∠M + m∠N + m∠O = 540°$$
$$(5x+7) + 112 + (7x-3) + 125 + 119 = 540$$
$$12x + 360 = 540$$
$$12x = 180$$
$$x = 15$$

因此，$m∠K = (5x+7)° = [5(15)+7]° = 82°$

222

外角之度量

多邊形的外角是介於其一邊及從另一邊延伸的直線之間的角。

多邊形外角和定理

無論多邊形的邊數為何，其外角和都相同。

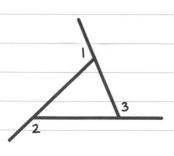

$$m\angle 1 + m\angle 2 + m\angle 3$$
$$= 360°$$

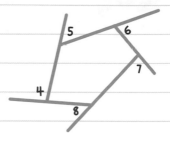

$$m\angle 4 + m\angle 5 + m\angle 6$$
$$+ m\angle 7 + m\angle 8 = 360°$$

多邊形的外角加起來等於 360°。

注意：對每一個頂點，只用到一個外角。

在每一頂點，兩個外角具有相同的度量。

∠2 與 ∠3 都是 ∠1 的外角。

∠2 ≅ ∠3

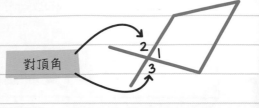

對頂角

例子： 求 x 之值。

由於外角加起來等於 360°，

$35 + (10x+4) + 59 + (3x-14) = 360$

$13x + 84 = 360$

$13x = 276$

$x = 21.2$

正多邊形所有角都全等且所有邊也都全等。為了在正多邊形中求每一
個內角之度量，就將全部的角度量除以邊數。

 **例子：** 在正七邊形中，

求每一個內角之度量。

> 算出全部角度量
> 再除以7！

正七邊形有 7 個邊，內角和加起

來是：

$(n-2)180° = (7-2)180°$

$= (5)180° = 900°$

正七邊形有 7 個全等角，每一個角的度量是：

$\frac{900°}{7} ≈ 128.6°$

隨 堂 小 測 驗

1. 求十三邊形的內角度量之和。

2. 求下列多邊形的內角度量之和。

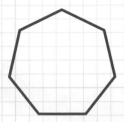

3. 求 x 之值。

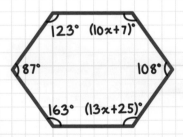

123° (10x+7)°
87° 108°
163° (13x+25)°

4. 求箏形中的 x 之值。

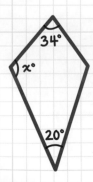

34°
x°
20°

5. 七邊形的外角和之度量為何？

6. 在這個四邊形中，外角和之度量為何？

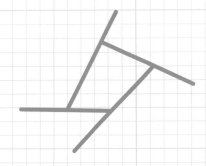

7. 求 x 之值。

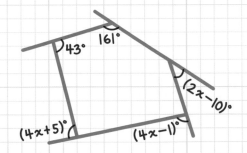

43° 161°

(2x-10)°

(4x+5)°

(4x-1)°

8. 求正五邊形的每一個內角之度量。

解答在下一頁

對答時間

1. $(13-2)180 = 1980°$

2. $(7-2)180 = 900°$

3. $87+123+10x+7+108+13x+25+163 = (6-2)180$；
   因此，$x = 9$

4. $34+x+20+x = (4-2)180$，因此，$x = 153$

5. $360°$

6. $360°$

7. $4x+5+137+19+2x-10+4x-1 = 360$，因此，$x = 21$

8. $\dfrac{(5-2)180}{5}$，因此，每一個角度量為 $108°$

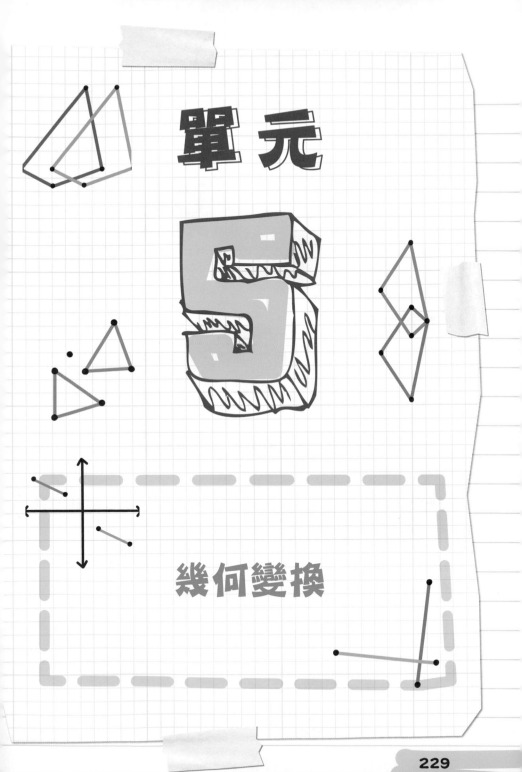

單元

5

幾何變換

鏡射

剛體運動

坐標平面上的圖形可以往任何方向移動，結果會產生新圖形及新位置。移動一個圖形的行動稱之為**變換**。

在一個變換中，原來圖形稱之為**原像**，而新圖形則稱之為**像**。

若在一個變換中，一個圖形的形狀與大小保持不變，則這個位移就稱之為**剛體運動**或**全等變換**。

剛體運動有下列三類：

鏡射

平移

旋轉

鏡射是一種變換，它將一個像翻轉過一條直線，使得這個像好比在鏡中一樣。

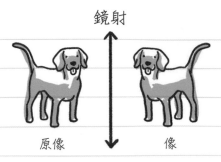

鏡射

原像　　像

鏡射是一種剛體運動：像的形狀與大小保持不變。

> ## 鏡射
> 是一種位移，它將一個形狀的所有點映射（移動）出去，使得像裡面的每一點都移動到鏡射線的另一側，而且與其在原像中對應的點等距離。

△ ABC 是原像。

△ A′B′C′ 是像。

標記（′）唸成 prime。

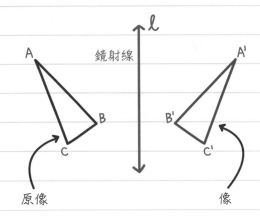

l

鏡射線

原像　　像

標記（′）代表原像的新映射點。

△ A′B′C′ 唸作「三角形 A prime, B prime, C prime」。

直線 ℓ 是鏡射線。我們會形容 △ABC 被鏡射穿過直線 ℓ。

要是我們沿著鏡射線對摺我們的紙張，那麼，這兩個三角形將會完美地疊合在一起。

鏡射將 △ABC 上的每一點映射到 △A´B´C´ 上的對應點。

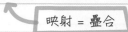
映射 = 疊合

A 映至 A´　　　　　　B 映至 B´　　　　　　C 映至 C´

鏡射導致相反的賦向（反轉點的安排）。例如，若從 A 到 B 到 C 在原像中，按順時鐘順序排列，則從 A´ 到 B´ 到 C´ 在像中則是按逆時鐘（反方向）順序排列。

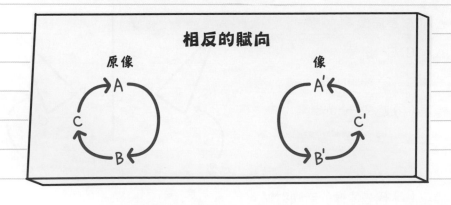

相反的賦向

原像　　　　　　　　　　像

坐標平面上的鏡射

鏡射可以表現在坐標平面上。

在一個有序數對中，我們以 x, y 來命名坐標系統中的一點之坐標。

x 標記沿著 x- 軸（水平）的位置，而 y 則給出沿著 y-軸（垂直）的位置。

例如，要繪製點 (3, 4)：

1. 從原點（位置）(0, 0) 開始。

2. 向右水平方向移動 3 個單位。這是 x- 坐標。

3. 向上垂直方向移動 4 個單位。這是 y- 坐標。

* 若 x- 坐標為負，向左移動，而若 y- 坐標為負，則向下移動。

紅線是鏡射線。這條鏡射線寫做 x = 1。

x = 1 表示鏡射線上的所有點之 x- 坐標都是 1。

例如 (1, -1), (1, 0), (1, 2)

點 P，寫做 P(3，2)，是在鏡射線右邊的 2 個單位。點 P′，寫做 P′(-1，2)，則是在鏡射線左邊的 2 個單位。

P(3，2) 映射到 P′(-1，2)。這可以寫成：

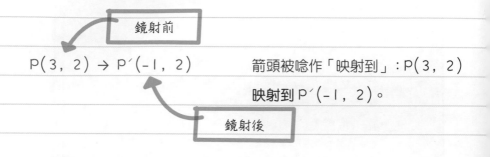

鏡射前

P(3，2) → P′(-1，2)

鏡射後

箭頭被唸作「映射到」：P(3，2) 映射到 P′(-1，2)。

鏡射線是連接像與原像的對應點之線段的中垂線。

$\overline{PP'}$ 連接像與原像之點。

直線 x = 1（鏡射線）
是 $\overline{PP'}$ 的中垂線。

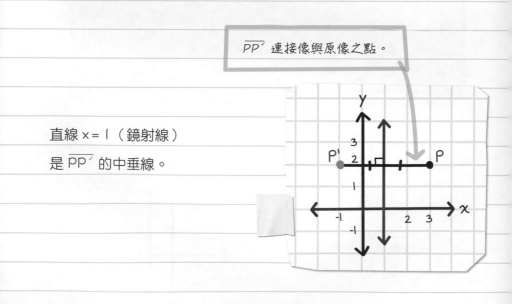

在這個像中，直線 $\overline{RR'}$、$\overline{SS'}$ 及 $\overline{TT'}$ 連接了像與原像的對應點。

△RST → △R′S′T′，
鏡射線也就是直線 k，是
$\overline{RR'}$、$\overline{SS'}$ 及 $\overline{TT'}$ 的中垂
線。

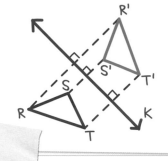

例子： 在坐標平面上，
沿著直線 y = 3 將四邊形鏡射。

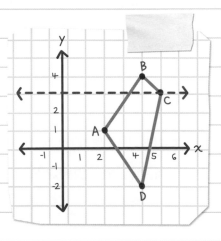

將每一個頂點
鏡射，然後連
接頂點。

直線 y=3 是水平線。其上的
所有點之 y- 坐標都是 3。

由於鏡射線是線段 $\overline{AA'}$ 的中垂線，它到點 A 與 A´ 的距離相等。

計算從點 A 到中垂線的單位數，並且將點 A´ 置於此線另一側的相同單位數上。

- A 是在點 (2，1) 上，在鏡射線下的 2 個單位（處）。

  A´ 將會在點 (2，5) 上，在鏡射線上的 2 個單位（處）。

  A(2，1) → A´(2，5)。

- B 是在點 (4，4) 上，在鏡射線上的 1 個單位（處）。

  B´ 將會在鏡射線下的 1 個單位（處）。

  B(4，4) → B´(4，2)

  > 每一點都映射到鏡射線另一側。

- 點 C(5，3) 是在鏡射線
  上。由於它與鏡射線之間
  沒有距離，所以，其對應
  點 C´ 將是同一點。
  C(5，3) → C´(5，3)。

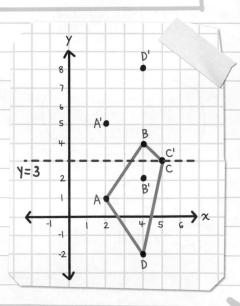

- 點 D(4，-2) 是在鏡射線下的 5 個單位（處）。D´ 將在鏡射線上的 5 個單位（處）。

  D(4，-2) → D´(4，8)

連接這些頂點。

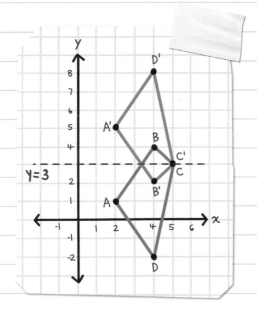

三種常見的鏡射如下：x– 軸、y– 軸以及 y＝x。每個都擁有一個規則，可用於在圖中描點。

鏡射線	規則	例子
x– 軸	$(x, y) \rightarrow (x, -y)$ y– 坐標乘以 –1。	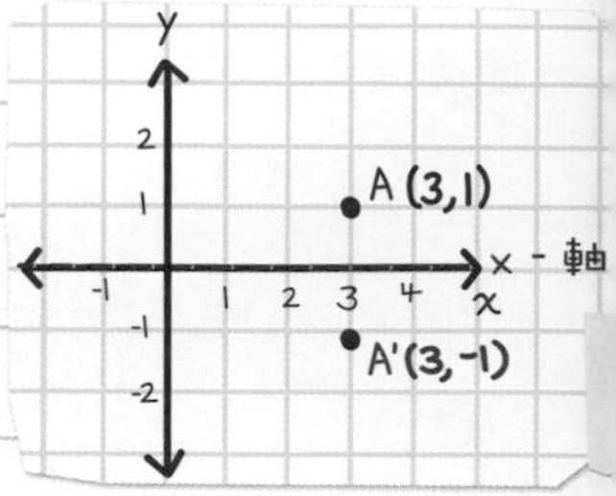
y– 軸	$(x, y) \rightarrow (-x, y)$ x– 坐標乘以 –1。	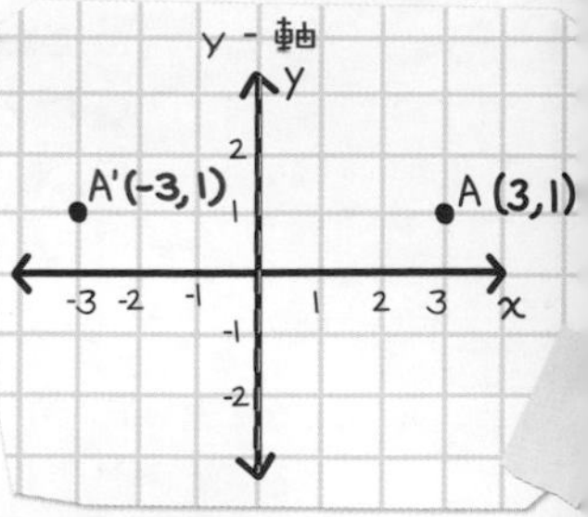
y＝x 與 y＝1x＋0 相同	$(x, y) \rightarrow (y, x)$ 將坐標倒轉	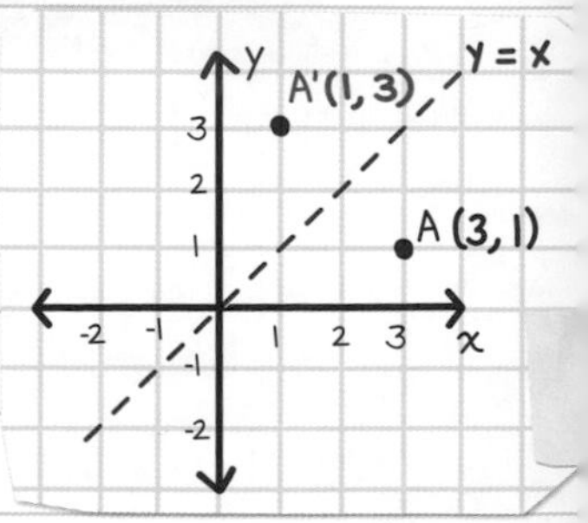

例子： 沿著 x- 軸將線

段 $\overline{AB}$ 鏡射。

規則：$(x, y) \rightarrow (x, -y)$

$A(1, 1) \rightarrow A'(1, -1)$

$B(4, 3) \rightarrow B'(4, -3)$

1. 繪製像點。

2. 畫直線連接兩個像點。

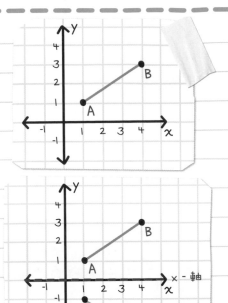

例子： 沿著 y=x 將線段 $\overline{AB}$ 鏡射。

規則：$(x, y) \rightarrow (y, x)$

$A(1, 1) \rightarrow A'(1, 1)$

$B(4, 3) \rightarrow B'(3, 4)$

1. 繪製像點。

2. 畫直線連接兩個像點。

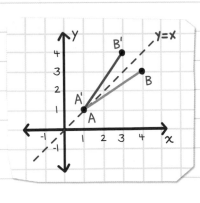

隨堂小測驗

1. 何謂幾何變換？

2. 何謂鏡射？

3. 完成下列句子。

   在一個鏡射中，點 P 及其像點 P′ 到＿＿＿＿＿＿＿的距離相等。

針對問題 4-5，畫出線段 $\overline{PQ}$ 的像，其中 P(-1，-2) 及 Q(-2，0) 沿著下列直線被鏡射。

4. x = 1

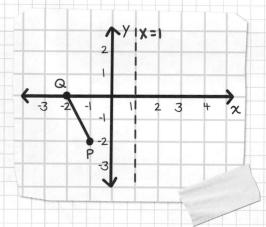

5. $y = -1$

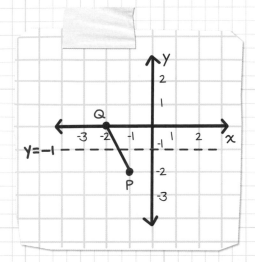

對答時間

1. 幾何變換改變一個圖形（原像）的形狀、大小或位置，以造出一個新的圖形（像）。

2. 鏡射是剛體運動的一種，它將一個像翻轉過一條直線。

3. 鏡射線。

4.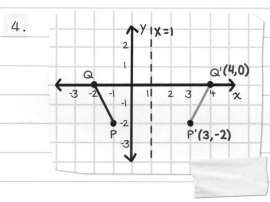

5.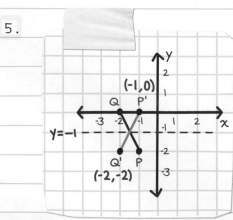

21

平　移

平移是一種剛體運動，它將一個
圖形向左或向右、向上或向下，或
者同時水平或垂直方向地滑行一段
距離。

圖形中的每一點都以同一方向與同
樣距離滑行。

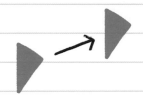

圖形的形狀、大小，以及賦向都保
持不變。

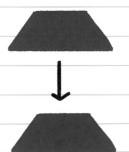

坐標平面上的平移

坐標平面上的平移將像（集合）中的所有點都以同樣方向和距離移動了。對三角形 △ABC 來說，每一個點都向右移動 4 個單位（x- 軸）、向上移動 2 個單位（y- 軸）。

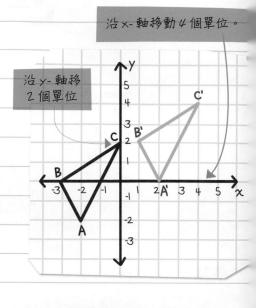

沿 x- 軸移動 4 個單位。

沿 y- 軸移 2 個單位

平移可以定義（描述）如下：在那個平移的圖形中，使用一個平移向量來敘述共移動了多少單位。

平移向量是（4，2）。

x- 方向 4 個單位

y- 方向 2 個單位

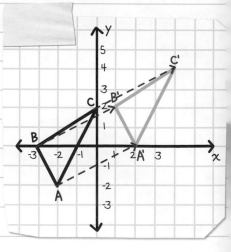

若一個平移向量沿著 x- 軸移動 a 單位、
y- 軸 b 單位移動一個點，
則此平移向量是 (a, b)。

平移規則如下：

$(x, y) \rightarrow (x+a, y+b)$
其中 (a, b) 為平移向量。

例如：平移向量（1，3）的平移規則是 $(x, y) \rightarrow (x-1, y+3)$。

這將每一點向左移動 1 個單位、向上移動 3 個單位。

以此一平移向量為準，點 (5, -2) 將映射到：

$(5, -2) \rightarrow (5-1, -2+3)$，也就是 (4, 1)

$$5-1 = 4$$
$$-2+3 = 1$$

點 (-4, 7) 映射到：

$(-4, 7) \rightarrow (-4-1, 7+3)$ 或 (-5, 10)

$$-4-1 = -5$$
$$7+3 = 10$$

例子： 描述下列平移 P → P′ 的平移向量與平移規則是什麼？

點 P 向右移動 3 個單位，向上移動 2 個單位到點 P′：

平移向量是 (3, 2)。

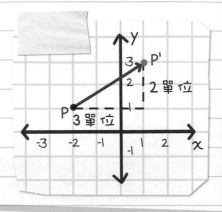

平移規則是：

$(x, y) \rightarrow (x+3, y+2)$

例子： 描述下列平移四邊形 FGHI → F′G′H′I′ 的平移向量與平移規則是什麼？

每一點向右移動 4 單位且向上移動 3 單位。

平移向量是 (4, 3)。

平移規則是：

$(x, y) \rightarrow (x+4, y+3)$

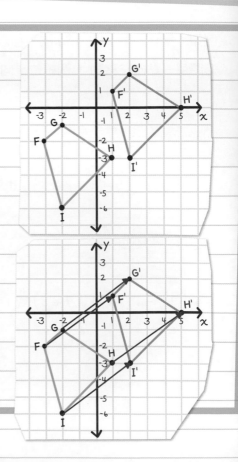

例子： 給定平移向量 (-2，5)，圖示 △LMN 的平移。

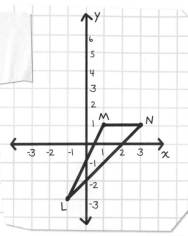

移動每個頂點向左 2 個單位，向上 5 個單位。

規則：$(x, y) \rightarrow (x-2, y+5)$

繪製下列這些點：

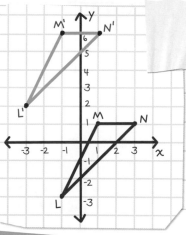

$L(-1, -3) \xrightarrow{(-1-2) \quad (-3+5)} L'(-3, 2)$

$M(1, 1) \xrightarrow{(1-2) \quad (1+5)} M'(-1, 6)$

$N(3, 1) \xrightarrow{(3-2) \quad (1+5)} N'(1, 6)$

連接這些點。

請幫我忙！我正在上數學課，需要 translate 三角形。

那簡單！Triangle。

不對，不對！我是指幾何上的 translation。

Geometrical。

算了。

247

隨 堂 小 測 驗

1. 在平移任意圖形之後，圖形中永遠保持不變的是什麼？

2. 將點 D 平移到 D′ 的平移向量是什麼？

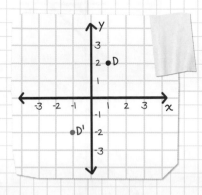

針對問題 3-6，說明下列圖形是否為平移。

3.

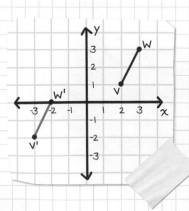

4.

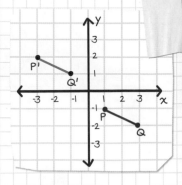

5.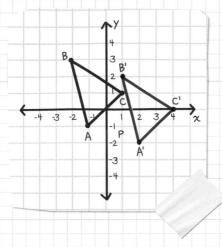

6.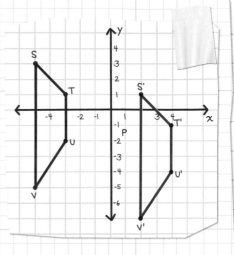

7. 問題 6 中的平移向量為何？

8. 描述問題 6 中的平移之平移規則為何？

9. 給定平移向量 (-3,1)，圖示 △EFG 的平移。

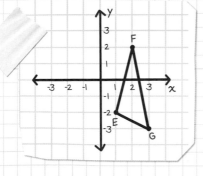

10. 給定平移向量 (2,0)，圖示下列四邊形的平移。

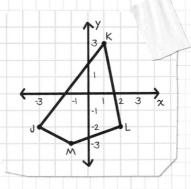

解答在下一頁

對答時間

1. 圖形的形狀、大小及賦向

2. (-2, -4)

3. 是的，(-5, -3)

4. 是的，(-4, 3)

5. 是的，(3, -1)

6. 是的。

7. (7, -2)

8. (x, y) → (x + 7, y - 2)

9.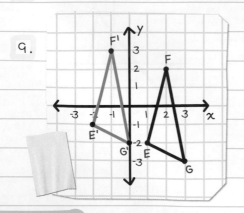

10.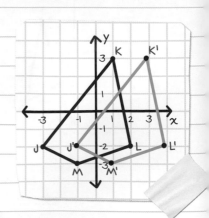

旋　轉

旋轉是圖形針對一個固定點環繞。

旋轉是剛體運動。

圖形的形狀、大小及圖形的角之度量

都保持不變,而且,賦向也不變。

旋轉包括:

- **旋轉中心**——圖形環繞的點。旋轉中心可以落在圖形之外、圖形
  內部的任意點,或者是沿著圖形的邊緣。

- **旋轉角**——圖形中每一點旋轉的度數。旋轉可以是順時鐘方向,
  也可以是逆時鐘方向。

> 順時鐘 = 向右轉
> 逆時鐘 = 向左轉

任意點與它的像到旋轉中心為等距。

 例子： 點 T 繞著 R 點逆時鐘旋轉 x°。

旋轉中心是 R。

旋轉角是 x°。

T 與 T´ 到旋轉中心等距離。

這個事實寫成：RT = RT´。

繪製旋轉

你可以使用量角器及直尺來繪製繞一點的旋轉。

• K

點 K 繞著點 P 逆時鐘 70°。

• P

步驟 1：畫一條線連接 P 與 K。

步驟 2：使用量角器畫一個 70° 角，從 $\overline{PK}$ 左邊逆時鐘方向。

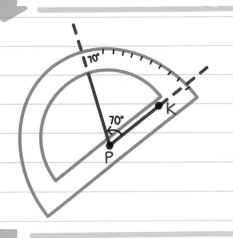

步驟 3：度量 $\overline{PK}$ 的長度。畫一個新的點，標示為 K´，它在新線上到 P 點距離與 $\overline{PK}$ 相等。

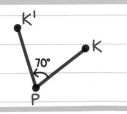

旋轉正方形

繞著點 P 順時鐘 90° 旋轉一個正
方形，這個正方形上的每一點都必
須順時鐘旋轉 90°。

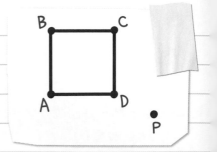

A 到 P 的距離等於
A′ 到 P 的距離。

由於 AP = A′P，思考直線 AP
順時鐘旋轉 90°。

繪製在這位置上的點。

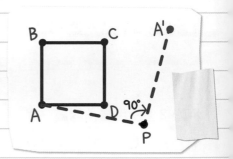

對頂點 B，C 及 D，重複
此一畫法。
然後，連接這些點。

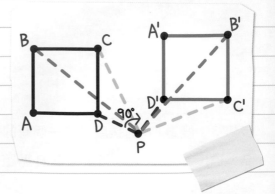

例子：

△ABC 繞著 Q 點逆時鐘 旋轉 110°，試畫其像。

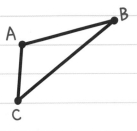

運用量角器及直尺，旋轉每一個頂點，一次一個。

旋轉點 A：

1. 從點 Q 到點 A 畫一條線。

2. 運用量角器畫一個 110° 的角。

3. 度量線段 $\overline{QA}$ 的長度。

4. 在新直線上與 QA 等距離處，畫記點 A′。

依同樣方式旋轉點 B 與 C。連接點 A′, B′ 及 C′。

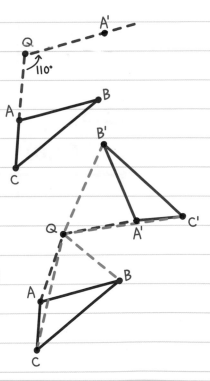

求旋轉角

可運用量角器及直尺求旋轉角。已知一個圖形繞一個點 (–1，0) 逆時鐘旋轉，且點 (2，2) 旋轉到點 (–3，3)。

試求旋轉角。

1. 從旋轉中心到點 (2，2) 及 (–3，3) 各畫一條線。

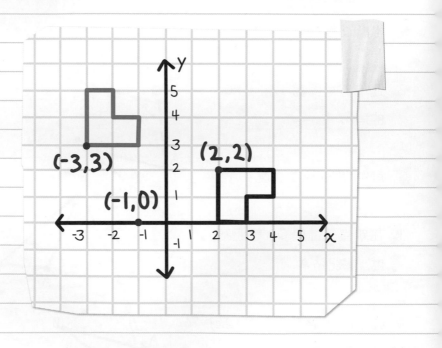

2. 運用量角器來度量這個角。

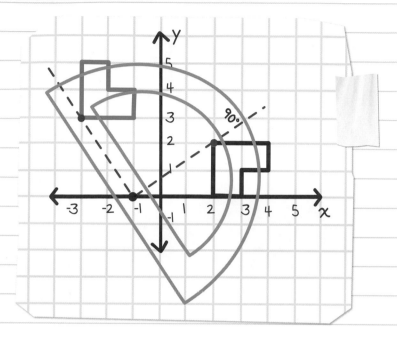

這個旋轉角是 90°。

坐標平面上的旋轉

有三個常見的旋轉角是 90°，180°
及 270°。

這些繞著（坐標平面）原點的旋轉有
下列規則可以使用。

原點是指點 $(0, 0)$，
它是 x- 軸及 y- 軸相
交的點。

旋轉角	規則	例子：繞原點逆時鐘
90°	$(x, y) \rightarrow (-y, x)$。y-坐標乘以 -1 且將坐標順序對調。	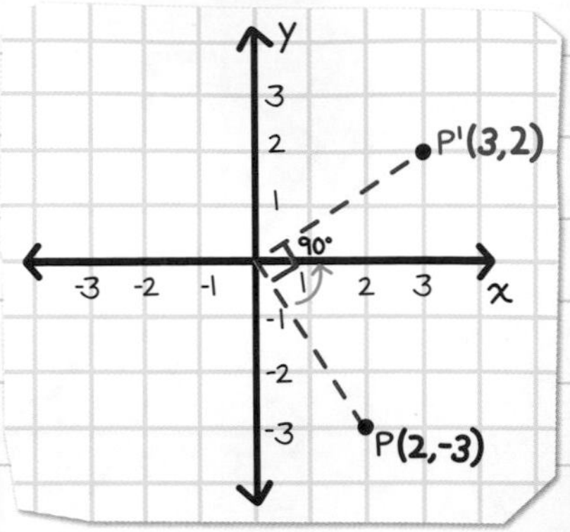
180°	$(x, y) \rightarrow (-x, -y)$。將 x-坐標及 y-坐標乘以 -1。	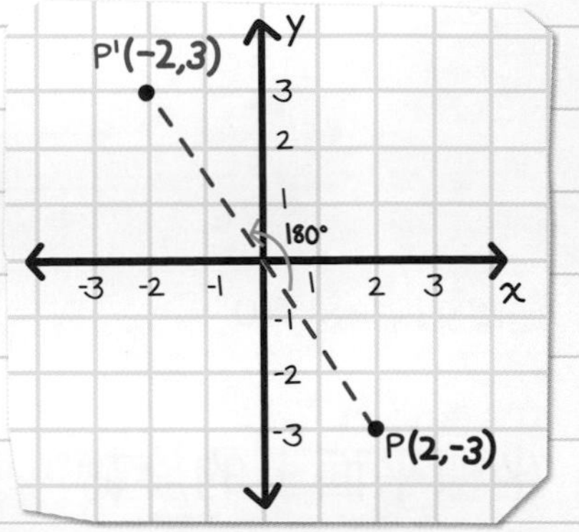
270°	$(x, y) \rightarrow (y, -x)$。將 x-坐標乘以 -1 且將坐標順序對調。	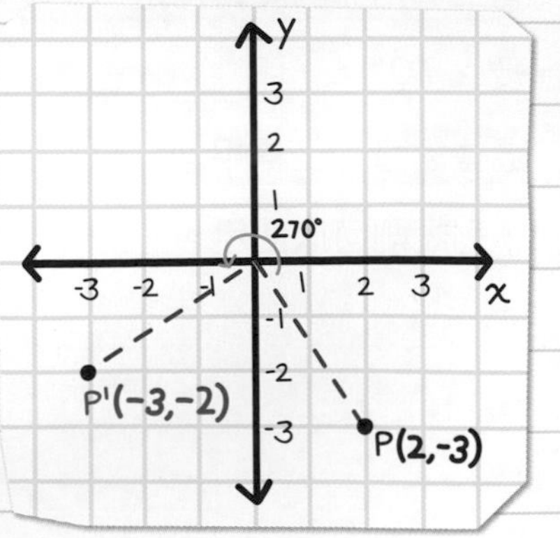

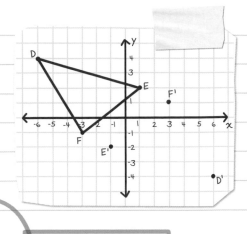

例子： 繞原點將這

三角形旋轉 180°。

首先，繞原點將每一點旋轉

180°：

規則：$(x, y) \rightarrow (-x, -y)$

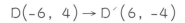
將 x 與 y 坐標乘以 -1

$D(-6, 4) \rightarrow D'(6, -4)$

$E(1, 2) \rightarrow E'(-1, -2)$

$F(-3, -1) \rightarrow F'(3, 1)$

其次，繪製（標示）新的點。

然後，連接所有這些點。

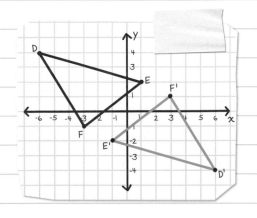

當旋轉（角度）是 180° 時，順或逆時鐘
無妨，因為其像最終都會在同一位置上。

求旋轉中心

求旋轉中心的步驟：

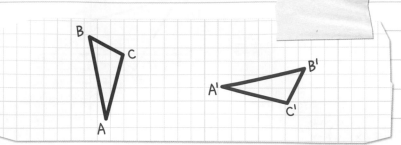

1. 畫一條線連接點 A 與點 A′。

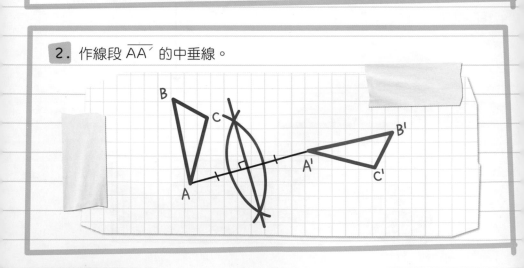

2. 作線段 $\overline{AA'}$ 的中垂線。

針對點 B 及 B′ 重複步驟 1 與 2。

這兩條中垂線的交點就是旋轉中心。

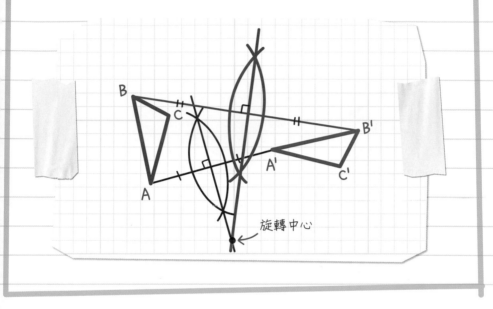

旋轉中心

如果我們也畫出 $\overline{CC′}$ 的中垂線，它也將通過旋轉中心。

隨堂小測驗

1. 成立或不成立：在一個旋轉中，圖形的形狀、大小及賦向都保持不變。

2. 繞旋轉中心 R 點逆時鐘旋轉 90°。

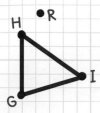

3. 使用量角器畫出 △GHI 逆時鐘旋轉 60° 的圖示。

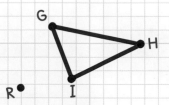

4. 畫出將 △ABC 旋轉到 △A´B´C´ 的旋轉中心。

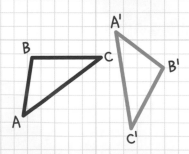

利用下列圖示回答問題 5 與 6：

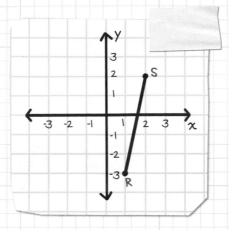

5. $\overline{\text{RS}}$ 繞原點逆時鐘旋轉 180°。R´ 與 S´ 的坐標為何？

6. 畫出 $\overline{\text{RS}}$ 繞原點逆時鐘 270° 的旋轉。

解答在下一頁

對答時間

1. 不成立！因為大小及形狀保持不變，但賦向已經被旋轉了。

2.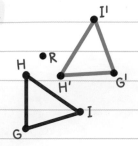

3.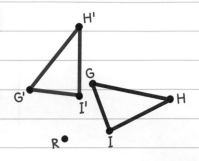

4.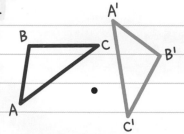

5. R´(-1, 3), S´(-2, -2)

6.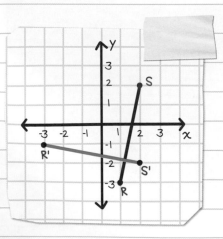

合 成

變換的合成

變換的合成是指兩個或更多變換組合起來構成一個新的變換。

在一個合成中,你可以從前一個變換的像上面,執行每一個變換。

變換的合成之例子。綠色魚鏡射到粉紅色魚,然後再平移到黃色魚。

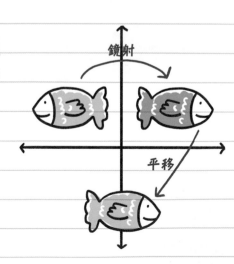

例子：

線段 $\overline{JK}$ 繞著原點逆時鐘旋轉 90°，然後，沿著直線 y=1 鏡射，試畫出此一圖形。

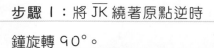

步驟 1：將 $\overline{JK}$ 繞著原點逆時鐘旋轉 90°。

運用（映射）規則 (x, y) → (-y, x) 來求端點。

• J(3, 6) → J′(-6, 3)

• K(7, 2) → K′(-2, 7)

連接端點。

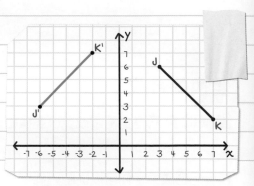

當一個像第二次被鏡射之後，其點以兩撇來標示

步驟 2：沿著 y=1 將 $\overline{J′K′}$ 鏡射。

J′ 點是在 y=1 上 2 個單位，故置 J″ 在 y=1 下 2 個單位。

K′ 點是在 y=1 上 6 個單位，故置 K″ 在 y=1 下 6 個單位。

連接端點。

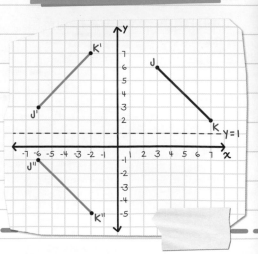

平移的合成

平移的合成是指兩個或更多平移的組合。

平移的合成之例子：黃色狗平移到粉紅色狗，然後，平移到藍色狗。

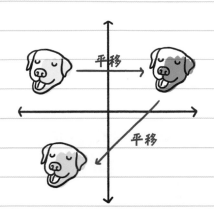

在這個像中：

△A 平移到 △B。

△B 平移到 △C。

因此，△A 平移到 △C 囉。

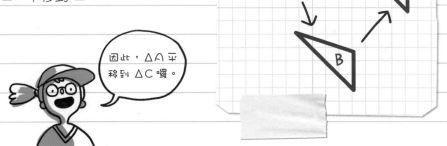

兩個平移的合成是另一個平移。

例子： 描述從 $\overline{DE}$ 到 $\overline{D''E''}$ 的變換。

$\overline{DE}$ 沿著向量 $(-4，-1)$ 平移到 $\overline{D'E'}$。

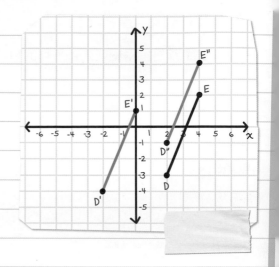

這是兩個平移的合成，因此，其結果也是平移。

為了求得平移向量，我們也可：

• 計算從 D 到 D''（或 E 到 E''）的單位：

D 向左或右移動 0 個單位，以及向上 2 個單位映射到 D''(0，2)。

或者

• 將兩個平移向量 $(-4，-1)$ 及 $(4，3)$ 的坐標相加：

$$(-4+4，-1+3)=(0，2)。$$

因此，從 $\overline{DE}$ 到 $\overline{D''E''}$ 的變換是一個沿著向量 $(0，2)$ 的平移。

滑動鏡射

滑動鏡射是指在一個平移之後接著一個鏡射的變換。其中，鏡射線與平移的方向平行。

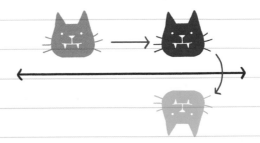

滑動鏡射的例子：灰色貓平移成紫色貓，然後，再鏡射成綠色貓。

例子： 畫出下列滑動鏡射，其中 △ABC 沿著向量 (-4, 0) 平移，然後沿著 x- 軸鏡射。

沿著向量 (-4, 0) 平移：

$A(1, -2) \rightarrow A'(-3, -2)$

$B(2, -1) \rightarrow B'(-2, -1)$

$C(4, -3) \rightarrow C'(0, -3)$

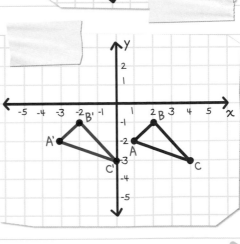

標示這些點，並將頂點連接起來。

將 △A´B´C´ 按穿過 x- 軸方式
加以鏡射：

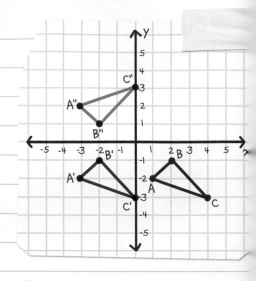

$A´(-3, -2) \rightarrow A´´(-3, 2)$

$B´(-2, -1) \rightarrow B´´(-2, 1)$

$C´(0, -3) \rightarrow C´´(0, 3)$

標示這些點，並連接其頂點。

剛體運動的關鍵性質			
剛體運動	大小是否保持不變？	角度量是否保持不變？	方向是否保持不變？
鏡射	是	是	否
平移	是	是	是
旋轉	是	是	否
滑動鏡射	是	是	否

鏡射的合成

鏡射的合成有不同的規則，依其鏡射線平行或相交而定。

平行

穿過**兩條平行線**的**兩個鏡射**的合成構成一個<u>平移</u>。

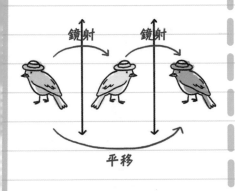

相交

穿過**相交兩直線**的**兩個鏡射**之合成構成一個繞著前述**兩直線交點**之旋轉。

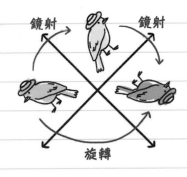

例子：

穿過 y- 軸、再穿過 x = 5 兩直線，將 △LMN 鏡射（兩次）。

試求將 △LMN 映射至 △L″M″N″ 的單一變換。

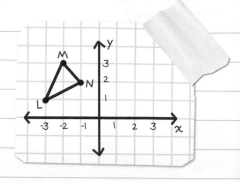

穿過 y- 軸的鏡射給出 △L′M′N′。

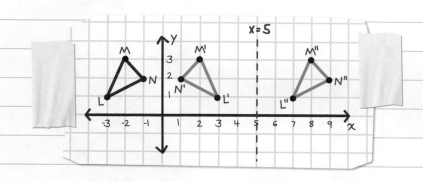

穿過 x = 5 的鏡射給出 △L″M″N″。

y- 軸和 x=5 是兩條平行線。穿過兩條平行線的鏡射構成一個平移。

△LMN 向右移動 10 個單位到 △L″M″N″。

因此，這是一個沿著向量 (10, 0) 將 △LMN 映射至 △L″M″N″ 的一個平移。

例子： 穿過直線ℓ然後 m，將四邊形 PQRS 鏡射。試問將 PQRS 映射到 P″Q″R″S″的單一變換是什麼？

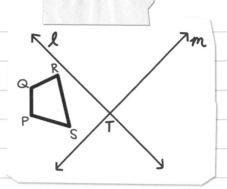

穿過直線ℓ鏡射 PQRS 給出 P′Q′R′S′。

穿過直線 m 鏡射 P′Q′R′S′ 給出 P″Q″R″S″。

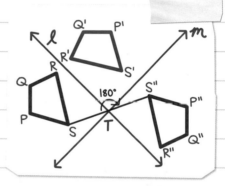

其結果是一個繞著點 T 的旋轉。

為了求得旋轉角，從 S 到 T 及 S″ 到 T 都各畫一條直線。這兩條線之間的角是 180°。

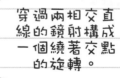

穿過兩相交直線的鏡射構成一個繞著交點的旋轉。

這個變換是以 T 點為（旋轉）中心、（旋轉）角為 180° 的旋轉。

對稱

若一個圖形穿過一條直線被鏡射,且新圖形保持不變,則這個圖形具有**線對稱性**。這條鏡射線稱之為**對稱線**(或對稱軸)。

一條對稱線將圖形分成兩個鏡像。

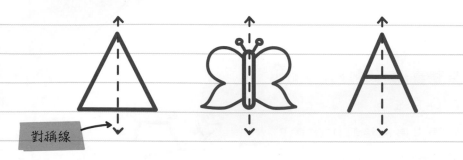

對稱線

有時候,圖形的對稱線可多於一條。

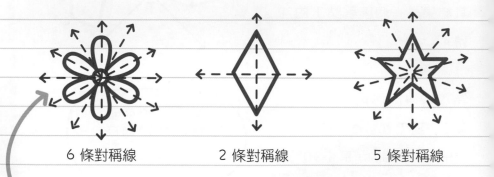

6 條對稱線 　　　 2 條對稱線 　　　 5 條對稱線

有六條不同的直線,沿著它們你可以鏡射花朵的圖形,

而這個圖形看起來都一個樣子。

如果一個圖形繞著它的中心做 0° 及 360° 之間的旋轉，且這圖形保持不變，則它就具有**旋轉對稱性**。其旋轉點稱之為**旋轉中心**。

這個圖形具有旋轉對稱性，因為它在旋轉 180°（小於 360° 的一整圈）之後，看起來還是一樣。

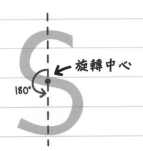

這個圖形具有旋轉對稱性，因為當它旋轉 90°、180° 或 270° 時，看起來還是一樣。它映射到自身。

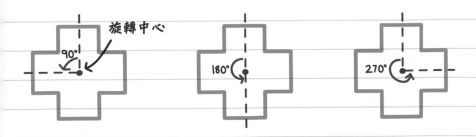

隨堂小測驗

1. 圖示下列合成變換。點 P(4，1) 繞原點逆時鐘旋轉 270° 到點 P´，然後穿過直線 y=-1，鏡射到 P´´。

2. 成立或不成立：若圖形 A 平移到圖形 B，而且圖形 B 平移到圖形 C，則圖形 A 到圖形 C 是一個平移。

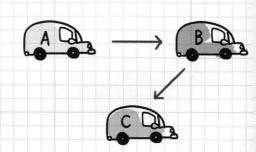

3. △GHI 沿著向量 (7，-3) 平移到 △G´H´I´。
   △G´H´I´ 沿著向量 (-2，13) 平移到 △G´´H´´I´´。
   描述從 △GHI 到 △G´´H´´I´´ 的變換。

4. 穿過兩條平行線的兩個鏡射之合成變換是什麼？

5. 完成下列句子。
   兩個鏡射依序穿過兩條_____線構成一個繞著_____點的旋轉。

6. 圖示下列變換的合成：將 △PQR 先穿過直線 ℓ，再穿過 m 的兩個鏡射。描述將 △PQR 映射到 △P″Q″R″ 的單一變換。

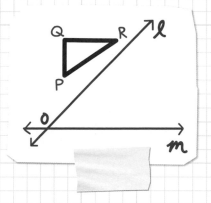

7. 這個圖形有線對稱性嗎？如果有，它有幾條對稱線？

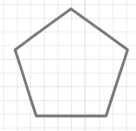

解答在下一頁

277

對 答 時 間

1.

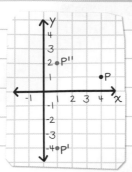

2. 成立。

3. 沿著向量 (5, 10) 的平移。

（提示：將平移向量的坐標相加。）

4. 一個平移。

5. 相交。交點。

6. 旋轉中心 O 及旋轉角 270° 的一個
   逆時鐘旋轉（或者旋轉角 90° 的順
   時鐘旋轉）。

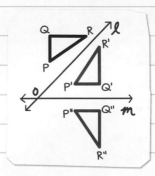

7. 是的，有 5 條對稱線。

24

全 等

兩個圖形**全等**如果有一系列剛體運動將其中一個直接映射到另一個。

不是剛體運動（邊長變大）
→不全等

剛體運動（鏡射）
→全等

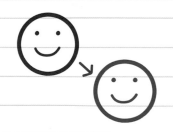

剛體運動（平移）
→全等

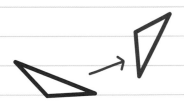

不是剛體運動
（角與邊之大小已經改變）
→不全等

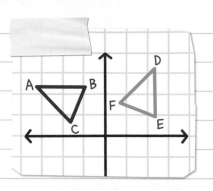

例子： △ABC 是否全等
於 △DEF ？

如果有一個剛體運動將 △ABC
帶到 △DEF，那麼，這兩個三
角形全等。

270° 逆時鐘方向的旋轉將 △ABC 映射至 △DEF。

△ABC ≅ △DEF

當我們書寫全等陳述時，順序十分重要。

△ABC ≅ △DEF 表示 A 映射至 D，B 映射至 E，還有 C 映射至 F。

△ABC ≅ △EFD 不正確，因為 A 並未映射至 E。

與 △ABC ≅ △DEF 等價的式子有如下列：

△ACB ≅ △DFE   △DEF ≅ △ABC
△BAC ≅ △EDF   △EDF ≅ △BAC

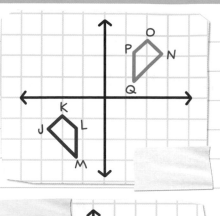

例子： 判斷圖示中
的兩個圖形是否全等。
如果是，試寫出一個有關全等
的敘述。

四邊形 JKLM 被一個穿過 y-
軸的鏡射，再沿一個向量被平
移映射到 NOPQ。

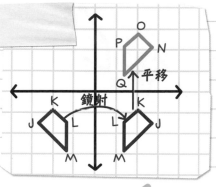

由於是一系列剛體運動將四邊
形 JKLM 映射到 NOPQ，因
此這兩個四邊形全等。
有關全等的敘述如下：
JKLM ≅ NOPQ。

例子： 判斷 △XYZ 是否全等於 △GHI。

如果你追溯 △XYZ，將它旋轉、
鏡射，且／或平移，你將會看到
它不可能被映射到 △GHI。
這是因為沒有一系列剛體運動存
在可將 △XYZ 映射到 △GHI，
所以這些三角形並不全等。

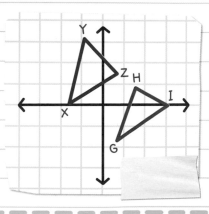

隨堂小測驗

1. 成立或不成立：如果兩圖形可以經由一系列變換，將其中一個映射到另一個，則這兩圖形全等。

   針對下列問題 2 及 3，判斷這些像是否全等？

2.
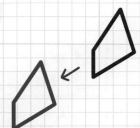

3.
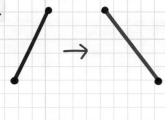

4. 針對下列全等圖形，試寫下一個有關全等的敘述。

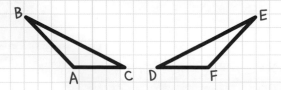

針對問題 5-7，判斷是否兩圖形全等。如果是，試寫下有關全等的敘述。

5.

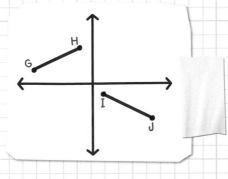

6.

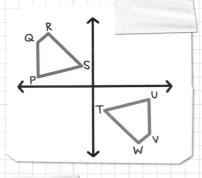

7.

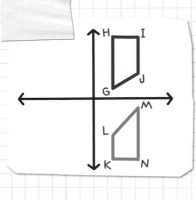

解答在下一頁

對答時間

1. 不成立。兩圖形若有一系列**剛體運動**將其中之一映射到另一個，則它們全等。（變換並不全是剛體運動。）

2. 是的。存在有剛體運動（平移）將一個圖形映射到另一圖形。

3. 不是。不存在一系列剛體運動可將一個圖形映射到另一個。

4. △ABC ≅ △FED（或 △ACB ≅ △FDE，△BAC ≅ △EFD，△BCA ≅ △EDF，△CAB ≅ △DFE）。

5. 是的。$\overline{GH} \cong \overline{IJ}$ 或 $\overline{HG} \cong \overline{JI}$。

6. 是的。PQRS ≅ UVWT（或 QRSP ≅ VWTU，RSPQ ≅ WTUV，SPQR ≅ TUVW，SRQP ≅ TWVU，RQPS ≅ WVUT，QPSR ≅ VUTW，PSRQ ≅ UTWV）。

7. 不是。不存在一系列剛體運動將一個圖形映射到另一個。

單元

6

相似性

比與比例式

比

比是指兩個或更多量的比較。它可以寫成相異的形式。

當吾人比較 a 到 b 時,我們可以書寫如下:

> a 比 b 或 a:b 或 $\dfrac{a}{b}$

a 代表第一量,b 代表第二量。

4 到 8 的比可以寫成 4 比 8 或 4:8 或 $\dfrac{4}{8}$。

注意：我們可以同時對 a、b 乘或除任意值（0 除外），結果 a 到 b 的比保持不變（等價）。

例如，與 6:10 等價的比：

18:30	3:5	120:200	6x:10x	$\frac{6}{x}:\frac{10}{x}$
$(6\times3:10\times3)$	$\left(\frac{6}{2}:\frac{10}{2}\right)$	$(6\times20:10\times20)$	$(x\neq0)$	$(x\neq0)$

比可以用來比較度量。

例子： 長度 AB 到長度 XY 的比是多少？

化簡

$$\frac{AB}{XY}=\frac{32}{24}=\frac{32\div8}{24\div8}=\frac{4}{3}$$

這個比是 4 比 3 或 4:3 或 $\frac{4}{3}$。

連比

連比是指兩個或更多量的比。

它寫成 a:b:c 形式。

例子： 一份巧克力布丁食譜需要 2 杯糖，1 杯可可亞，以及 8 杯牛奶。

試寫下這些成分的連比。

你如需要將這份食譜加倍，每種成分各需要多少杯？

糖：可可亞：牛奶 = 2:1:8

將這份食譜（分量）加倍，每個數值都乘上 2。

$2 \cdot 2 = 4$ $1 \cdot 2 = 2$ $8 \cdot 2 = 16$

這份加倍食譜的連比是 4:2:16。

我們需要 4 杯糖，2 杯可可亞，以及 16 杯牛奶來讓這份食譜（分量）加倍。

比例式

比例式是一個等式，其中兩個比相等。

它可以寫成：$\frac{a}{b} = \frac{c}{d}$ 或 a:b = c:d

例如，$\frac{1}{2} = \frac{2}{4}$

在這個比例式中，$\frac{a}{b} = \frac{c}{d}$（兩分數之分母、分子）交叉相乘（a・d 及 b・c）並令其相等。

$$\frac{a}{b} \diagdown \diagup \frac{c}{d}$$

$$ad = bc$$

> 構成一個比例式的兩個比稱之為**等價（值）分數**。

你可以運用交叉（相）乘積檢視兩個比是否構成一個比例式。為了求得交叉乘積，你可以將兩個比一個挨著一個並排，然後交叉相乘。若兩個乘積彼此相等，則兩個比相等且構成一個比例式。

例如，$\frac{2}{3} \diagdown \diagup \frac{8}{12}$

> 這也稱之為交叉乘積。

$$2 \times 12 = 24$$
$$3 \times 8 = 24$$

> 交叉乘積

交叉乘積相等，故 $\frac{2}{3} = \frac{8}{12}$。

你也可以利用比例式求未知量。以 x 代表未知量。

例子： 求解 $\dfrac{3}{4} = \dfrac{x}{12}$

$\dfrac{3}{4} \diagdown\!\!\!\diagup \dfrac{x}{12}$ 交叉相乘

$3 \cdot 12 = 4 \cdot x$

$36 = 4x$

$\dfrac{36}{4} = \dfrac{4x}{4}$

$x = 9$

所求比例式為 $\dfrac{3}{4} = \dfrac{9}{12}$

例子： 求解 $\dfrac{5}{6} = \dfrac{15}{2x}$

$\dfrac{5}{6} \diagdown \dfrac{15}{2x}$　　　交叉相乘

$5 \cdot 2x = 6 \cdot 15$

$10x = 90$

$x = 9$

所求比例為 $\dfrac{5}{6} = \dfrac{15}{18}$

驗算：

$\dfrac{15}{2x} = \dfrac{15}{2(9)} = \dfrac{15}{18} = \dfrac{15 \div 3}{18 \div 3} = \dfrac{5}{6}$ ✓

例子： 平均來看，提姆花（美金）3 元（汽油）可開車 19 公里。現在，提姆計畫一個 570 公里的公路旅行。試問他需要多少汽油預算？

寫下一個比例式將汽油花費比上里程數。

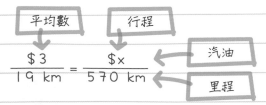

平均數　　行程

$\dfrac{\$3}{19 \text{ km}} = \dfrac{\$x}{570 \text{ km}}$　　← 汽油　← 里程

$$3 \cdot 570 = 19 \cdot x$$

$$1710 = 19x$$

$$x = 90$$

提姆應該要有 90 元（美金）作為汽油預算。

隨 堂 小 測 驗

求 x 之值。

1. $\dfrac{3}{2x} = \dfrac{9}{24}$

2. $\dfrac{3}{15} = \dfrac{x}{25}$

3. $-\dfrac{5}{8} = \dfrac{20}{4x}$

4. $\dfrac{7x}{14} = 1$

5. 腕龍平均長度是 84 公尺,迅猛龍則是 6 公尺。喬許有一隻玩具腕龍,長 28 公分。為了與玩具腕龍大小成比例,試問他購買的玩具迅猛龍之大小將是多少?

6. 格雷格花 16 分鐘修剪 6 株玫瑰花叢。他修剪 30 株將花多少時間?

解答在下一頁

對答時間

1. $3 \cdot 24 = 9 \cdot 2x$，故 $x = 4$

2. $3 \cdot 25 = x \cdot 15$，故 $x = 5$

3. $-5 \cdot 4x = 20 \cdot 8$，故 $x = -8$

4. $7x \cdot 1 = 14 \cdot 1$，故 $x = 2$

5. $\dfrac{84}{6} = \dfrac{28}{x}$，故長度為 2 公分。

6. $\dfrac{16}{6} = \dfrac{x}{30}$，故他將花 80 分鐘。

伸　縮

比例係數

伸縮是一種不是剛體運動的變換。伸縮改變了圖形的大小，不過，形狀保持不變。

伸縮是下列兩者之一：

—種伸張或放大——

其像比原像還大

原像 → 像

或

—種收縮——

其像比原像還小

原像 → 像

伸縮有一個中心 O，那是一個固定點。所有點都從該中心點按一個**比例係數**擴大或縮小。

是所有點從那個位置被擴大或縮小。

當你**擴大一個圖形，比例係數大於** 1。

當你**縮小一個圖形，比例係數小於** 1。（這個新的、被縮小的圖形將是原尺寸大小的部分。）

比例係數為 1 的情況表示圖形保持原樣：100%。
比例係數 2 的情況表示圖形是有 200% 那麼大。

求比例係數

我們可以從一對圖形的對應邊長度之比求得比例係數。

例子： 求比例係數。

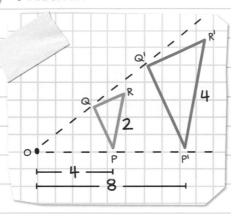

法一

將像 △P′Q′R′ 的邊長除以像
原 △PQR 的對應邊長：

比例係數 $r = \dfrac{P′R′}{PR} = \dfrac{8}{4} = 2$

比例係數 $r = 2$

法二

將中心點 O 到點 P 的距離除
以 O 到點 P′ 的距離：

$r = \dfrac{OP′}{OP} = \dfrac{8}{4} = 2$

別忘了化簡！

例子： △ABC 映射到（對應到）△A´B´C´。試求它的比例係數。

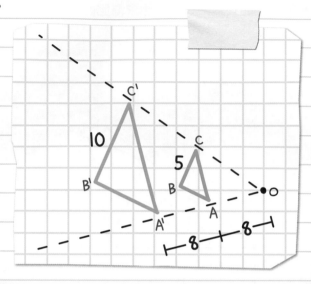

法一	法二
求對應邊長的比	利用點到中心的距離之比
$r = \dfrac{B´C´}{BC}$	$r = \dfrac{OA´}{OA}$
$r = \dfrac{10}{5} = 2$	$r = \dfrac{8+8}{8} = \dfrac{16}{8}$
	$r = 2$

比例係數為 2。

此映射的像是一種擴大。

例子： 四邊形 GHIJ 映射到 G´H´I´J´。試求其比例係數。

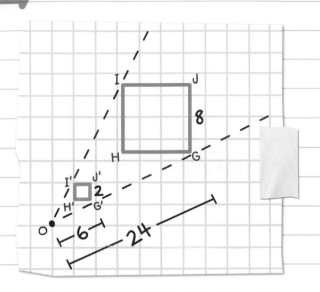

法一

求對應邊長之比：

$$r = \frac{G´J´}{GJ}$$

$$r = \frac{2}{8}$$

$$r = \frac{1}{4}$$

比例係數 $= \frac{1}{4}$

法二

利用點到中心的距離之比：

$$r = \frac{O´G´}{OG}$$

$$r = \frac{6}{24}$$

$$r = \frac{1}{4}$$

比例係數為 $\frac{1}{4}$。此映射的像是一種縮小。

伸縮作圖

例子： △PQR 在中心點 O

及比例係數 3 的伸縮下之像為何，

試作圖之。

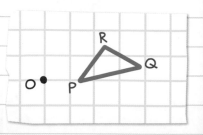

步驟 1：作（或畫）射線從 O 點到每個頂點。

步驟 2：作（畫出）P´。

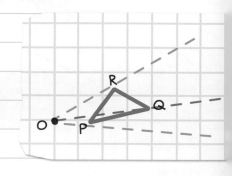

利用直尺或圓規來度量 OP 的長度。

OP = 1 cm

以比例係數 3 乘 OP 得到 OP´。

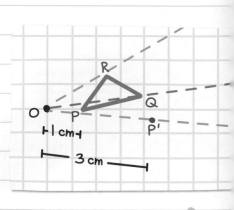

3 · OP´ = 3 · (1 cm) = 3 cm

OP´ = 3 cm

在射線 OP 上距 O 點 3 cm 處畫出

P´。

步驟 3：針對點 Q 及 R，重複步驟 2。

$OR' = 3 \cdot QR = 3 \cdot (2 \text{ cm}) = 6 \text{ cm}$

$OQ' = 3 \cdot OQ = 3 \cdot (3 \text{ cm}) = 9 \text{ cm}$

步驟 4：連接這些點，作（畫出）這個新的三角形。

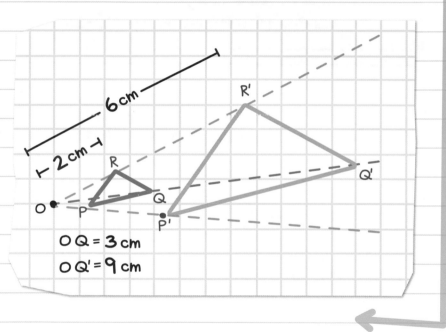

在一個伸縮中，對應邊會平行，只要它們不通過中心點 O。

因此，QP ∥ Q'P'，QR ∥ Q'R'，PR ∥ P'R'。

坐標平面上的伸縮

給定以坐標平面原點為中心 (0，0) 的一個伸縮，只要將每個 x- 坐標及 y- 坐標乘上比例係數 r，就可找到此一映射的像。

P(x, y) → P′(rx, ry)

> 若一個伸縮之比例係數為 r，
> 則點 P(x, y) 會映射到點 P′(rx, ry)。

例子： P(3，2) 被一個以原點為中心、比例係數 $\frac{3}{2}$ 的伸縮映射到 P′。

試求在此伸縮之後，P′ 的坐標。

P(x, y) → P′(rx, ry)

x- 坐標

$$P(3，2) → P′\left(\frac{3}{2} \cdot 3, \frac{3}{2} \cdot 2\right)$$

y- 坐標　　　比例係數

$$\frac{3}{2} \cdot 3 = \frac{9}{2}$$

$$\frac{3}{2} \cdot 2 = 3$$

$P'\left(\frac{9}{2}, 3\right)$ 化簡

$P'\left(4\frac{1}{2}, 3\right)$

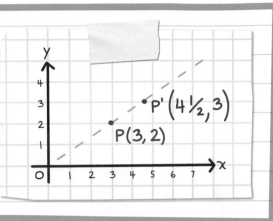

例子： 凱瑟琳正在編輯她電腦上的一張畫。編輯軟體將她的像放在一個格子內。她運用一個中心在原點的伸縮，將這一張畫的高擴大到 200%。試求這張擴大的畫之坐標為何？

擴大 200% 之比例係數為 2。

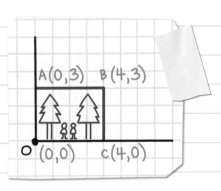

新坐標如下：

$A(0, 3) \to A'(2 \cdot 0, 2 \cdot 3)$ 新坐標 $A'(0, 6)$

$B(4, 3) \to B'(2 \cdot 4, 2 \cdot 3)$ 新坐標 $B'(8, 6)$

C(4, 0) → C′(2・4, 2・0)　　　新坐標 C′(8, 0)

O(0, 0) → O′(2・0, 2・0)　　　新坐標 O′(0, 0)

伸縮的中心映
射到自身。

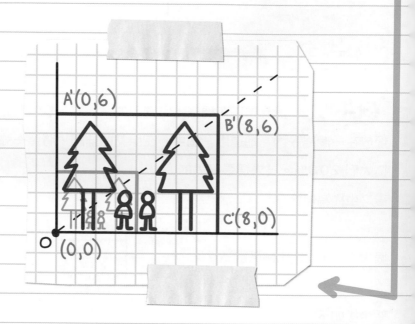

隨堂小測驗

1. 說明下列句子成立與否：

   A. 伸縮是剛體運動。

   B. 伸縮是變換。

   C. 伸縮保持形狀不變，但是大小會改變。

   D. 一條直線的伸縮映射到它的平行線。

針對問題 2-5，試求以 O 點為中心將點 P 映射至點 P′ 的伸縮之比例係數。並說明這些伸縮是擴大還是縮小。

2.

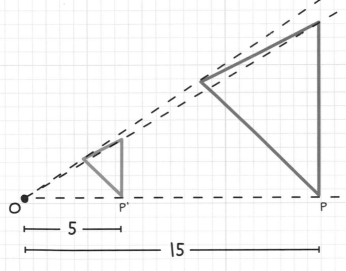

3.

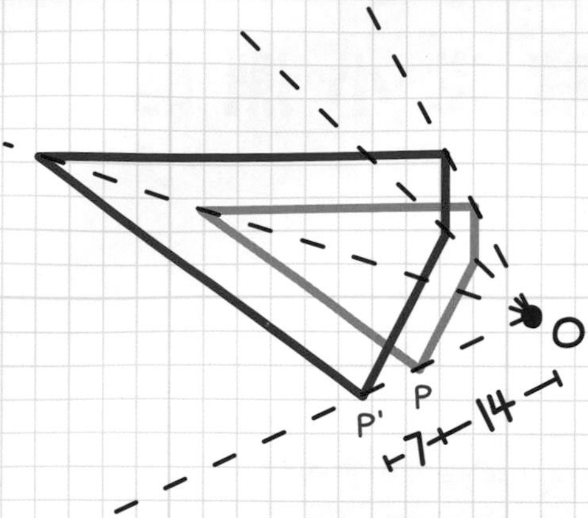

P' P

7 14 O

4.

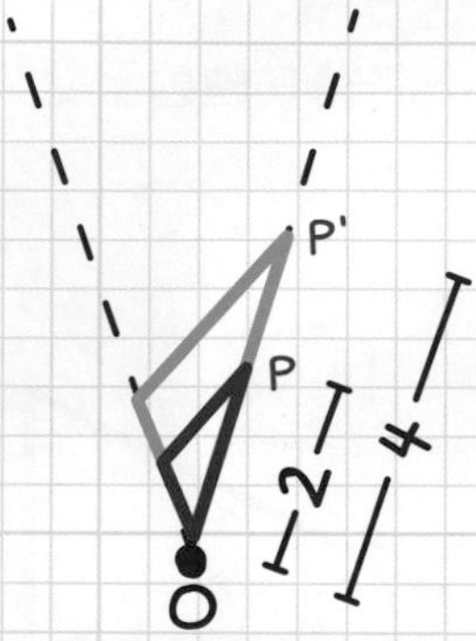

P'

P

2

4

O

5.

P

P'

6

10

O

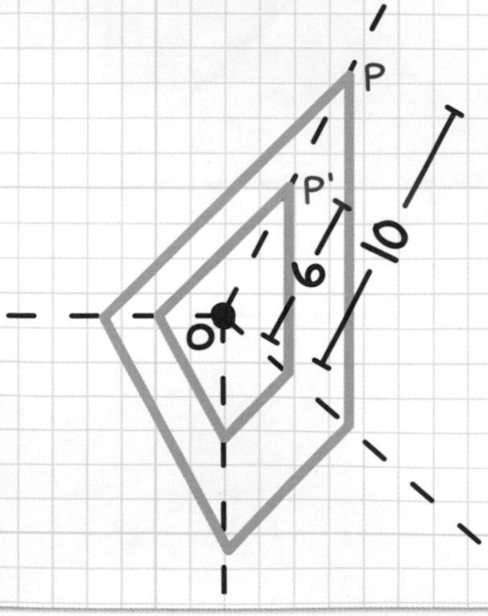

針對問題 6 及 7，複製圖形及點 O。作圖形以 O 點為中心、給定係數 r 之伸縮圖示。

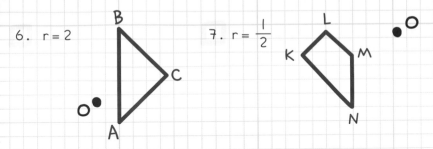

6. r = 2

7. $r = \frac{1}{2}$

8. $P(4, 3)$ 被一個以原點為中心、比例係數 4 的伸縮映射到 P'。試求 P' 點之坐標。

9. 四邊形 OPQR 被一個以原點為中心、比例係數 $\frac{1}{3}$ 的伸縮映射到 $O'P'Q'R'$。試求伸縮之後的頂點坐標。

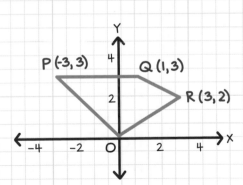

10. 作問題 9 的 OPQR 之伸縮圖。

解答在下一頁

對答時間

1. A. 不成立

   B. 成立

   C. 成立

   D. 成立

2. $\dfrac{1}{3}$，縮小

3. $\dfrac{3}{2}$，擴大

4. 2，擴大

5. $\dfrac{3}{5}$，縮小

6.

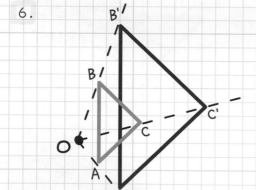

7.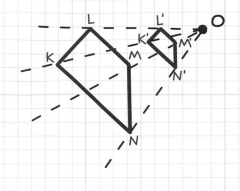

8. P'(16, 12)

9. O'(0, 0), P'(−1, 1), Q'($\frac{1}{3}$, 1), R'(1, $\frac{2}{3}$)

10.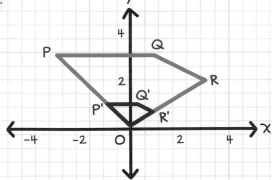

相似圖形

兩圖形若有相同形狀但大小不一定相等就稱之為**相似**。

相似圖形彼此伸縮，但是也可以是旋轉、平移或鏡射所構成。

相似圖形具有：

對應角（每一個圖形的同樣相對位置的角）全等，

以及

對應邊（每一圖形的同樣相對位置的邊）全等。

相似圖形

相似多邊形

兩多邊形若所有對應角及對應邊成比例則相似。

例子： 這兩個多邊形相似因為它們有全等的對應角……

$\angle A \cong \angle E$

$\angle C \cong \angle G$

$\angle B \cong \angle F$

$\angle D \cong \angle H$

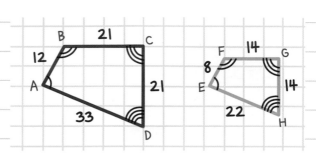

……以及它們的對應邊成比例。

$$\frac{AB}{EF} = \frac{12}{8} = \frac{3}{2} \qquad \frac{CD}{GH} = \frac{21}{14} = \frac{3}{2}$$

$$\frac{BC}{FG} = \frac{21}{14} = \frac{3}{2} \qquad \frac{AD}{EH} = \frac{33}{22} = \frac{3}{2}$$

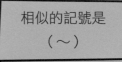

相似的記號是
（∼）

相似形的敘述句是：ABCD ∼ EFGH。

注意：相似敘述句中的（字母）順序很重要。

我們所以寫下 ABCD ∼ EFGH 這個順序，是因為∠A≅∠E，

∠B≅∠F，∠C≅∠G，∠D≅∠H。

兩個相似多邊形的**比例係數**是它們的對應邊之長度比。

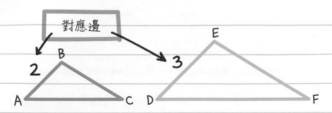

若 △ABC ～ △DEF，則

△ABC 對 △DEF 的比例係數是 $\frac{2}{3}$。

△DEF 對 △ABC 的比例係數是 $\frac{3}{2}$。

例子： 判斷這兩個三角形是否相似。如它們相似，請寫下一個有關相似的敘述，並給出比例係數。

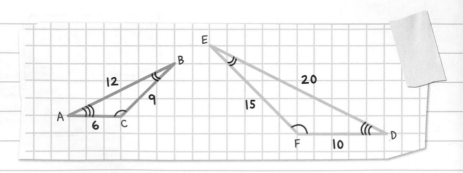

這兩個三角形相似，因為它們的對應角全等……

$\angle A \cong \angle D$ $\angle B \cong \angle E$ $\angle C \cong \angle F$

……以及它們的對應邊成比例：

最長邊：$\dfrac{AB}{DE} = \dfrac{12}{20} = \dfrac{3}{5}$

最短邊：$\dfrac{AC}{DF} = \dfrac{6}{10} = \dfrac{3}{5}$

其餘邊：$\dfrac{BC}{EF} = \dfrac{9}{15} = \dfrac{3}{5}$

> 在一個三角形中，對應邊連接了相同的成對角。

當兩個形狀的賦向不同，我們可以將最長邊比上最短邊以便對上正確的對應邊之比。

相似形的敘述如下：

$\triangle ABC \sim \triangle DEF$

$\triangle ABC$ 比 $\triangle DEF$ 的比例係數是 $\dfrac{3}{5}$。

若兩多邊形的對應邊長的比不相等，則它們不相似。

例子： △PQR 與 △TUV不相似。這是因為它們的對應邊沒有成比例。

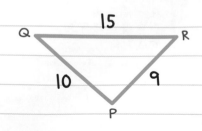 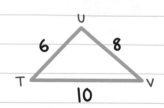

最長邊：$\dfrac{QR}{TV} = \dfrac{15}{10} = \boxed{\dfrac{3}{2}}$

最短邊：$\dfrac{RP}{TU} = \dfrac{9}{6} = \boxed{\dfrac{3}{2}}$

其餘邊：$\dfrac{PQ}{UV} = \dfrac{10}{8} = \dfrac{5}{\cancel{4}}$　　　$\boxed{\dfrac{5}{4} \neq \dfrac{3}{2}}$

如果你已知兩個圖形相似，我們就可以利用它們的比例式來求得未知的度量。

例子： 已知 △VWX ～ △VYZ。求 a 之值。

因為這些三角形相似，
所以，其對應邊成比例。

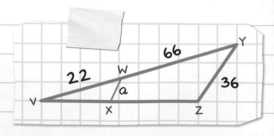

$$\frac{VW}{VY} = \frac{WX}{YZ}$$

$$\frac{22}{22+66} = \frac{a}{36}$$

$$\frac{22}{88} = \frac{a}{36}$$

$$\frac{1}{4} \diagdown \!\!\!\!\diagup \frac{a}{36} \qquad\qquad 將 \ \frac{22}{88} \ 化簡成 \ \frac{1}{4}$$

$$1 \cdot 36 = 4 \cdot a$$

$$36 = 4a$$

$$a = \frac{36}{4}$$

$$a = 9$$

怎麼啦？這兩片相似啊！

隨堂小測驗

1. 說明下列每一句子成立與否：

   A. 相似形有對應的全等角。

   B. 相似形有對應的全等邊。

2. 針對下列給定圖形，寫下有關相似多邊形的相似形敘述。

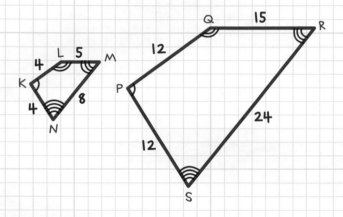

3. 問題 2 中 KLMN 對 PQRS 的比例係數為何？

4. 求 x 之值。△GHI ～ △LKJ

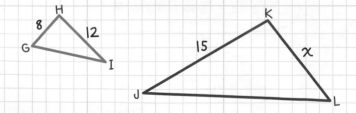

針對問題 5-7，說明其各自給定之多邊形是否相似。如果是，請寫下有關相似形的敘述，並給出比例係數。

5.

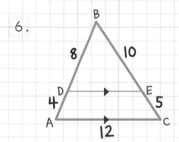

6.

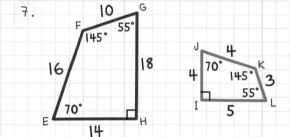

7.

解答在下一頁

對 答 時 間

1. A. 成立

   B. 不成立（對應邊應該是成比例才正確）

2. 已知 KLMN ～ PQRS。正確答案不只一個。LMNK ～ QRSP 會
   是另一個——全等角在敘述中應該依序對齊排列。

3. 3。

4. $\dfrac{8}{12} = \dfrac{x}{15}$，故 x = 10。

5. 不是。角度量不全等。

6. 是的。△ABC ～ △DBE，$\dfrac{3}{2}$（或 △DBE ～ △ABC，$\dfrac{2}{3}$）（在
   相似形的敘述中，其字母可以重排，只要對應的字母對齊就行
   了。）

7. 不是。

相似三角形

AA 相似性

我們可以比較角來證明三角形相似。

AA 相似性設準

若一個三角形的兩角全等於另一三角形的兩角,則這兩個三角形相似。

若 ∠B ≅ ∠E 且 ∠C ≅ ∠F

則 △ABC ～ △DEF

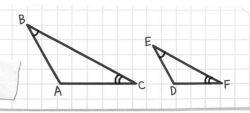

例子： 由於∠H≅∠L 且∠I≅∠J，

故根據 AA 相似性設準，

△GHI ∼ △KLJ。

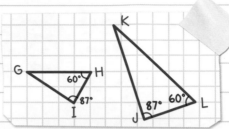

例子： 判斷 △JKM 是否相似於 △LMK。

由於 $\overline{KL}$ // $\overline{JM}$，內錯角全等

因此，∠JMK≅∠LKM。

由於 $\overline{JK}$ // $\overline{ML}$，內錯角也全等

故，∠JKM≅∠LMK。

根據 AA 相似性設準，

△JKM ≅ △LMK。

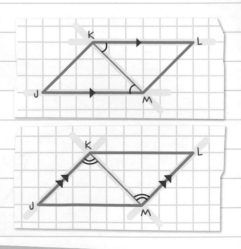

例子： 貝佛莉身高 1.6 公尺。她的影子有 2 公尺長。她度量鄰近的一棵樹之影長 10 公尺。試問這棵樹有多高？

步驟 1：畫一個草圖。

步驟 2：判斷相似性。

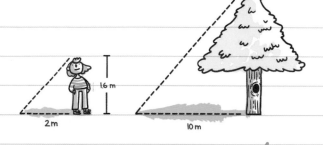

貝佛莉與這棵樹都各自與其影子和太陽射線構成直角三角形（90°）。

太陽射線與貝佛莉及這棵樹各自構成的角全等。太陽依相同的角從二者灑下光線。

因此，依據 AA 相似性設準，這兩個三角形相似。

步驟 3：寫下一個比例式，然後求解之。

令 h＝樹高。

$$\frac{\text{貝佛莉影長}}{\text{樹影長}} = \frac{\text{貝佛莉身高}}{\text{樹高}}$$

$$\frac{2}{10} \times \frac{1.6}{h}$$

$$2 \cdot h = 10 \cdot 1.6$$

$$2h = 16$$

$$h = 8$$

這棵樹高 8 公尺。

SAS 相似性

我們可以比較兩個三角形的對應邊及其夾角，來判斷它們是否相似。

SAS 相似性定理

若兩個三角形有兩個對應邊成比例，而且其各自之夾角全等，則它們相似。

若 $\angle A \cong \angle D$，且 $\dfrac{AB}{DE} = \dfrac{AC}{DF}$

則 $\triangle ABC \sim \triangle DEF$。

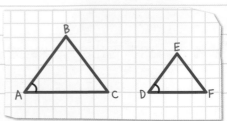

證明這兩個三角形如何相似。

$\triangle PRT \sim \triangle QRS$

兩個對應邊長成比例：

$$\frac{RQ}{RP} = \frac{18}{18+6}$$

$$= \frac{18}{24} = \boxed{\frac{3}{4}}$$

$$\frac{RS}{RT} = \frac{15}{15+5}$$

$$= \frac{15}{20} = \boxed{\frac{3}{4}}$$

其夾角全等。

一個角與其
自身全等。

$\angle R \cong \angle R$（根據反身性）

SSS 相似性

我們可以比較兩三角形的三個對應邊來判斷它們是否相似。

SSS 相似性定理

若兩個三角形的對應邊成比例,則它們相似。

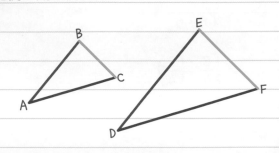

若 $\dfrac{AB}{DE} = \dfrac{BC}{EF} = \dfrac{AC}{DF}$

則 $\triangle ABC \sim \triangle DEF$。

例子: $\triangle UVW$ 與 $\triangle XZY$ 相似嗎?

從最長邊到最短邊,試求其比例。

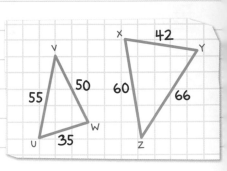

最長邊:$\dfrac{UV}{YZ} = \dfrac{55}{66} = \boxed{\dfrac{5}{6}}$

最短邊:$\dfrac{UW}{XY} = \dfrac{35}{42} = \boxed{\dfrac{5}{6}}$

其餘邊:$\dfrac{VW}{ZX} = \dfrac{50}{60} = \boxed{\dfrac{5}{6}}$

由於這兩個三角形的對應邊成比例，故它們相似。

△UVW ～ △YZX

為了安排有關相似性敘述中的頂點陳列之順序，可使用角之大小來確認對應的全等角。

△UVW ～ △YZX

三角形相似性的摘要

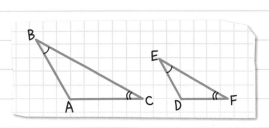

AA 相似性設準

若 ∠B ≅ ∠E 且 ∠C ≅ ∠F，

則 △ABC ～ △DEF。

SAS 相似性定理

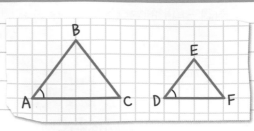

若 $\angle A \cong \angle D$ 且 $\dfrac{AB}{DE} = \dfrac{AC}{DF}$，

則 $\triangle ABC \sim \triangle DEF$。

SSS 相似性定理

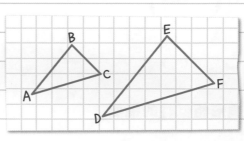

若 $\dfrac{AB}{DE} = \dfrac{BC}{EF} = \dfrac{AC}{DF}$，

則 $\triangle ABC \sim \triangle DEF$。

隨堂小測驗

針對問題 1-4，說明你將會使用的相似性設準或定理，來判斷這些三角形是否相似。

針對問題 5-8，判斷這些三角形是否相似。如果是，寫下一個有相似的敘述。

1.

25

15

2.

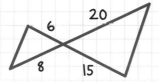

20

6

8   15

3.

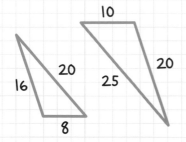

10

20

16   25   20

8

4.

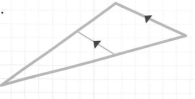

5. △GHI 與 △PQR

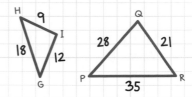

H 9
18   I
12
G

Q
28   21
P   R
35

6. △LMO 與 △ONM

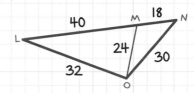

40   M 18 N
L
24   30
32
O

7. △ABD 與 △CBD

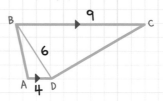

B   9   C
6
A 4 D

8. △WXZ 與 △VZY

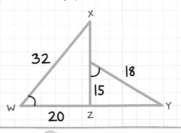

X
32   18
15
W   20 Z   Y

解答在下一頁

對 答 時 間

1. AA 相似性設準。

2. SAS 相似性定理。

3. SSS 相似性定理。

4. AA 相似性設準。

5. 不是。對應邊不成比例。

6. 是的。△LMO ～ △ONM（利用 SSS 相似性定理）。（相似性敘述中的字母可以重排，只要對應的字母對齊即可。）

7. 是的。△ABD ～ △CBD（利用 SAS 相似性定理及內錯角定理）。（相似性敘述中的字母可以重排，只要對應的字母對齊即可。）

8. 不是。對應邊不成比例。

29

三角形中的比例（式）

比例式可用來求得三角形中的度量。

三角形比例（式）定理

若一條直線平行於三角形的一邊，且與另外兩邊相交，則它將這兩邊成比例地分割。

若 $\overline{BD} \parallel \overline{AE}$，則 $\dfrac{v}{w} = \dfrac{z}{x}$。

逆定理也成立：

若 $\dfrac{v}{w} = \dfrac{z}{x}$，則 $\overline{BD} \parallel \overline{AE}$。

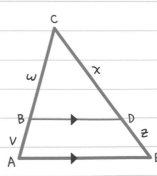

求 x 之值。

根據三角形比例定理，

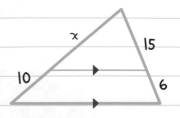

$$\frac{10}{x} = \frac{6}{15}$$

$$10 \cdot 15 = x \cdot 6$$

$$150 = 6x$$

$$x = 25$$

例子： 樓梯旁的支撐欄杆有 4 公分寬。

樓梯扶手在第一、二欄（Aß）之間的長度是 5 公分。

Aß = 5 公分。

試求其他四根欄杆之間（亦即：三段
扶手 ßD、DF 及 FH）的長度。

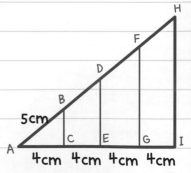

由於支撐欄杆彼此平行，我們可利用三角形比例定理。

$$\frac{AC}{CE} = \frac{AB}{BD}$$

$$\frac{4}{4} = \frac{5}{BD}$$

$$4 \cdot BD = 4 \cdot 5$$

$$4BD = 20$$

$$\boxed{BD = 5}$$

針對 DF 及 FH，利用同樣的比例。

$$\frac{CE}{EG} = \frac{BD}{DF} \qquad\qquad \frac{EG}{GI} = \frac{DF}{FH}$$

$$\frac{4}{4} = \frac{5}{DF} \qquad\qquad \frac{4}{4} = \frac{5}{FH}$$

$$\boxed{DF = 5} \qquad\qquad \boxed{FH = 5}$$

其他四根欄杆之間的三段扶手長度是 5 公分。

系理是由定理或設準所推得的一個敘述，但所需證明甚少或甚至無須證明。

> 這個推論過程被認為是「不證自明」。

三角形比例定理之系理

若三條或更多平行線與兩條截線相交，則它們成比例地分割了截線。

若 $\overline{PX} \parallel \overline{QY} \parallel \overline{RZ}$，

則 $\dfrac{PQ}{QR} = \dfrac{XY}{YZ}$

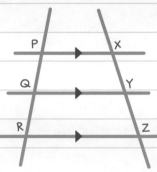

例子： 已知甲路、乙路，以及丙街彼此平行。它們被丁路及戊路穿越。

試求介於甲路與乙路之間的 x 值。

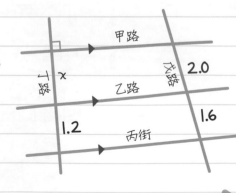

利用三角形比例定理之系理，

$$\frac{x}{1.2} = \frac{2.0}{1.6}$$

$$x \cdot 1.6 = 1.2 \cdot 2.0$$

$$1.6x = 2.4$$

$$x = 1.5$$

故甲路與乙路的距離是 1.5 公里。

角平分線定理

若 $\overline{AD}$ 是 $\angle A$ 的分角線，則 $\frac{c}{m} = \frac{b}{n}$。

這個定理的逆定理也成立。

若 $\frac{c}{m} = \frac{b}{n}$，則 $\overline{AD}$ 是 $\angle A$ 的分角線。

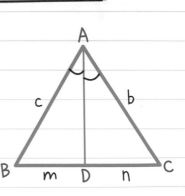

例子： 求解 x。

根據角平分線定理，

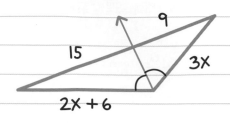

$$\frac{3x}{9} = \frac{2x+6}{15}$$

$$3x \cdot 15 = 9 \cdot (2x+6)$$

$$45x = 18x + 54$$

$$27x = 54$$

$$x = 2$$

例子： 求 x 之值。

步驟 1：利用三角形比例定理求 GH。

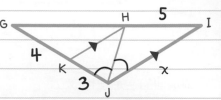

$$\frac{3}{4} = \frac{5}{GH}$$

$$3 \cdot GH = 4 \cdot 5$$

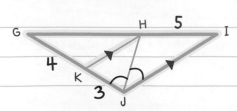

$3\,GH = 20$

$GH = \dfrac{20}{3}$

步驟 2：利用角平分線定理求 x 之值。

由於 $GK = 4$ 且 $KJ = 3$，

$GJ = GK + KJ = 4 + 3 = 7$

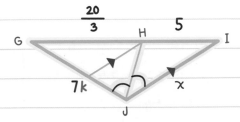

由角平分線定理，

$\dfrac{x}{5} = \dfrac{7}{\frac{20}{3}}$ $\boxed{\dfrac{20}{3} = GH}$

$x \cdot \dfrac{20}{3} = 5 \cdot 7$

$\dfrac{20}{3}\,x = 35$

$\dfrac{20}{\cancel{3}}\,x \cdot \cancel{3} = 35 \cdot 3$

$20x = 105$

$x = \dfrac{105}{20} = \dfrac{21}{4} = 5.25$

隨堂小測驗

1. 利用三角形比例定理來寫下有關這個三角形的比例式。

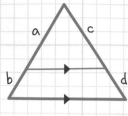

2. 馬克說你可以利用三角形比例定理來求得這個三角形中的 x 之值。馬克說對了嗎？

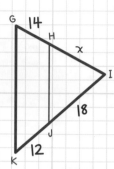

3. 求右圖中的 x 之值。

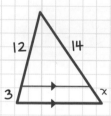

4. 一個滑板坡道有兩個垂直支柱，正如右圖所示。試求此坡道之長度。

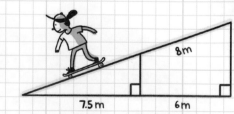

5. 求右圖中的 a 之值。

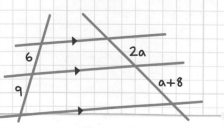

6. 求下列圖形中的 w 之值。

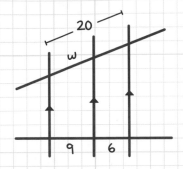

7. 求下列三角形中的 y 值。

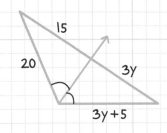

針對問題 8 與 9，使用下圖。

8. 求 CD 的長度。

9. 求 x 之值。

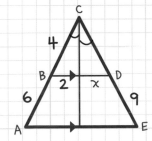

解答在下一頁

對 答 時 間

1. $\dfrac{b}{a} = \dfrac{d}{c}$（或 $\dfrac{a}{b} = \dfrac{c}{d}$ 或 $\dfrac{a}{c} = \dfrac{b}{d}$ 或 $\dfrac{c}{a} = \dfrac{d}{b}$）。

2. 不是。已知條件中 $\overline{GK}$ 不平行於 $\overline{HJ}$。

3. $\dfrac{3}{x} = \dfrac{12}{14}$，故 $x = \dfrac{7}{2}$。

4. $\dfrac{6}{8} = \dfrac{7.5}{x}$，故 $x = 10$。坡道長 18 公尺。

5. $\dfrac{9}{a+8} = \dfrac{6}{2a}$，故 $a = 4$。

6. （利用 $\dfrac{9}{6} = \dfrac{w}{20-w}$ 這個比例式）；$w = 12$。

7. $\dfrac{3y+5}{3y} = \dfrac{20}{15}$，故 $y = 5$。

8. $\dfrac{6}{9} = \dfrac{4}{CD}$，故 $CD = 6$。

9. $\dfrac{4}{2} = \dfrac{6}{x}$，故 $x = 3$。

單元

7

直角三角形
與三角學

斜率與線性方程式

斜率

斜率（m）是描述一條直線升或降的比。

$$斜率\ (m) = \frac{升}{跑}$$

↕ 升代表一條直線有多少的升降。

↔ 跑代表一條直線有多少的左右移動。

可以這樣想：我從床上起身（rise up from bed）。

我繞著一條路徑奔跑（run along a path）。

一條直線有斜率 $\frac{3}{2}$。

升 = 3

跑 = 2

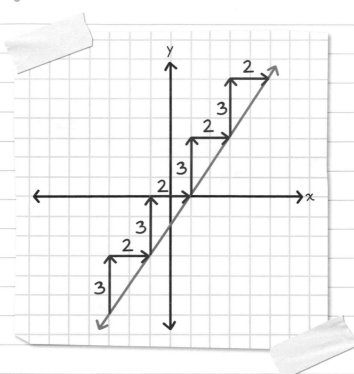

斜率 (m) $\frac{3}{2}$ 表示這條直線每次上升 3 個

單位時，它也同時跑了 2 個單位。

四種斜率：

正斜率

- 從左往右上升

- 升與跑都為正

$$\frac{升}{跑} = 正$$

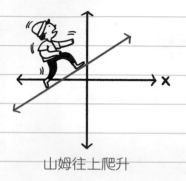

山姆往上爬升

負斜率

- 從左往右下降

- 升為負且跑為正

$$\frac{升}{跑} = 負$$

山姆往下降滑

零斜率

- 水平移動

- 升 $= 0$，故 $\dfrac{升}{跑} = \dfrac{0}{跑} = 0$

未定義斜率

- 垂直移動

- 跑 $= 0$，故 $\dfrac{升}{跑} = \dfrac{升}{0}$

  未定義或無意義

一個數除以 0 是未定義的。

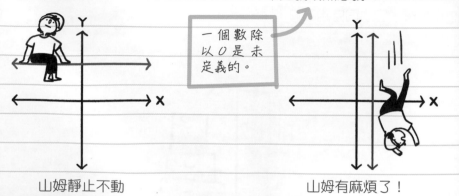

山姆靜止不動   山姆有麻煩了！

342

有關斜率，你需要知道五件事：

1. 任意時候你往上移動，那就是一種正的上升。

2. 任意時候你往下移動，那就是一種負的上升。

3. 任意時候你往右移動，那就是一種正的（奔）跑。

4. 任意時候你往左移動，那就是一種負的（奔）跑。

5. 在一條直線上，斜率到處都一樣。

求直線斜率

為了求直線的斜率：

1. 在這條直線上任取兩點。

2. 作（畫）一個直角三角形連接這兩點，並以此直線為斜邊。

3. 從這條直線計數升或降的單位，求其**升**。

4. 然後，計數左或右的單位，求其**跑**。

例子： 求直線斜率。

往下 3 個單位

斜率 (m)：$\dfrac{升}{跑} = \dfrac{-3}{3} = -1$

斜率 $= -1$

往右 3 個單位

（斜率 $\dfrac{-3}{3}$ 表示每次這直線往下移動 3 單位時，它也往右移動了 3 個單位。）

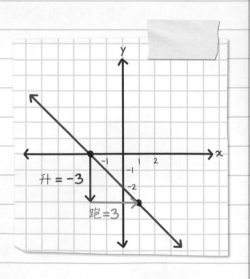

升 $= -3$

跑 $= 3$

當你已知直線上兩點時，其斜率公式如下：

$$\text{斜率} = \frac{\text{y 坐標之變化}}{\text{x 坐標之變化}} \quad \text{或} \quad m = \frac{y_2 - y_1}{x_2 - x_1}$$

其中，x_1 讀作「x sub 1」。

1 是下標。

下標幫助我們區別不同的點：給予點 (x_1, y_1) 及其他點 (x_2, y_2) 之不同稱呼。

上述被命名的這些點之順序無關緊要，只要你記得把有序數對放在一起。

例子： 試求通過點 $(3, -2)$ 及 $(6, -1)$ 的直線之斜率。

令 $(x_1, y_1) = (3, -2)$,
　　$(x_2, y_2) = (6, -1)$

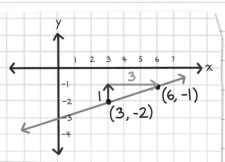

則 $x_1 = 3$，$y_1 = -2$；
　　$x_2 = 6$，$y_2 = -1$。

斜率 $(m) = \dfrac{y_2 - y_1}{x_2 - x_1} = \dfrac{-1 - (-2)}{6 - 3} = \dfrac{1}{3}$

斜率 $= \dfrac{1}{3}$

求圖形上的直線之斜率。

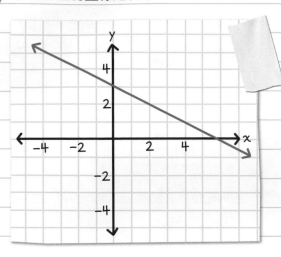

在這直線上任選兩點。

例如 (2，2) 及 (4，1)。

令 $(x_1, y_1) = (2, 2), (x_2, y_2) = (4, 1)$

則 $x_1 = 2，y_1 = 2；x_2 = 4，y_2 = 1$。

斜率 $(m) = \dfrac{y_2 - y_1}{x_2 - x_1} = \dfrac{1 - 2}{4 - 2} = -\dfrac{1}{2}$

斜率 $= -\dfrac{1}{2}$。

平行線有相同斜率。

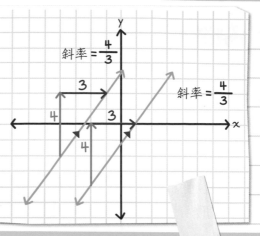

垂直線之斜率互為彼此的

負倒數。

$\dfrac{2}{1}$ 與 $-\dfrac{1}{2}$ 互為負倒數。

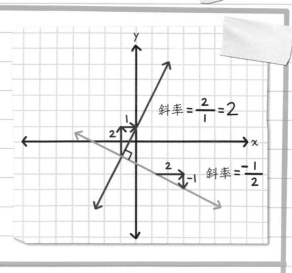

一個（分數）的**倒數**是顛倒其分母與分子的分數。

$\dfrac{a}{b}$ 及 $\dfrac{b}{a}$ 互為倒數。

$\dfrac{a}{b}$ 及 $-\dfrac{b}{a}$ 互為負倒數。

例子： 判斷具有頂點 (0，1)、(3，3)、(-3，-5) 及
(0，-3) 的四邊形是否為平行四邊形。

在坐標平面上描出這四點。連接
它們成一個四邊形。

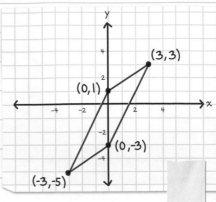

若兩組對邊平行，則它是一個平
行四邊形。

連接兩點 $(x_1，y_1)=(0，1)$ 與
$(x_2，y_2)=(3，3)$ 的邊之斜率為：

$$\frac{y_2-y_1}{x_2-x_1} = \frac{3-1}{3-0} = \frac{2}{3}$$

連接兩點 $(x_1，y_1)=(-3，-5)$ 且 $(x_2，y_2)=(0，-3)$ 的邊之斜率
則是：

$$\frac{y_2-y_1}{x_2-x_1} = \frac{-3-(-5)}{0-(-3)} = \frac{-3+5}{0+3} = \frac{2}{3}$$

這兩邊斜率相等，故它們平行。

連接兩點 $(x_1，y_1)=(-3，-5)$ 且 $(x_2，y_2)=(0，1)$ 的邊之斜率
是：

$$\frac{y_2-y_1}{x_2-x_1} = \frac{1-(-5)}{0-(-3)} = \frac{1+5}{0+3} = \frac{6}{3} = 2$$

連接兩點 $(x_1, y_1) = (0, -3)$ 且 $(x_2, y_2) = (3, 3)$ 的邊之斜率是：

$$\frac{y_2 - y_1}{x_2 - x_1} = \frac{3 - (-3)}{3 - 0} = \frac{3 + 3}{3} = \frac{6}{3} = 2$$

這兩邊有相同斜率，故它們平行。

此一四邊形是一個平行四邊形。

圖示線性方程式

表徵直線的方程式是**線性方程式**。

線性方程式可以有下列形式：

$$y = mx + b$$

$y =$ 這一直線上的每一個 y 值。

$m =$ 斜率 $\left(\dfrac{升}{跑}\right)$

$b = y-$ 截距〔直線與 $y-$ 軸相交的 $y-$ 坐標：$(0, b)$〕

若你同時知道一條直線的 $y-$ 截距及斜率，你就可以圖示這一條直線。

線性方程式也可以表現為:

$$Ax + By + C = 0 \text{（標準式）}$$

其中，A, B 及 C 為常數。

例子： 圖示：$y = 2x - 1$。

規格化：$y = mx + b$

$m = 2$ 或 $\dfrac{2}{1}$ $b = -1$

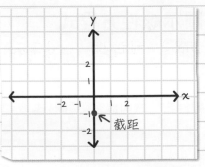

截距

步驟 1：描出 y- 截距

$x = 0$ 且 $y = -1$：$(0, -1)$

步驟 2：運用斜率來求額外點。

由於斜率是 $\dfrac{2}{1}$，升 2 且跑 1。

描出幾個點。

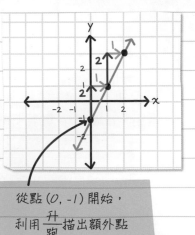

從點 $(0, -1)$ 開始，利用 $\dfrac{升}{跑}$ 描出額外點

步驟 3：連接這些點。

例子： 圖示：x + y = 4。

首先，將這個方程式寫成斜截式 y = mx + b

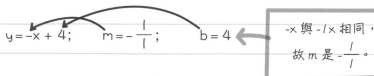

$$y = -x + 4; \qquad m = -\frac{1}{1}; \qquad b = 4$$

-x 與 -1x 相同，
故 m 是 -$\frac{1}{1}$。

步驟 1：描 y- 截距 (0, 4)。

步驟 2：利用斜率 $\left(-\frac{1}{1}\right)$ 來求額外點。

$$\left(\frac{升}{跑} = \frac{-1}{1} \quad 或 \quad \frac{升}{跑} = \frac{1}{-1}\right)$$

步驟 3：連接這些點。

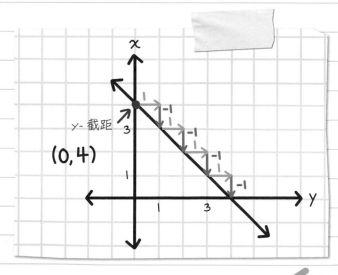

y- 截距
(0, 4)

水平線與垂直線

x = a 是有 x- 截距 (a, 0) 的垂直線。

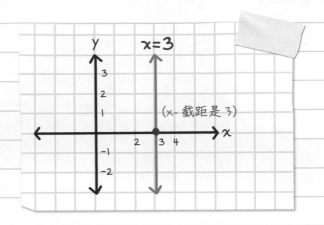

記住：垂直線的斜率是未定義的。

y = b 是有 y- 截距 (0, b) 的水平線。

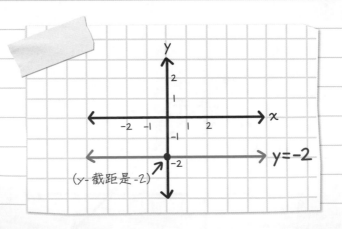

記住：水平線的斜率是 0。

隨 堂 小 測 驗

1. $y = -\dfrac{3}{4}x - 10$ 的斜率與 $y-$ 截距是什麼？

2. 試求通過點 $(1, -2)$ 與 $(5, -4)$ 的直線之斜率。

3. 求圖形中直線的斜率。

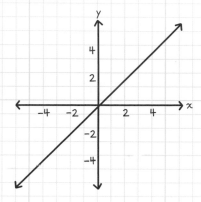

4. 在 a 與 b 部分中，判斷其圖所示之斜率是正的、負的，零，或者是未定義的。

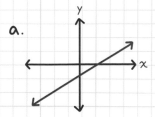
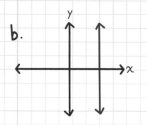

5. 已知直線 ß 有斜率 -4。平行於 ß 的直線之斜率是什麼？

解答在下一頁

對答時間

1. 斜率 $(m) = -\dfrac{3}{4}$，$y-$ 截距 $= (0, -10)$。

2. $\dfrac{-4-(-2)}{5-1}$，故斜率 $= -\dfrac{1}{2}$。

3. 斜率 $= 1$。

4. a. 正；

   b. 未定義。

5. -4。

畢氏定理

直角三角形有兩股及一個**斜邊**——直角的對邊。兩股在直角頂點連結。令兩股長度分別為 a 與 b，c 則是斜邊長。

畢氏定理被用以求直角三角形的邊長。

畢氏定理

在直角三角形中，兩股長的平方之和
等於斜邊的平方。

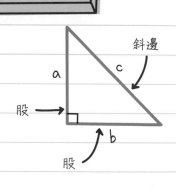

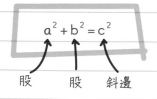

$$a^2 + b^2 = c^2$$

股　　股　　斜邊

利用畢氏定理求 x 之值。

斜邊長為 10。

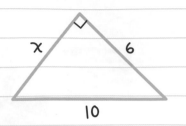

$a^2 + b^2 = c^2$

$a = x$, $b = 6$ 且 $c = 10$。

$x^2 + 6^2 = 10^2$

斜邊是直角的對邊。
它永遠比哪個股都要長。

$x^2 + 36 = 100$

$x^2 + 36 - 36 = 100 - 36$

$\sqrt{x^2} = \sqrt{64}$ （為求出 x，將兩邊開平方）

$x = 8$

平方根

一個數的平方根是指另一個數字乘以它自己之後等於這一個數。它將這個數放在一個根號或 $\sqrt{}$ 內來顯示。

64 的平方根被寫成 $\sqrt{64}$，而且被讀作「64 的平方根」。

$$\sqrt{64} = \sqrt{8 \times 8} = 8 \text{ 且 } \sqrt{64} = \sqrt{(-8) \times (-8)} = -8$$

故 64 的平方根是 8 與 -8。

$\sqrt{64}$ 也被稱之為完全平方數：

> 兩個相等整數的乘積

$$8 \times 8$$

如果根號內的數不是完全平方數，那麼，這個根數就是一個無理數。

例子：$\sqrt{7}$ 是無理數；
$\sqrt{13}$ 也是無理數。

> 7 或 13 都是無法經由某數自乘而得到的數

你說誰無理性來著？！

例子： 布蘭迪對她的門做了幾個

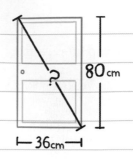

不同的度量。

門高是 80 公分，而底部是 36 公分。它

的對角的高之度量是多少？

令 c 是對角的高度。

利用畢氏定理，以 a = 80，b = 36 以及 c = ? 為條件：

$$a^2 + b^2 = c^2$$

$$80^2 + 36^2 = c^2$$

$$6400 + 1296 = 7696$$

$$c^2 = 7696$$

$$\sqrt{c^2} = \sqrt{7696}$$

$$c \approx 87.7$$

這個門的對角之高度是 87.7 公分。

畢氏三數組是三個邊長永遠構成一個直角三角形。

這裡有幾個常用到的三數組。

$$3, 4, 5 \quad (3^2+4^2=5^2)$$

$$5, 12, 13 \quad (5^2+12^2=13^2)$$

$$8, 15, 17 \quad (8^2+15^2=17^2)$$

注意：這些三數組的乘積也構成畢氏三數組。

直角、銳角，以及鈍角三角形法則

若 $a^2 + b^2 = c^2$，

則 $\triangle ABC$ 為直角三角形。

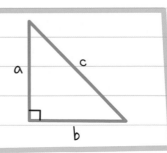

若 $c^2 < a^2+b^2$，

則 $\triangle ABC$ 為銳角三角形。

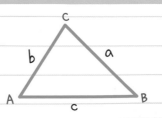

若 $c^2 > a^2 + b^2$，

則 △ABC 為鈍角三角形。

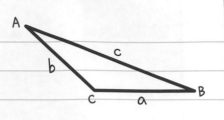

例子： 已知一個三角形有邊長 6，5 及 10。它是鈍角、銳角還是直角三角形？

由於 10 是最長邊，c = 10。

$$c^2 = 10^2 = 100$$

$$a^2 + b^2 = 6^2 + 5^2$$
$$= 36 + 25$$
$$= 61$$

$$100 > 61$$

由於 $c^2 > a^2 + b^2$，故這三角形是鈍角三角形。

隨 堂 小 測 驗

1. 奧利安利用一條長達 34
   公尺的釣線，從深達 16
   公尺的河面釣到一條魚。
   試求河面的寬度。

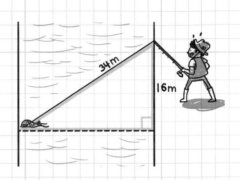

2. 達芙妮被關在一座
   48 公尺高的城堡
   內，四周環繞 20 公
   尺深的護城河。她的
   救美英雄需要一把梯
   子放在護城河邊緣，
   並且延伸到城堡頂
   端。這把梯子多長才
   足夠？

針對問題 3-4，已知三角形的邊長。判斷它們是銳角、鈍角，或是直
角三角形？

3. 3, 5, 7   4. 12, 16, 20

解答在下一頁

對答時間

1. $34^2 = 16^2 + x^2$，故 $x = 30$ 公尺。

2. $20^2 + 48^2 = x^2$，故 $x = 52$ 公尺。

3. $7^2 > 5^2 + 3^2$，故三角形是鈍角三角形。

4. $20^2 = 12^2 + 16^2$，故此三角形是直角三角形。

32

中點與距離公式

中點公式

中點是指一個線段上的一點，它介於兩端的半途位置。**中點公式**是用來求數線或坐標平面上的一條線段之中點。

數線上的中點

$\overline{AB}$ 的中點是：

$$中點 = \frac{a+b}{2}$$

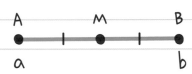

利用中點公式：

$\overline{PR}$ 的端點

$$中點 = \frac{a+b}{2}$$

$a = -1$ 且 $b = 5$

$$= \frac{-1+5}{2}$$

$$= \frac{4}{2}$$

$$= 2$$

中點為 2。

坐標平面上的中點

$\overline{AB}$ 的中點是：

$$中點 = \left(\frac{x_1 + x_2}{2} , \frac{y_1 + y_2}{2} \right)$$

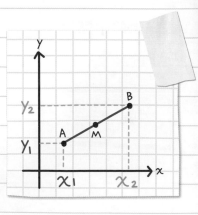

其中，(x_1, y_1) 及 (x_2, y_2) 是端點的坐標。

例子： 給定點 C(2，-2) 及 D(6，2)。求 $\overline{CD}$ 的中點。

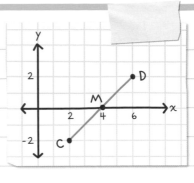

利用中點公式：

中點 $= \left(\dfrac{x_1 + x_2}{2}, \dfrac{y_1 + y_2}{2} \right)$

$(x_1, y_1) = (2, -2)$ 及 $(x_2, y_2) = (6, 2)$

$x_1 = 2$，$y_1 = -2$，$x_2 = 6$，$y_2 = 2$

$= \left(\dfrac{2 + 6}{2}, \dfrac{-2 + 2}{2} \right)$

$= \left(\dfrac{8}{2}, \dfrac{0}{2} \right)$

$= (4, 0)$

例子： 線段 $\overline{GH}$ 有端點 G(-3，-4) 及中點 P(-1，-3)。求端點 H 的坐標。

利用中點公式：

$G(-3, -4) = (x_1, y_1)$ 且 $H = (x_2, y_2)$。

$x_1 = -3$，$y_1 = -4$，中點 $= (-1, -3)$

中點 $= \left(\dfrac{x_1 + x_2}{2} , \dfrac{y_1 + y_2}{2} \right)$

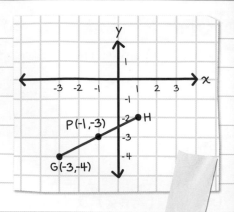

$(-1 , -3) = \left(\dfrac{-3 + x_2}{2} , \dfrac{-4 + y_2}{2} \right)$

x- 坐標是：

$-1 = \dfrac{-3 + x_2}{2}$

$-2 = -3 + x_2$

$x_2 = 1$

y- 坐標是：

$-3 = \dfrac{-4 + y_2}{2}$

$-6 = -4 + y_2$

$y_2 = -2$

因此，H 點的坐標是（1，-2）。

距離公式

距離公式是用以求得數線或坐標平面上兩點之間的距離（或是一個線段的長度）。

數線上的距離

點 A 與 B 之間的距離是：

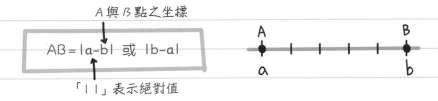

A 與 B 點之坐標

$$A B = |a-b| \text{ 或 } |b-a|$$

「||」表示絕對值

> **絕對值**：數線上的一個數到原點 0 的距離，不考慮它在 0 點之左或右邊。

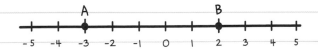

例子： 求 AB 之值。利用距離公式。

$A B = |a-b|$

$a = -3$ 且 $b = 2$：

$A B = |a-b| = |-3-2| = |-5| = 5$

坐標平面上的距離公式

坐標平面上的兩點之間的距離是 x- 坐標差的平方加 y- 坐標差的平方之和的平方根。

點 A 與 B 之距離是：

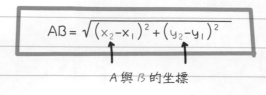

$$AB = \sqrt{(x_2-x_1)^2 + (y_2-y_1)^2}$$

A 與 B 的坐標

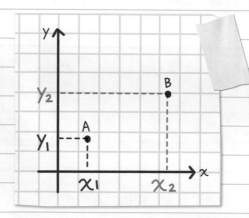

例子： S(-2，-1) 及 T(1，3) 之間的距離是什麼？

$$AB = \sqrt{(x_2-x_1)^2 + (y_2-y_1)^2}$$

$(x_1, y_1) = (-2, -1)$ 且 $(x_2, y_2) = (1, 3)$:

$x_1 = -2$, $y_1 = -1$, $x_2 = 1$, $y_2 = 3$

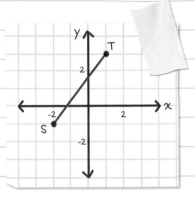

$ST = \sqrt{(x_2 - x_1)^2 + (y_2 - y_1)^2}$

$\quad = \sqrt{[1 - (-2)]^2 + [3 - (-1)]^2}$

$\quad = \sqrt{(1 + 2)^2 + (3 + 1)^2}$

$\quad = \sqrt{3^2 + 4^2} = \sqrt{25}$

$ST = 5$

隨堂小測驗

1. 求數線上的 $\overline{AB}$ 的中點。

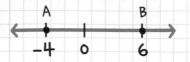

2. 完成下列句子。

   給定 $A(x_1, y_1)$ 及 $B(x_2, y_2)$，$\overline{AB}$ 中點 M 的坐標是_____。

3. 給定 $C(2, 3)$ 及 $D(4, 8)$，求 $\overline{CD}$ 的中點。

4. 求圖形中 $\overline{QR}$ 的中點。

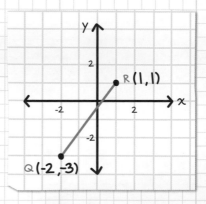

5. 線段 $\overline{EG}$ 有端點 E(-7, -5) 及 M(-3, -1)。求端點 G 的坐標。

6. 利用數線上的距離公式，來寫出下圖 $\overline{RT}$ 的公式。

7. 下圖點 M 與 N 的距離為何？

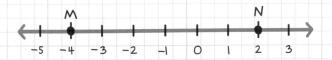

8. 點 P(-5, 8) 與 R(0, -4) 的距離為何？

9. 利用距離公式求莉莉與亞列房子之距離，它們坐落在坐標平面的點 (2, 1) 及 (5, 5)，正如下圖所示。圖中每個方格代表 1 平方公里。

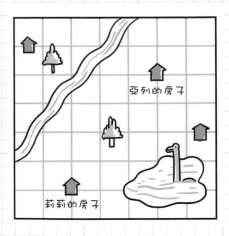

解答在下一頁

對 答 時 間

1. $\dfrac{-4+6}{2}$；因此，中點 $=1$。

2. 中點 $\left(\dfrac{x_1+x_2}{2}, \dfrac{y_1+y_2}{2}\right)$

3. $\left(\dfrac{2+4}{2}, \dfrac{3+8}{2}\right) = \left(3, \dfrac{11}{2}\right)$

4. $\left(\dfrac{-2+1}{2}, \dfrac{-3+1}{2}\right) = \left(-\dfrac{1}{2}, -1\right)$

5. $(-3, -1) = \left(\dfrac{-7+x}{2}, \dfrac{-5+y}{2}\right) = (1, 3)$

6. $RT = |r-t|$ 或 $|t-r|$

7. $MN = |-4-2| = 6$

8. $\sqrt{(0-(-5)^2 + (-4-8)^2}$，因此，$PR = 13$

9. $\sqrt{(5-2)^2 + (5-1)^2}$。

   莉莉與亞列的房子之距離是 5 公里。

坐標三角形之證明

寫一個有關三角形的坐標（化）證明

坐標證明涉及在坐標平面上的作圖。有關圖形的敘述可以運用距離與中點公式、定理以及設準來證明。

當我們寫出一個坐標（化）有關三角形的證明：

1. 作圖並標示坐標。

2. 寫出你將用以建構坐標（化）證明的公式。

3. 設想一個計畫並寫下一些你將用以顯示給定資訊會導向你正在證明的結果。

4. 寫下一個最後的敘述，說明你已經證明的結果以及為何它必然為真（或成立）。

被坐標（化）證明所使用的公式：

$$斜率公式：m = \frac{y_2 - y_1}{x_2 - x_1}$$

$$距離公式：D = \sqrt{(x_2 - x_1)^2 + (y_2 - y_1)^2}$$

使用距離公式

當我們給定一個三角形的坐標，你可以利用距離公式，來證明這個圖示的三角形具有兩個全等邊，因而是等腰三角形。

例子：

給定：△GHI 有頂點 G(1, 1), H(3, 1) 及 I(2, -1)。

求證：△GHI 是等腰三角形。

步驟 1：在坐標平面上描出這些點且連接它們。標示這些點。

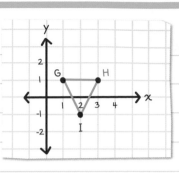

步驟 2：找到證明所需公式。

$$距離公式：D = \sqrt{(x_2-x_1)^2+(y_2-y_1)^2}$$

步驟 3：寫下步驟以便證明此三角形有兩個全等的邊。

等腰三角形 ⟵

$\overline{GH}$ 的長度是 $D = \sqrt{(3-1)^2+(1-1)^2}$

$$= \sqrt{2^2+0^2} = \sqrt{4} = 2$$

> $G=(x_1, y_1)=(1, 1)$
> $H=(x_2, y_2)=(3, 1)$

$\overline{HI}$ 的長度是 $D = \sqrt{(2-3)^2+(-1-1)^2}$

$$= \sqrt{(-1)^2+(-2)^2} = \boxed{\sqrt{5}}$$

> $H=(x_1, y_1)=(3, 1)$
> $I=(x_2, y_2)=(2, -1)$

$\overline{GI}$ 的長度是 $D = \sqrt{(2-1)^2+(-1-1)^2}$

$$= \sqrt{1^2+(-2)^2} = \boxed{\sqrt{5}}$$

> $G=(x_1, y_1)=(1, 1)$
> $I=(x_2, y_2)=(2, -1)$

步驟 4：寫下一個最後的敘述。

由於 $\overline{HI}$ 與 $\overline{GI}$ 等長，故它們全等。

△GHI 是等腰三角形因為它有兩個全等邊。

例子：

給定：△XYZ 有頂點 X(-2, 0)，Y(2, 3) 與 Z(1, -3)。

求證：△XYZ 是不等邊三角形。

不等邊三角形沒有
全等邊。

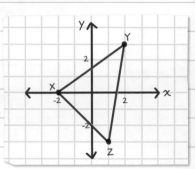

距離公式：$D = \sqrt{(x_2-x_1)^2 + (y_2-y_1)^2}$

求邊長：

$\overline{XY}$：$D = \sqrt{[2-(-2)]^2 + (3-0)^2} = \sqrt{(2+2)^2 + 3^2} = \sqrt{4^2+3^2} = \sqrt{25} = ⑤$

$\overline{YZ}$：$D = \sqrt{(1-2)^2 + (-3-3)^2} = \sqrt{(-1)^2 + (-6)^2} = \boxed{\sqrt{37}}$

$\overline{XZ}$：$D = \sqrt{[1-(-2)]^2 + (-3-0)^2} = \sqrt{(1+2)^2 + (-3)^2} = \sqrt{3^2+(-3)^2} = \sqrt{1}$

由於這三邊長度不一，故它們沒有全等邊。

△XYZ 是不等邊三角形。

使用斜率公式

當我們給定一個直角三角形的坐標時，你可以利用斜率證明有兩邊互相垂直，從而證明這個三角形有一個 90° 角。

倒數是將一個分數的分母與分子顛倒所成的分數。若兩直線之斜率互為**負倒數**（亦即一正一負），則它們互相垂直。

例子：

給定：△PQR 有頂點 P(-2，3)，
Q(5，-1) 及 R(2，-3)。

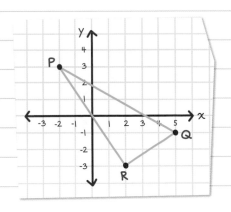

求證：△PQR 是直角三角形。

斜率公式：$m = \dfrac{y_2 - y_1}{x_2 - x_1}$

藉由先證明 $\overline{PR}$ 與 $\overline{QR}$ 互相垂直，來證明∠PQR 是直角。

$\overline{PR}$ 的斜率是：$\dfrac{-3-3}{2-(-2)} = \dfrac{-6}{2+2} = \dfrac{-6}{4} = \boxed{-\dfrac{3}{2}}$

$\overline{QR}$ 的斜率是：$\dfrac{-3-(-1)}{2-5} = \dfrac{-3+1}{-3} = \boxed{\dfrac{2}{3}}$

由於 $\overline{PR}$ 與 $\overline{QR}$ 之斜率彼此互為**負倒數**，它們互相垂直。

因此，∠PRQ 是直角。

△PQR 是直角三角形因為它包含一個直角。

使用畢氏定理

證明所求是直角三角形的另一方法,是使用畢氏定理。

例子:

求這個三角形的每邊長度,然後證明它是一個直角三角形。

首先,利用距離公式求此三角形的每一邊長。

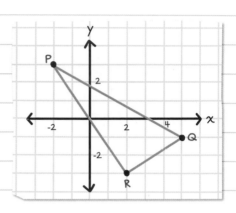

$$D = \sqrt{(x_2 - x_1)^2 + (y_2 - y_1)^2}$$

$$\overline{PQ} : D = \sqrt{[5-(-2)]^2 + (-1-3)^2} = \sqrt{7^2 + (-4)^2} = \sqrt{49+16} = \sqrt{65}$$

$$\overline{QR} : D = \sqrt{(2-5)^2 + [-3-(-1)]^2} = \sqrt{(-3)^2 + (-2)^2} = \sqrt{9+4} = \sqrt{13}$$

$$\overline{PR} : D = \sqrt{[2-(-2)]^2 + (-3-3)^2} = \sqrt{4^2 + (-6)^2} = \sqrt{16+36} = \sqrt{52}$$

接著，利用畢氏定理

$$a^2 + b^2 = c^2$$

$$(\sqrt{13})^2 + (\sqrt{52})^2 = (\sqrt{65})^2$$

$$13 + 52 = 65$$

$$65 = 65$$

△PQR 是一個直角三角形因為它的三邊長符合畢氏定理的條件。

隨 堂 小 測 驗

1. 給定：△LMN 有頂點 L(−2, −1), M(0, 3)，及 N(1, 0)。
   求證：△LMN 是等腰三角形。

2. 給定：△STU 有頂點 S(1, 2), T(5, 0)，及 U(3, −3)。
   求證：△STU 是不等邊三角形。

3. 給定：△XYZ 有頂點 X(−2, 0), Y(−3, 3)，及 Z(4, 2)。
   求證：△XYZ 是直角三角形。

解答在下一頁

對 答 時 間

1.

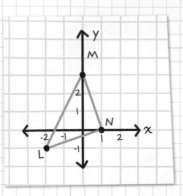

$$D = \sqrt{(x_2 - x_1)^2 + (y_2 - y_1)^2}$$

$$\overline{LM} = \sqrt{[0-(-2)]^2 + [3-(-1)]^2} = \sqrt{2^2 + 4^2} = \sqrt{20}$$

$$\overline{MN} = \sqrt{(1-0)^2 + (0-3)^2} = \sqrt{1^2 + (-3)^2} = \sqrt{10}$$

$$\overline{LN} = \sqrt{[1-(-2)]^2 + [0-(-1)]^2} = \sqrt{3^2 + 1^2} = \sqrt{10}$$

由於 $\overline{MN}$ 與 $\overline{LN}$ 等長，它們全等。

△LMN 是等腰三角形因為它有兩個全等邊。

2.

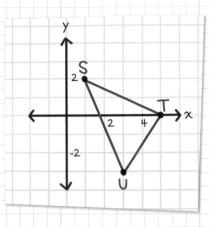

$$D = \sqrt{(x_2 - x_1)^2 + (y_2 - y_1)^2}$$

$$\overline{ST} = \sqrt{(5-1)^2 + (0-2)^2} = \sqrt{4^2 + (-2)^2} = \sqrt{20}$$

$$\overline{TU} = \sqrt{(3-5)^2 + (-3-0)^2} = \sqrt{(-2)^2 + (-3)^2} = \sqrt{13}$$

$$\overline{SU} = \sqrt{(3-1)^2 + (-3-2)^2} = \sqrt{2^2 + (-5)^2} = \sqrt{29}$$

由於這三邊都不等長，它們沒有全等邊。

△STU 是不等邊三角形因為它沒有全等邊。

3.

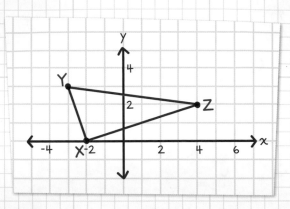

$$m = \frac{y_2 - y_1}{x_2 - x_1}$$

$$\overline{XY} : \frac{3-0}{-3-(-2)} = \frac{3}{-1} = -3$$

$$\overline{XZ} : \frac{2-0}{4-(-2)} = \frac{2}{6} = \frac{1}{3}$$

由於 $\overline{XY}$ 與 $\overline{XZ}$ 之斜率彼此互為負倒數，它們互相垂直。因此，∠YXZ 是一個直角。

△XYZ 是直角三角形。

另法：

距離公式：$D = \sqrt{(x_2-x_1)^2 + (y_2-y_1)^2}$

$\overline{XY} = \sqrt{[-3-(-2)]^2 + (3-0)^2} = \sqrt{(-1)^2 + 3^2} = \sqrt{10}$

$\overline{YZ} = \sqrt{[4-(-3)]^2 + (2-3)^2} = \sqrt{7^2 + (-1)^2} = \sqrt{50}$

$\overline{XZ} = \sqrt{[4-(-2)]^2 + (2-0)^2} = \sqrt{6^2 + 2^2} = \sqrt{40}$

利用畢氏定理：

$a^2 + b^2 = c^2$

$(\sqrt{10})^2 + (\sqrt{40})^2 = (\sqrt{50})^2$

$10 + 40 = 50$

$50 = 50$

△XYZ 是直角三角形因為它的三邊長符合畢氏定理的條件。

34

坐標四邊形之證明

寫一個有關四邊形的坐標（化）證明

有關畫在坐標平面上的四邊形之敘述可以用距離和中點公式來證明。

當我們寫一個坐標（化）的四邊形之證明時：

1. 作圖並標示坐標。

2. 寫出你將用以建構坐標（化）證明的公式。

3. 設想一個計畫並寫下一些你將用以顯示給定資訊會導向你正在證明的結果。

4. 寫下一個最後的敘述，說明你已經證明的結果以及為何它必然為
真（或成立）。

證明一個四邊形為平行四邊形的方法：

方法	所需公式
證明兩組對邊平行。	斜率：$m = \dfrac{y_2 - y_1}{x_2 - x_1}$
證明這四邊形有一組對邊平行且全等。	斜率：$m = \dfrac{y_2 - y_1}{x_2 - x_1}$ 距離： $D = \sqrt{\left(x_2 - x_1\right)^2 + \left(y_2 - y_1\right)^2}$
證明兩組對邊全等。	距離： $D = \sqrt{\left(x_2 - x_1\right)^2 + \left(y_2 - y_1\right)^2}$

使用斜率公式

斜率公式可用以證明平行四邊形的兩組對邊互相平行。

給定：四邊形 PQRS 有頂點

P(-1，2)，

Q(3，1)，R(5，-3)

以及 S(1，-2)。

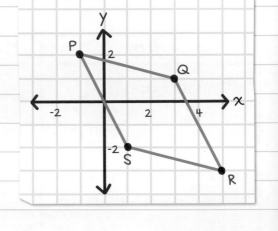

求證：四邊形 PQRS 是一個

平行四邊形。

求每一邊的斜率。

若四邊形 PQRS 的對邊有相同的斜率，則它們平行。

$$斜率公式：m = \frac{y_2 - y_1}{x_2 - x_1}$$

$\overline{PQ}$ 的斜率是：$\dfrac{1-2}{3-(-1)} = \dfrac{-1}{3+1} = \boxed{-\dfrac{1}{4}}$

$\overline{RS}$ 的斜率是：$\dfrac{-2-(-3)}{1-5} = \dfrac{-2+3}{-4} = \boxed{-\dfrac{1}{4}}$

$\overline{PQ}$ 與 $\overline{RS}$ 有相同的斜率，故它們平行。

$\overline{PS}$ 的斜率是：$\dfrac{-2-2}{1-(-1)} = \dfrac{-4}{1+1} = \dfrac{-4}{2} = -2$

$\overline{QR}$ 的斜率是：$\dfrac{-3-1}{5-3} = \dfrac{-4}{2} = -2$

$\overline{PS}$ 與 $\overline{QR}$ 有相同的斜率，故它們平行。

四邊形 PQRS 是平行四邊形因為它的兩組對邊平行。

使用斜率與距離公式

斜率與距離公式可用以證明一個四邊形是平行四邊形，至於其方法是證明一組對邊平行且全等。

例子：

求證：四邊形 PQRS 有一組對邊平行且全等。

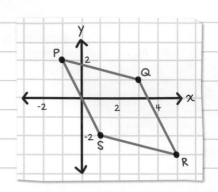

斜率公式：$m = \dfrac{y_2 - y_1}{x_2 - x_1}$

距離公式：$D = \sqrt{(x_2 - x_1)^2 + (y_2 - y_1)^2}$

$\overline{PQ}$ 的斜率是：$\dfrac{1-2}{3-(-1)} = \dfrac{-1}{3+1} = \boxed{-\dfrac{1}{4}}$

$\overline{RS}$ 的斜率是：$\dfrac{-2-(-3)}{1-5} = \dfrac{-2+3}{-4} = \boxed{-\dfrac{1}{4}}$

$\overline{PQ}$ 與 $\overline{RS}$ 有相同斜率，故它們互相平行。

$\overline{PQ}$ 的長度：$D = \sqrt{[-3-(-1)]^2 + (1-2)^2} = \sqrt{4^2 + (-1)^2} = \boxed{\sqrt{17}}$

$\overline{RS}$ 的長度：$D = \sqrt{(5-1)^2 + [-3-(-2)]^2} = \sqrt{4^2 + (-1)^2} = \boxed{\sqrt{17}}$

$\overline{PQ}$ 與 $\overline{RS}$ 等長，故它們全等。

四邊形 PQRS 是平行四邊形因為它有一組對邊平行且全等。

使用距離公式

距離公式可用以證明一個四邊形是平行四邊形，至於其方法是證明兩雙對邊全等。

 例子：

求證：四邊形 PQRS 是平行四邊形。

距離公式：
$$D = \sqrt{(x_2 - x_1)^2 + (y_2 - y_1)^2}$$

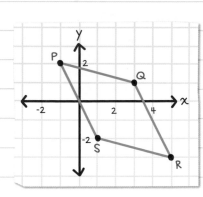

$\overline{PQ}$ 的長度：$D = \sqrt{[3-(-1)]^2 + (1-2)^2} = \sqrt{4^2 + (-1)^2} = \boxed{\sqrt{17}}$

$\overline{RS}$ 的長度：$D = \sqrt{(5-1)^2 + [-3-(-2)]^2} = \sqrt{4^2 + (-1)^2} = \boxed{\sqrt{17}}$

$\overline{PQ}$ 與 $\overline{RS}$ 等長，故它們全等。

$\overline{PS}$ 的長度：$D = \sqrt{[1-(-1)]^2 + (-2-2)^2} = \sqrt{2^2 + (-4)^2} = \boxed{\sqrt{20}}$

$\overline{QR}$ 的長度：$D = \sqrt{(5-3)^2 + (-3-1)^2} = \sqrt{2^2 + (-4)^2} = \boxed{\sqrt{20}}$

$\overline{PS}$ 與 $\overline{QR}$ 等長，故它們全等。

四邊形 PQRS 是平行四邊形因為它的兩雙對邊全等。

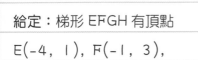 例子： 梯形恰有一組
對邊平行。

證明它有一組對邊平行，而另
一組對邊則不平行。

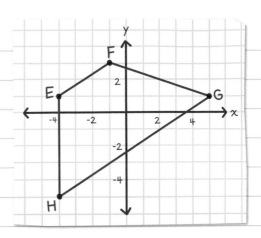

給定：梯形 EFGH 有頂點
E(-4，1)，F(-1，3)，
G(5，1) 及 H(-4，-5)。

求證：四邊形 EFGH 是梯形。

斜率：$m = \dfrac{y_2 - y_1}{x_2 - x_1}$

$\overline{EF}$ 斜率是：

$$\dfrac{3-1}{-1-(-4)} = \dfrac{2}{-1+4} = \boxed{\dfrac{2}{3}}$$

$\overline{GH}$ 斜率是：

$$\dfrac{-5-1}{-4-5} = \dfrac{-6}{-9} = \boxed{\dfrac{2}{3}}$$

$\overline{EF}$ 與 $\overline{GH}$ 斜率相同，故它們平行。

$\overline{EH}$ 斜率是：

$$\frac{-5-1}{-4-(-4)} = \boxed{\frac{-6}{0}}$$

這個斜率未定義（它是一條垂直線）。

$\overline{FG}$ 斜率是：

$$\frac{1-3}{5-(-1)} = \frac{-2}{5+1} = -\frac{2}{6} = \boxed{-\frac{1}{3}}$$

$\overline{EH}$ 與 $\overline{FG}$ 斜率不同，故它們不平行。

四邊形 EFGH 是梯形因為它恰有一組平行的對邊。

隨 堂 小 測 驗

針對問題 1 與 2，利用斜率公式。

1. 給定：四邊形 ABCD 有頂點 A(2, 3), B(6, 4), C(7, 0)
   及 D(3, -1)。

   求證：四邊形 ABCD 是平行四邊形。

2. 給定：四邊形 WXYZ 有頂點 W(1, 1), X(5, 5), Y(7, 3)
   及 Z(3, -1)。

   求證：四邊形 WXYZ 是平行四邊形。

針對問題 3 與 4，使用斜率公式。

3. 給定：四邊形 PQRS 有頂點 P(0, 5), Q(4, 4), R(5, 1)
   及 S(2, -1)。

   求證：四邊形 PQRS 是梯形。

4. 給定：四邊形 JKLM 有頂點 J(-3, -3), K(-4, 1), L(2, 1)
   及 M(1, -3)。

   求證：四邊形 JKLM 是梯形。

解答在下一頁

對答時間

1.

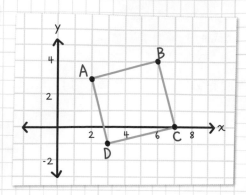

斜率公式：$m = \dfrac{y_2 - y_1}{x_2 - x_1}$

$\overline{AB}$ 斜率是：$\dfrac{4-3}{6-2} = \dfrac{1}{4}$

$\overline{CD}$ 斜率是：$\dfrac{-1-0}{3-7} = \dfrac{-1}{-4} = \dfrac{1}{4}$

$\overline{AB}$ 與 $\overline{CD}$ 斜率相同，故它們平行。

$\overline{AD}$ 斜率是：$\dfrac{-1-3}{3-2} = \dfrac{-4}{1} = -4$

$\overline{BC}$ 斜率是：$\dfrac{0-4}{7-6} = \dfrac{-4}{1} = -4$

$\overline{AD}$ 與 $\overline{BC}$ 斜率相同，故它們平行。

四邊形 ABCD 是平行四邊形因為它的兩組（兩雙）對邊各自平行。

2.

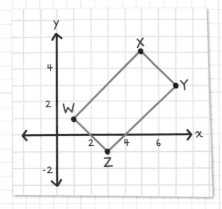

斜率公式：$m = \dfrac{y_2 - y_1}{x_2 - x_1}$

$\overline{WX}$ 斜率是：$\dfrac{5-1}{5-1} = \dfrac{4}{4} = 1$

$\overline{YZ}$ 斜率是：$\dfrac{-1-3}{3-7} = \dfrac{-4}{-4} = 1$

$\overline{WX}$ 與 $\overline{YZ}$ 斜率相同，故它們平行。

$\overline{WZ}$ 斜率是：$\dfrac{-1-1}{3-1} = \dfrac{-2}{2} = -1$

$\overline{XY}$ 斜率是：$\dfrac{3-5}{7-5} = \dfrac{-2}{2} = -1$

$\overline{WZ}$ 與 $\overline{XY}$ 斜率相同，故它們平行。

四邊形 WXYZ 是平行四邊形因為它的兩組對邊平行。

更多解答

3.

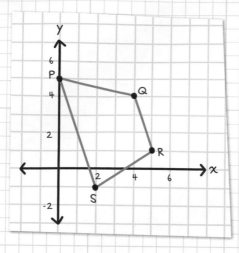

斜率公式：$m = \dfrac{y_2 - y_1}{x_2 - x_1}$

$\overline{PS}$ 斜率是：$\dfrac{-1-5}{2-0} = \dfrac{-6}{2} = -3$

$\overline{QR}$ 斜率是：$\dfrac{1-4}{5-4} = \dfrac{-3}{1} = -3$

$\overline{PS}$ 與 $\overline{QR}$ 斜率相同，故它們平行。

$\overline{PQ}$ 斜率是：$\dfrac{4-5}{4-0} = \dfrac{-1}{4}$

$\overline{SR}$ 斜率是：$\dfrac{1-(-1)}{5-2} = \dfrac{1+1}{5-2} = \dfrac{2}{3}$

$\overline{PQ}$ 與 $\overline{SR}$ 斜率不同，故它們不平行。

四邊形 PQRS 是梯形因為它有一組對邊平行，且另一組不平行。

4.

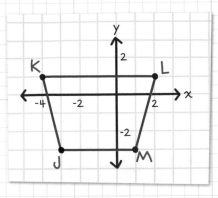

斜率公式：$m = \dfrac{y_2 - y_1}{x_2 - x_1}$

$\overline{JM}$ 斜率是：$\dfrac{-3 - (-3)}{1 - (-3)} = \dfrac{-3 + 3}{1 + 3} = \dfrac{0}{4} = 0$

$\overline{KL}$ 斜率是：$\dfrac{1 - 1}{2 - (-4)} = \dfrac{0}{6} = 0$

$\overline{JM}$ 與 $\overline{KL}$ 斜率相同，故它們平行。

$\overline{KJ}$ 斜率是：$\dfrac{-3 - 1}{-3 - (-4)} = \dfrac{-4}{-3 + 4} = \dfrac{-4}{1} = -4$

$\overline{LM}$ 斜率是：$\dfrac{-3 - 1}{1 - 2} = \dfrac{-4}{-1} = 4$

$\overline{KJ}$ 與 $\overline{LM}$ 斜率不同，故它們不平行。

四邊形 JKLM 是梯形因為它有一組對邊平行，且另一組不平行。

三角比

三角學是用以計算三角形度量的學問。

三角學 (trigonometry) 這個字源自希臘文：

- **trigonon** = triangle 三角形
- **metron** = measure 度量

> **三角學**
> 是三角形之中邊角關係之研究。

直角三角形的重要名詞：

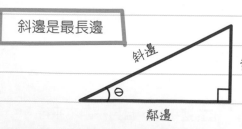

斜邊是最長邊

對邊是對角 θ 所對的股。

鄰邊是角 θ 鄰接的股。

θ (THETA) 是希臘字母用以代表一個角。

三角函數**正弦 (SIN)**、**餘弦 (COS)** 及**正切 (TAN)** 每一個都是一個直角三角形的邊之比。它們被用以求得直角三角形中的未知之角度量或邊長。

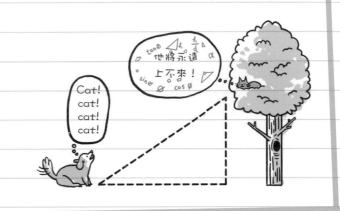

正弦：
$$\sin \theta = \frac{對邊}{斜邊}$$

餘弦：
$$\cos \theta = \frac{鄰邊}{斜邊}$$

正切：
$$\tan \theta = \frac{對邊}{鄰邊}$$

運用下列方式記住三角函數：

SOH-CAH-TOA

$$Sin = \frac{Opposite}{Hypotenuse} \left(\frac{對邊}{斜邊} \right)$$

$$Cos = \frac{Adjacent}{Hypotenuse} \left(\frac{鄰邊}{斜邊} \right)$$

$$Tan = \frac{Opposite}{Adjacent} \left(\frac{對邊}{鄰邊} \right)$$

笨貓

或者

SOH-CAH-TOA

Sam's Old Hairy Cat Ate His Tub Of Applesauce.

例子： 求 sin A, cos A, tanA, sinß, cosß 及 tanß。

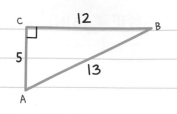

$$\sin A = \frac{\angle A\ 對邊}{斜邊} = \frac{12}{13}$$

$$\cos A = \frac{\angle A\ 鄰邊}{斜邊} = \frac{5}{13}$$

$$\tan A = \frac{\angle A\ 對邊}{\angle A\ 鄰邊} = \frac{12}{5}$$

$$\sin ß = \frac{\angle ß\ 對邊}{斜邊} = \frac{5}{13}$$

$$\cos ß = \frac{\angle ß\ 鄰邊}{斜邊} = \frac{12}{13}$$

$$\tan ß = \frac{\angle ß\ 對邊}{\angle ß\ 鄰邊} = \frac{5}{12}$$

例子： 求 sin 22°。

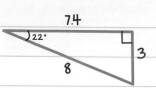

$$\sin 22° = \frac{對邊}{斜邊} = \frac{3}{8}$$

特殊直角三角形

特殊直角三角形是具有特色度量的三角形，這個度量讓計算更容易或使得某些公式可成立。下列是兩個最常見的直角三角形之相關度量：

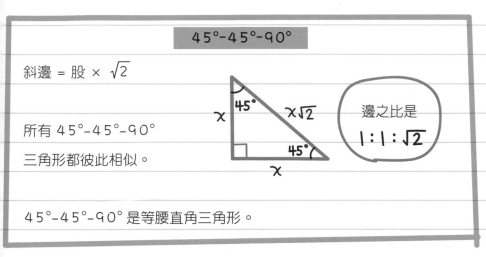

45°-45°-90°

斜邊 = 股 × $\sqrt{2}$

所有 45°-45°-90° 三角形都彼此相似。

邊之比是 1:1:$\sqrt{2}$

45°-45°-90° 是等腰直角三角形。

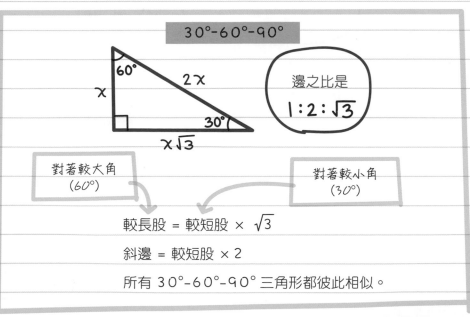

30°-60°-90°

邊之比是 1:2:$\sqrt{3}$

對著較大角 (60°)

對著較小角 (30°)

較長股 = 較短股 × $\sqrt{3}$

斜邊 = 較短股 × 2

所有 30°-60°-90° 三角形都彼此相似。

例子： 求 ℓ 之值。

給定：

較長股 $=\ell$

較短股 $= 5$

角 $= 30°$，$60°$，$90°$

利用 $30°$-$60°$-$90°$ 三角形的比，較長股 = 較短股 $\times \sqrt{3}$

$\ell = 5\sqrt{3}$。

由於我們已知「較長股」及「較短股」之值，使用這個等式。

例子： 求 k 之值。

給定：

較短股 = k

斜邊 = 17

角 = 30°, 60°, 90°

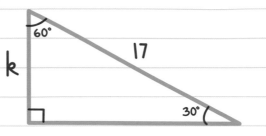

利用 30°-60°-90° 三角形的比，

斜邊 = 較短股 × 2

$17 = k \times 2$

$k = \dfrac{17}{2} = 8\dfrac{1}{2}$。

由於我們已知「較短股」及「斜邊」之值，使用這個等式。

隨堂小測驗

1. 求 $\sin\theta$, $\cos\theta$, 及 $\tan\theta$。

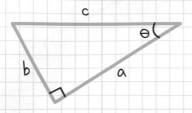

針對問題 2-5，求 $\sin A$, $\cos A$ 及 $\tan A$。

2.

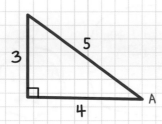

4.

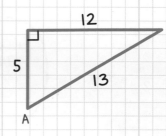

3.

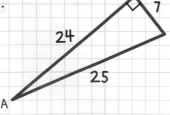

5.

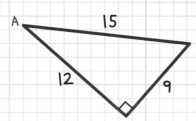

針對問題 6-8，求 x 之值。

6.

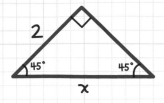

8.

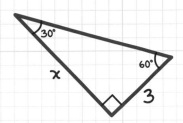

7.

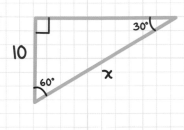

9. 求 a 與 b 之值。

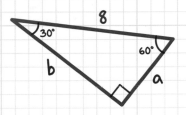

10. 凱特琳正在將她的花園的一部分圍起來。將圖示這塊區域圍起來的籬笆長度是多少？

解答在下一頁

對答時間

1. $\sin \theta = \dfrac{b}{c}$, $\cos \theta = \dfrac{a}{c}$, $\tan \theta = \dfrac{b}{a}$

2. $\sin A = \dfrac{3}{5}$, $\cos A = \dfrac{4}{5}$, $\tan A = \dfrac{3}{4}$

3. $\sin A = \dfrac{7}{25}$, $\cos A = \dfrac{24}{25}$, $\tan A = \dfrac{7}{24}$

4. $\sin A = \dfrac{12}{13}$, $\cos A = \dfrac{5}{13}$, $\tan A = \dfrac{12}{5}$

5. $\sin A = \dfrac{3}{5}$, $\cos A = \dfrac{4}{5}$, $\tan A = \dfrac{3}{4}$

6. $x = 2\sqrt{2}$

7. $x = 20$

8. $x = 3\sqrt{3}$

9. $a = 4$, $b = 4\sqrt{3}$

10. 100 公尺

正弦定律與餘弦定律

正弦定律與餘弦定律被用來協助我們求得一個三角形的未知角度量與邊長。

正弦定律

正弦定律連結了非直角三角形的邊長到其角之正弦函數。

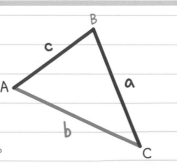

正弦定律

$$\frac{\sin A}{a} = \frac{\sin B}{b} = \frac{\sin C}{c}$$

∠A, ∠B, ∠C 是 a, b, c 的對角。

求 x 之值。

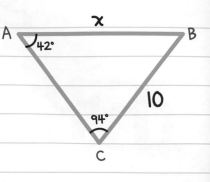

利用正弦定律在已知的 m∠A＝42°，

a＝10，m∠C＝94°，且 c＝x：

$$\frac{\sin A}{a} = \frac{\sin C}{c}$$

$$\frac{\sin 42°}{10} \diagdown\!\!\!\!\diagup \frac{\sin 94°}{x}$$

x sin 42°＝10 sin 94°   交叉相乘

$$\frac{x \sin 42°}{\sin 42°} = \frac{10 \sin 94°}{\sin 42°}$$ 兩邊都除以 sin 42°

x ≈ 14.9   使用計算器。四捨五入到小數
                  點後第一位

大約

確認你的計算器是調為
度數模式狀態

為了求得一個像 $\sin \theta = \dfrac{1}{2}$ 這樣的三角函數之未知角（θ），使用**反三角函數**。

反三角函數：那些處理正規三角函數反方向的事。它們被表現成為 $\sin^{-1}$, $\cos^{-1}$, 及 $\tan^{-1}$。

> -1 不是指數，只表示「反」的意思。

若 $\sin \theta = \dfrac{a}{c}$，反正弦函數是 $\sin^{-1}\left(\dfrac{a}{c}\right) = \theta$

若 $\cos \theta = \dfrac{b}{c}$，反餘弦函數是 $\cos^{-1}\left(\dfrac{b}{c}\right) = \theta$

若 $\tan \theta = \dfrac{a}{b}$，反正切函數是 $\tan^{-1}\left(\dfrac{a}{b}\right) = \theta$

若你已知三角比而非角，你可以利用反函數來求得這個角。

因此，若 $\sin 30° = \dfrac{1}{2}$，則 $\sin^{-1}\left(\dfrac{1}{2}\right) = 30°$。

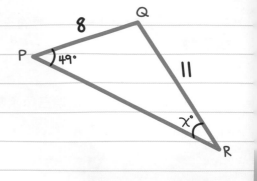

例子： 求 x 之值。

利用正弦定律 m∠P = 49°，
p = 11，m∠R = x° 及 r = 8。

$$\frac{\sin P}{p} = \frac{\sin R}{r}$$

$$\frac{\sin 49°}{11} \diagdown \frac{\sin x°}{8}$$

$8\ \sin\ 49° = 11\ \sin\ x°$ 交叉相乘

$$\frac{8\ \sin\ 49°}{11} = \frac{11\ \sin\ x°}{11}$$ 兩邊都除以 11

$$\frac{8}{11}\ \sin\ 49° = \sin\ x°$$ 化簡

$\sin x° = 0.5488\cdots$ 使用計算器

$x = \sin^{-1}\ (0.5488)$ 使用反正弦（$\sin^{-1}$）

$x \approx 33.3$ 使用計算器。四捨五入到小數
點後第一位

餘弦定律

當我們已知三角形的兩邊之長及其夾角的度量，我們可以利用**餘弦
定律**來求得第三邊之長。

餘弦定律

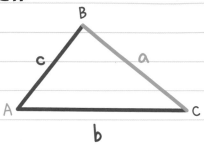

$$c^2 = a^2 + b^2 - 2ab\cos C$$

c 是角 C 的對邊之長。

例子： 求 x 之值。

利用餘弦定律 $m\angle C = 64°$,
$c = x$, $a = 8$ 及 $b = 5$。

$$c^2 = a^2 + b^2 - 2ab\cos C$$

$$x^2 = 8^2 + 5^2 - 2(8)(5)\cos 64°$$

$x^2 = 64 + 25 - 80 (0.43837)\cdots$ 使用計算器

$x^2 \approx 53.93$

$\sqrt{x^2} \approx \sqrt{53.93}$ 兩邊開平方根

$x \approx 7.3$

例子： 求 x 之值。

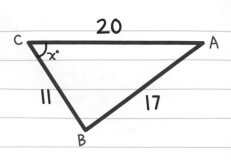

利用餘弦定律 m∠C=x°，
c = 17，a=11 及 b=20。

$c^2 = a^2 + b^2 - 2ab\cos C$

$17^2 = 11^2 + 20^2 - 2 \times 11 \times 20 \cos x°$

$289 = 121 + 400 - 440 \cos x°$

$-232 = -440 \cos x°$

$\dfrac{232}{440} = \cos x°$

$x° = \cos^{-1}\left(\dfrac{232}{440}\right)$　　　　利用反餘弦函數

$x \approx 58.2$　　　　使用計算器。四捨五入到小數點後
第一位

隨堂小測驗

針對問題 1-3，利用正弦定律求 x 之值。將你的答案四捨五入到小數點後第一位。

1.
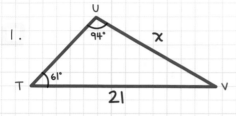

2.
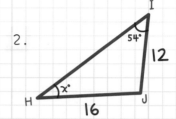

3.
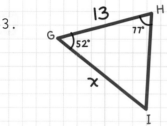

針對問題 4-6，利用餘弦定律求 x 之值。將你的答案四捨五入到小數點後第一位。

4.
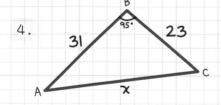

5.
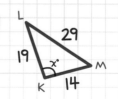

6.
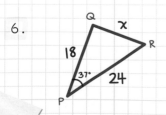

解答在下一頁

對答時間

1. $\sin \dfrac{94}{21} = \sin \dfrac{61}{x}$ ；因此，$x = 18.4$

2. $\sin \dfrac{54}{16} = \sin \dfrac{x}{12}$ ；因此，$x = 37.4$

3. $\sin \dfrac{77}{x} = \sin \dfrac{51}{13}$ ；因此，$x = 16.3$

4. $x^2 = 31^2 + 23^2 - 2(31)(23) \cos 95°$ ；$x = 40.2$

5. $29^2 = 14^2 + 19^2 - 2(14)(19) \cos x°$ ；$x = 122.3$

6. $x^2 = 18^2 + 24^2 - 2(18)(24) \cos 37°$ ；$x = 14.5$

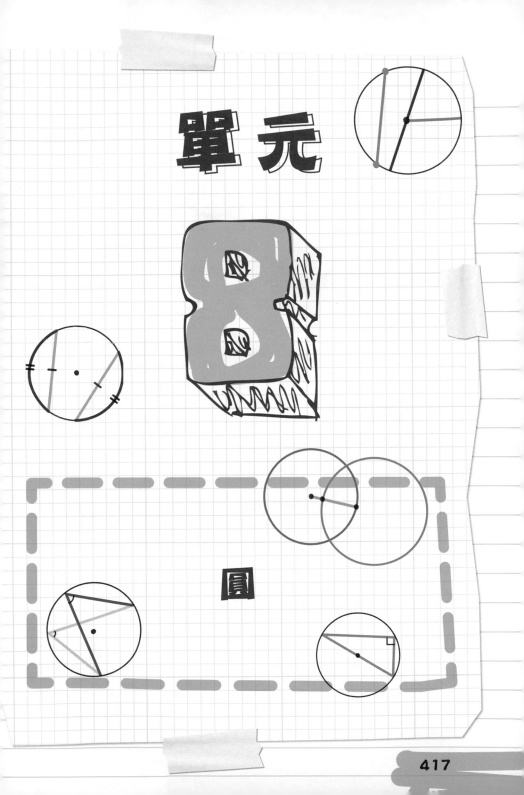

單元

8

圓

圓的基本性質

圓（⊙）是一個集合，它的所有點都在同一個平面上，且與一個稱作**中心**的點等距。

我們運用中心點來命名一個圓。例如，圓 P。

圓的部分

圓周 (C)：繞著圓的距離（周長）

弦：端點都在圓上的一條線段。

418

直徑 (d)：通過圓心的弦。直徑是兩倍的半徑長。

公式：$d = 2r$

半徑 (r)：

端點有一在圓上，另一在圓心的一條線段。

半徑是直徑長的一半：$r = \dfrac{1}{2}d$

半徑與直徑描述圓的線段及其度量

Pi（π）：圓周與其直徑之比：

公式：$\pi = \dfrac{圓周}{直徑}$ 或 $\pi = \dfrac{C}{d}$

由於 π 的正確值無法計算，我們運用兩個近似值：

3.14 當你需要十進位小數形式

或

$\dfrac{22}{7}$ 當你需要分數形式

圓周

一個圓的圓周是 π 乘上直徑。

圓周 = π × 直徑 → C = πd

因為直徑是半徑的兩倍長，你可利用下列公式求圓周長：

公式：C = 2 πr

例子： 求圓周長。

C = πd

   = π（10）

   = 10π ← 數目寫在 π 記號前

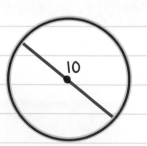

10π 是精確的答案。

由於 π 近似於 3.14，10π≈10(3.14) = 31.4。

例子： 求圓 O 的圓周。

1. 利用畢氏定理求直徑。

$$c^2 = a^2 + b^2$$

直徑（d）是這個三角形的斜邊：

$$d^2 = 4^2 + 12^2$$
$$d^2 = 160$$
$$d = \sqrt{160}$$
$$d = \sqrt{160} = \sqrt{16 \times 10} = \sqrt{16} \times \sqrt{10} = 4\sqrt{10}$$

2. 利用這個資訊求圓周。

$$C = \pi d$$
$$= \pi(4\sqrt{10})$$
$$= 4\pi\sqrt{10} \approx 4(3.14)(\sqrt{10}) \approx 39.7$$

我們可以運用我們對於圓周所知的資訊，來求得圓的其他部分之度量。

例子： 已知一個圓的圓周長是 16 π，求其半徑與直徑。

$C = 2\pi r$ 直徑 $= 2r$

$16\pi = 2\pi r$ $d = 2(8)$

$r = \dfrac{16\pi}{2\pi}$ $d = 16$

$r = 8$

圓心

同心圓 是具有相同圓心的圓。

例子： 達妮與妮基在圓形跑道上跑步。達妮跑內圈道，距圓心 64 公尺，而妮基則跑外圈道，距圓心 74 公尺。她們兩人各自跑完一整圈。妮基比達妮多跑了多少距離？四捨五入到小數點後第一位。

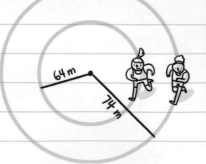

64 m

74 m

求每位女孩各自跑的距離（她們跑道的圓周長）然後相減。

步驟 1：求達妮的跑步距離。

達妮的距離是半徑 64 公尺的圓周長。

$C = 2\pi r$

$\quad = 2\pi(64)$

$\quad = 128\pi\ (\approx 402.1\ \text{公尺})$

步驟 2：求妮基的跑步距離。

妮基的距離是半徑 74 公尺的圓周長。

$C = 2\pi r$

$\quad = 2\pi(74)$

$\quad = 148\pi\ (\approx 464.9\ \text{公尺})$

步驟 3：相減。

$148\pi - 128\pi = 20\pi \approx 62.8$

妮基比達妮大約多跑了 62.8 公尺。

⊙I 的周長是 42π，

FG＝4，且 HI＝6。

求 ⊙F 的周長。

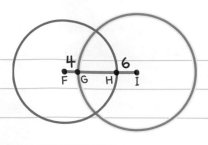

為了求 ⊙F 的周長，我們需要知道 FH，這表示我們要先求出 GH。

我們可利用 ⊙I 來求 GH，因為我們已知 ⊙I 的周長。

步驟 1：利用 ⊙I 求 GI。

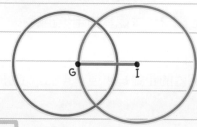

$C = 2\pi r$

$C = 42\pi$

$42\pi = 2\pi \times GI$ ← ⊙I 的半徑

$\dfrac{42\pi}{2\pi} = \dfrac{2\pi \times GI}{2\pi}$　　　兩邊除以 2π。（π 將會消掉）

$GI = 21$

步驟 2：求 GH。

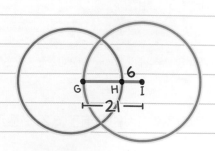

$GI = GH + HI$

$21 = GH + 6$

$GH = 15$

步驟 3：求⊙F 的周長。

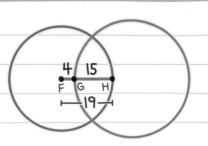

⊙F 的半徑是：

FG + GH = 4 + 15 = 19

⊙F 的周長是：

C = 2πr

  = 2π(19)

  = 38π

隨堂小測驗

1. 在右圖中以字母標示⊙C中的圓心、
   一條半徑、一條直徑,以及一條弦。

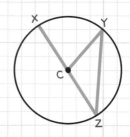

2. 已知一個圓的周長是 51π,求其半
   徑與直徑長。

3. 求右圖這個圓的周長。

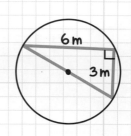

4. 已知一個倉鼠輪有 5 公分的直徑。這
   個輪子每旋轉一整圈之長是多少?四
   捨五入到小數點後第一位。

5. 在同心圓中，大圓的周長是 5 2 π。
   求小圓的周長。

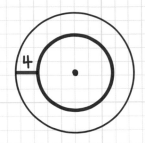

6. 在戶外，凱莎的瞳孔有周長
   3 π 公釐。當她進入室內，瞳
   孔的半徑擴大了 2 公釐。這個
   瞳孔的新周長為何？

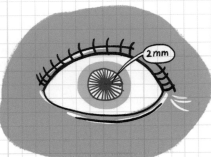

針對問題 7 與 8，使用下圖。

⊙ P 的周長是 1 6 π，且 PQ=6。

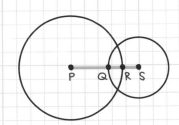

7. 求 QR。

8. 若 RS = 3，求 ⊙ S 的周長。

解答在下一頁

對答時間

1. 圓心：C；半徑：$\overline{CX}$ $\overline{CY}$ 或 $\overline{CZ}$；直徑：$\overline{XZ}$；
   弦：$\overline{YZ}$ 或 $\overline{XZ}$

2. $r = \dfrac{51}{2}$，$d = 51$

3. $d^2 = 6^2 + 3^2$，故 $d = \sqrt{45} = 3\sqrt{5}$
   $C = \pi d = 3\pi\sqrt{5}$ 公尺（m）≈ 21.1 公尺（m）

4. $C = \pi d = 5\pi \approx 15.7$ 公分（cm）

5. 大圓：
   $C = 2\pi r$
   $52\pi = 2\pi r$
   $r = \dfrac{52\pi}{2\pi} = 26$

   小圓：
   $R = 26 - 4 = 22$
   $C = 2\pi r = 2\pi(22) = 44\pi \approx 138.2$

6. 戶外：

$C = 2\pi r$

$3\pi = 2\pi r$

$r = \dfrac{3\pi}{2\pi} = 1.5$

室內：

$r = 1.5 + 2 = 3.5$

$C = 2\pi r = 2\pi(3.5) = 7\pi$ 公釐 (mm) ≈ 22.0 公釐 (mm)

7. $C = 2\pi r$

$16\pi = 2\pi \times PR$

$PR = \dfrac{16\pi}{2\pi} = 8$

$QR = PR - PQ = 8 - 6 = 2$

8. $QS = QR + RS = 2 + 3 = 5$

$C = 2\pi \times QS = 2\pi(5) = 10\pi \approx 31.4$

圓心角與弧

圓心角 是頂點在圓心的一個角。構成圓心角的線段是該圓半徑。

弧 是圓周的一部分。我們藉由它的兩個端點來標示，記號：$\overparen{AB}$。

扇形 是圓切出的薄片。

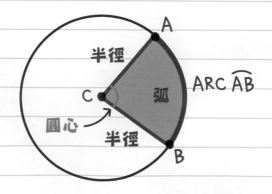

一個圓弧的度量等於它的圓心角之度量。

m∠POQ＝62°，故 m$\overset{\frown}{PQ}$＝62°

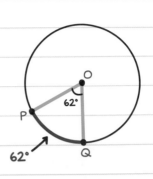

m$\overset{\frown}{PQ}$ 讀作弧 $\overline{PQ}$ 的度量。

在一個整個圓中，圓心角的度量是
360°且這個弧的度量是 360°。

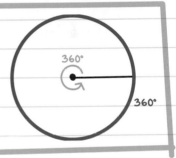

180°的弧是一個半圓。

圓的一半

m$\overset{\frown}{ADB}$＝180°

劣弧：小於半圓的弧（小於 180°）

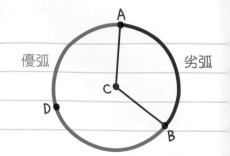

優弧　　　劣弧

優弧：大於半圓的弧（大於 180°）

劣弧是 $\overset{\frown}{AB}$ 而優弧是 $\overset{\frown}{ADB}$

永遠使用三個字
母來標示優弧。

由於一個圓的度量是 360°：

圓心角等於 360°

$x° + y° + z° = 360°$

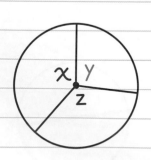

同一圓的劣弧與優弧相加等於 360°。

$m\overset{\frown}{AB} + m\overset{\frown}{ADB} = 360°$

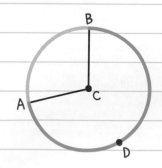

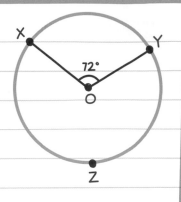

例子： 求 m$\widehat{XZY}$。

由於一個弧的度量等於它的圓心角之度量，

m$\widehat{XY}$ = m∠XOY = 72°

劣弧與優弧相加等於 360°

m$\widehat{XY}$ + m$\widehat{XZY}$ = 360°

72° + m$\widehat{XZY}$ = 360°

m$\widehat{XZY}$ = 288°

相鄰的弧彼此相鄰。他們共用一個端點。

弧加法設準

兩個相鄰弧的和等於全弧。

$$m\widehat{AD} = m\widehat{AB} + m\widehat{BD}$$

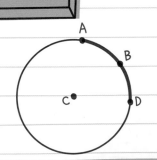

例子： KN 是 ⊙P 的直徑。求 $\overset{\frown}{LN}$。

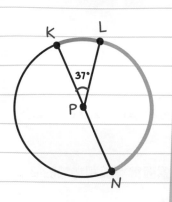

由於 $\overset{\frown}{KLN}$ 是半圓，$m\overset{\frown}{KLN} = 180°$

根據弧加法設準，

$m\overset{\frown}{KL} + m\overset{\frown}{LN} = 180°$

$m\angle\overset{\frown}{KPL} + m\overset{\frown}{LN} = 180°$

$37° + m\overset{\frown}{LN} = 180°$

$m\overset{\frown}{LN} = 143°$

弧長

弧長是一條弧的長度（從端點到端點的距離）。

兩弧有相同度量但
弧長不等。

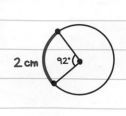

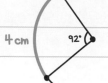

434

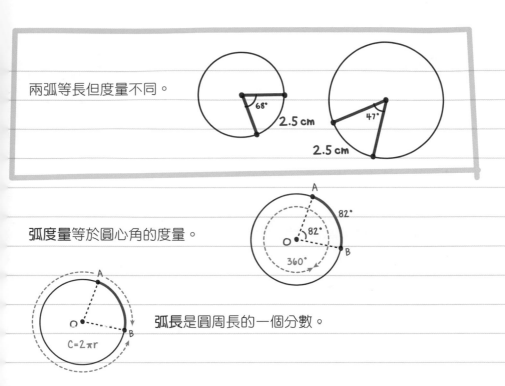

兩弧等長但度量不同。

弧**度量**等於圓心角的度量。

弧長是圓周長的一個分數。

全等弧是具有相同度量且都在同一圓或全等圓上。

兩圓全等若它們有相同半徑。

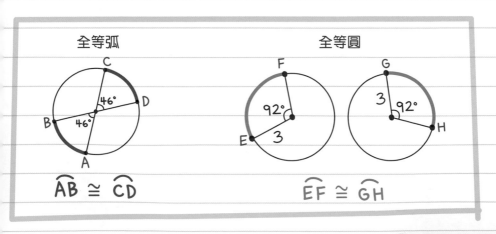

弧長公式

為了計算一個圓心角為 x° 的扇形的弧長 (ℓ)，

使用這個公式：

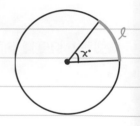

$$\ell = \frac{x}{360} \times 2\pi r$$

這個公式可以藉由比較一個扇形與一個全圓的比例式來導出。

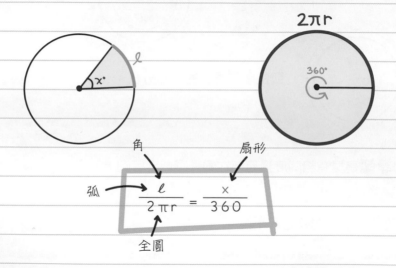

弧長度量等於此弧之圓心角度量除以 360 再乘以 2πr：

$$弧長度量 = \frac{圓心角之度量}{360} \times 2\pi r$$

$$\ell = \frac{x}{360} \times 2\pi r$$

436

例子 : 亞歷珊卓在樹下盪鞦韆，其繩子有 5 公尺長。

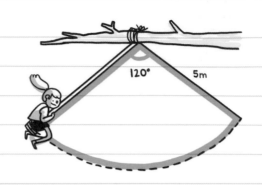

如果她盪出 120° 角，那麼，她究竟盪了多少距離？

她所盪的長度是一個圓心角為 120° 的扇形之弧長。

$$\ell = \frac{x}{360} \times 2\pi r$$

在弧長公式中代入 x=120 及 r=5。

$$= \frac{120}{360} \times 2\pi(5)$$

亞歷珊卓盪了 10.5 公尺。

$$= \frac{10\pi}{3} \approx 10.5 \text{ 公尺}$$

隨堂小測驗

1. 標示⊙Q 的優弧與劣弧。

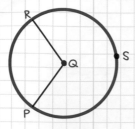

3. 求 m$\overset{\frown}{KLM}$。

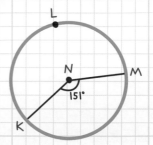

2. 求∠x 的度量。

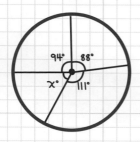

4. 已知 $\overline{AD}$ 是⊙C 的直徑，求 m$\overset{\frown}{BD}$。

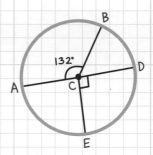

5. 針對部分 A 與 B，判斷每個敘述成立與否。

A. $\overline{AB} \cong \overline{CD}$

B. $\overset{\frown}{CD} \cong \overset{\frown}{DE}$

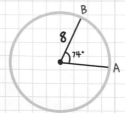

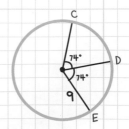

438

6. 求 $\overset{\frown}{VW}$ 的弧長。四捨五入到小數
   點後第一位。

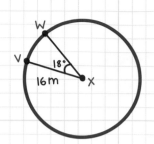

7. 求 $\overset{\frown}{LMN}$ 的弧長。

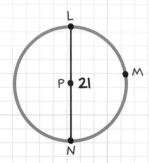

8. 求 $\overset{\frown}{LG}$ 的弧長。

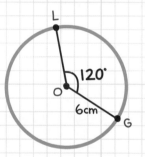

9. 哈維爾有一座半徑為 9 公尺的圓
   形花園。他打算在四分之一圓周
   （90° 的弧）上布置石頭邊界。
   他將需要多少公尺長的石頭？

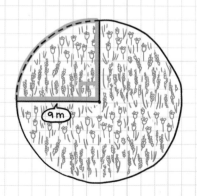

解答在下一頁

對答時間

1. 優弧 $\overset{\frown}{PSR}$（或 $\overset{\frown}{RSP}$），劣弧 $\overset{\frown}{PR}$（或 $\overset{\frown}{RP}$）

2. $x = 67°$

3. $m\overset{\frown}{KM} + m\overset{\frown}{KLM} = 360°$

   $151° + m\overset{\frown}{KLM} = 360°$

   $m\overset{\frown}{KLM} = 209°$

4. $m\overset{\frown}{BD} = 48°$

5. A. 不成立。圓弧必須有相同度量，而且要落在同一圓或全等圓上。

   B. 成立。圓弧有相同的度量，且在同一圓上。

6. $\overset{\frown}{VW}$ 的弧長 $= \dfrac{18}{360} \times 2\pi(16)$

   $= \dfrac{8\pi}{5}$ 公尺 ≈ 5.0 公尺

7. $\overset{\frown}{LMN}$ 的弧長 $= \dfrac{180}{360} \times 2\pi(10.5)$

               $= \dfrac{21\pi}{2} \approx 33.0$

8. $\overset{\frown}{LG}$ 的弧長 $= \dfrac{120}{360} \times 2\pi(6)$

              $= 4\pi \approx 12.6$ 公分

9. 石頭邊界長 $= \dfrac{90}{360} \times 2\pi(9)$

              $= \dfrac{9\pi}{2} \approx 14.1$ 公尺

弳度

弳度

度量角的另一種方法稱之為**弳度**

（簡寫為 rad）。

一弳是指弧長等於半徑的圓心角

之度量。

這不過是角度量的
另一單位。就像度
量長度時，以吋代
替公尺。

弧長 = 半徑（r）

m∠θ = 1 弳

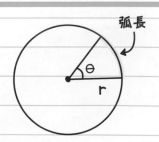

由於 C = 2πr，我們知道在圓周內有 2π 個半徑。

在一個全圓中，有 2π 個弳。

$$2\pi \text{ 弳} = 360°$$

$$\pi \text{ 弳} = 180°$$

$$1 \text{ 弳} = \frac{180°}{\pi} = 57.3°$$

常見的弳度量

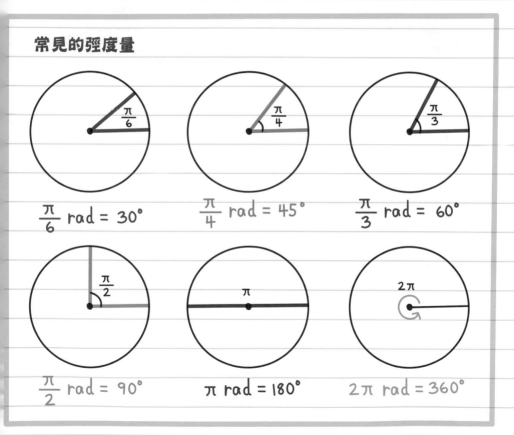

$\frac{\pi}{6}$ rad = 30°

$\frac{\pi}{4}$ rad = 45°

$\frac{\pi}{3}$ rad = 60°

$\frac{\pi}{2}$ rad = 90°

π rad = 180°

2π rad = 360°

度度量與弧度量互換

要將弧換成度，將給定量乘以 $\dfrac{180°}{\pi}$。

要將度換成弧，將給定量乘以 $\dfrac{\pi}{180°}$。

例子： 將 $30°$ 換成弧。

將 $30°$ 乘以 $\dfrac{\pi}{180°}$。

$$30° \times \dfrac{\pi}{180°}$$

$$\dfrac{30°\pi}{180°} = \dfrac{1\pi}{6} = \dfrac{\pi}{6}$$

例子： 將 $\dfrac{3\pi}{2}$ 換成度。

將 $\dfrac{3\pi}{2}$ 乘以 $\dfrac{180°}{\pi}$。

$$\dfrac{3\overset{1}{\cancel{\pi}}}{\cancel{2}} \times \dfrac{\overset{90}{\cancel{180°}}}{\cancel{\pi}} = 3 \cdot 90° = 270°$$

444

隨 堂 小 測 驗

針對問題 1-5，將下列度量換成弳度。

1. 180°

2. 330°

3. 75°

4. 45°

5. 110°

針對問題 6-10，將下列度量換成度度量。

6. $\dfrac{5\pi}{6}$ rad

7. $\dfrac{\pi}{6}$ rad

8. $\dfrac{3\pi}{2}$ rad

9. $\dfrac{4\pi}{3}$ rad

10. $\dfrac{\pi}{12}$ rad

解答在下一頁

對 答 時 間

1. π

2. $\dfrac{11\pi}{6}$

3. $\dfrac{5\pi}{12}$

4. $\dfrac{\pi}{4}$

5. $\dfrac{11\pi}{18}$

6. $150°$

7. $30°$

8. $270°$

9. $240°$

10. $15°$

弧與弦

一條 **弦** 將一個圓分成優弧與劣弧，除非這條弦是直徑。

劣弧稱之為此弦的弧。

弦 $\overline{AB}$ 的弧是 $\overparen{AB}$。

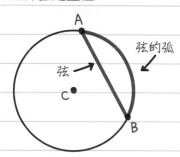

弦 → 弦的弧

有關弦的定理

在一個圓或全等圓中，
全等的弦有全等的弧。

若 $\overline{PQ} \cong \overline{RS}$，則 $\overparen{PQ} \cong \overparen{RS}$。

逆定理也成立：
若 $\overparen{PQ} \cong \overparen{RS}$，則 $\overline{PQ} \cong \overline{RS}$

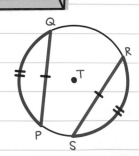

在一個圓或全等圓中，
全等弦到圓心等距。

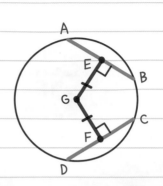

若 $\overline{AB} \cong \overline{CD}$，則 EG = FG。

逆定理也成立：
若 EG = FG，則 $\overline{AB} \cong \overline{CD}$。

若直徑垂直於一弦，
則它平分該弦及其弧。

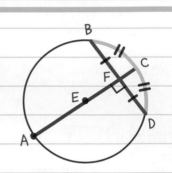

若 $\overline{AC} \perp \overline{BD}$，則 $\overline{BF} \cong \overline{FD}$
且 $\overset{\frown}{BC} \cong \overset{\frown}{CD}$。

弦的中垂線是直徑。

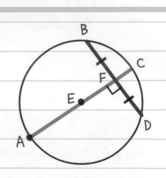

若 $\overline{AC}$ 是 $\overline{BD}$ 的中垂線，則 $\overline{AC}$ 是
⊙E 的直徑。

在 ⊙ T 中，已知 $m\overarc{QR} = 177°$

且 $m\overarc{SP} = 33°$。

求 $m\overarc{PQ}$ 與 $m\overarc{RS}$。

由於全等弦（$\overline{PQ}$ 與 $\overline{RS}$）有全等弧：

$\overarc{RS} \cong \overarc{PQ}$ 與 $m\overarc{RS} = m\overarc{PQ}$

這些弧加起來等於 $360°$，故

$m\overarc{PQ} + m\overarc{QR} + m\overarc{RS} + m\overarc{SP} = 360°$

$m\overarc{PQ} + 177° + m\overarc{PQ} + 33° = 360°$　　由於 $m\overarc{RS} = m\overarc{PQ}$

　　　　　　　　　　　　　　　　　　　　　　且 $m\overarc{SP} = 33°$

$m\overarc{PQ} + m\overarc{PQ} = 360° - 177° - 33°$

$2 \times m\overarc{PQ} = 150°$

$m\overarc{PQ} = 75°$

$m\overarc{RS} = m\overarc{PQ} = 75°$

例子： 在 ⊙W 中，求
$\overline{ST}$ 與 $\overline{UV}$ 的長度。

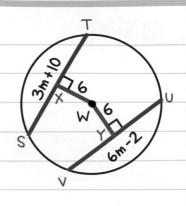

由於 $\overline{ST}$ 與 $\overline{UV}$ 到點 W 等距，它們全等
且有相等度量：

$ST = UV$

$3m + 10 = 6m - 2$

$12 = 3m$

$m = 4$

因此，$ST = 3m + 10 = 3(4) + 10 = 22$

UV = 6m - 2 = 6(4) - 2 = 22

> 由於 ST=UV，
> 我們知道上述
> 計算正確。

例子： 求 x 之值。

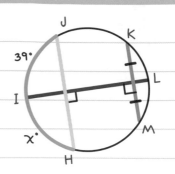

我們已知 $\overline{IL}$ 是此圓的直徑，因為它是 $\overline{KM}$ 的中垂線。

由於直徑 $\overline{IL}$ 垂直於 $\overline{JH}$，故它平分弧 $\overparen{HJ}$。

$\overparen{IH} = \overparen{IJ}$

$m\overparen{IH} = m\overparen{IJ}$

x = 39

例子： 求 ⊙F 的 x 之值。

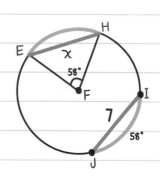

由於我們已知 $m\overparen{EH} = m\angle EFH$，故 $m\overparen{EH} = 58°$，這表示 $\overparen{EH}$ 與 $\overparen{IJ}$ 全等。

因為全等弧有全等弦，

$\overline{EH} \cong \overline{IJ}$

EH = IJ

x = 7

隨堂小測驗

1. 求 x 之值。

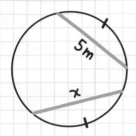

2. 求 m∠BEC

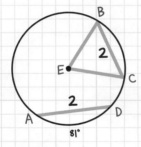

3. 求 x 之值。

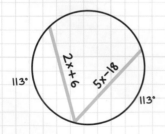

4. 求 m$\overset{\frown}{WX}$ 與 m$\overset{\frown}{YZ}$。

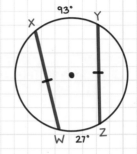

5. 若 $\overline{WX} \cong \overline{YZ}$，求 c。

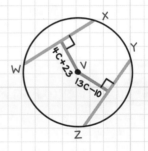

6. 已知 $\overline{GJ}$ 長度為 7。求 $\overline{HI}$ 之長。

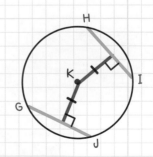

7. 求 x 之值。

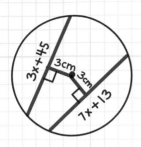

9. 求 m∠AEC。

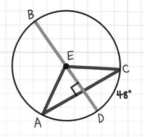

8. 若 NP = 31，求 $\overline{NR}$ 與 $\overline{RP}$ 之長。

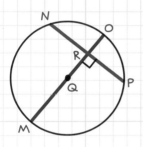

10. 求 x 與 y 之值使得 $\overline{FH}$ 是圓 J 的直徑。

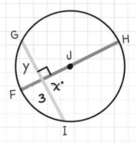

解答在下一頁

對答時間

1. $x = 5m$

2. $m\angle BEC = 81°$

3. $2x + 6 = 5x - 18$,故 $x = 8$。

4. $m\overparen{WX} = 120°$, $m\overparen{YZ} = 120°$

5. $4c + 23 = 13c - 10$,故 $c = \dfrac{11}{3}$

6. $\overline{HI} = 7$

7. $3x + 45 = 7x + 13$,故 $x = 8$。

8. $\overline{NR} = \dfrac{31}{2}$, $\overline{RP} = \dfrac{31}{2}$

9. $m\angle AEC = 96°$

10. $x = 90$, $y = 3$

圓周角

圓周角是由相交於圓周的兩條弦所構成（頂點在圓周上）。

圓周角所對弧是圓周角在圓內所對的圓弧。

圓周角的度量是它所對弧的 度量之半。

$$m\angle A = \frac{1}{2}\,m\overset{\frown}{BC}$$

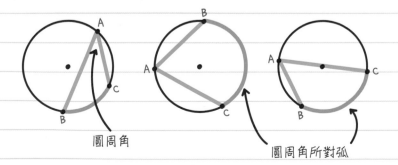

圓周角

圓周角所對弧

$$m\angle A = \frac{1}{2}\, m\angle \widehat{BC}$$

$$m\angle D = \frac{1}{2}\, m\angle \widehat{BC}$$

$$m\angle A = m\angle D$$

$$\angle A \cong \angle D$$

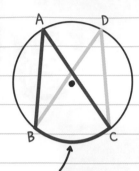

相同的圓周角所對弧

$$m\angle B = \frac{1}{2}\, m\widehat{ADC}$$

$$= \frac{1}{2}(180°)$$

$$= 90°$$

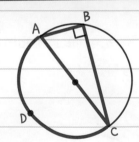

求 m∠QPR，其中點 P 是圓心。

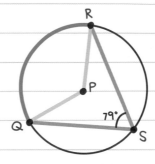

$m\angle S = \dfrac{1}{2}\ m\overarc{QR}$

$79° = \dfrac{1}{2}\ m\overarc{QR}$

$m\overarc{QR} = 158°$

由於弧 $\overarc{QR}$ 的度量等於它的圓心角 $m\angle QPR$ 之度量：

$m\angle QPR = 158°$

求 x, m∠NKM 及 m∠NLM 之值。

由於∠K，∠L 是具有相同所對弧 $\overarc{NM}$

的圓周角：

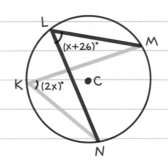

$\angle K \cong \angle L$

$m\angle K = m\angle L$

$2x = x + 26$

$x = 26°$

$m\angle K = (2x)° = (2 \times 26)° = \boxed{52°}$

由於 $m\angle K = m\angle L$，
故我們計算無誤。

$m\angle L = (x + 26)° = (26 + 26)° = \boxed{52°}$

一個圓的 **內接圖形** 是指在另一個圖形內部且只觸及其邊（圓周）
的圖形。

三角形內接於圓。

頂點在圓（周）上

若四邊形內接於一個圓內，則其對角互補。

$\angle A$ 與 $\angle C$ 互補

$\angle B$ 與 $\angle D$ 互補

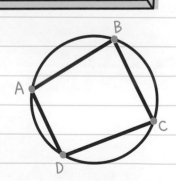

例子: 一條項鍊垂飾是內接於圓的四邊形。求 m∠U 及 m∠W。

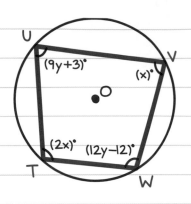

由於這四邊形內接於圓,我們知道其對角互補:

m∠U+m∠W=180°

$(9y+3)+(12y-12)=180$

$21y-9=180$

$21y=189$

$y=9$

m∠U=(9y+3)°=(9×9+3)°= $\boxed{84°}$

由於 84+96=180,
我們知道計算無誤。

m∠W=(12y-12)°=(12×9-12)°= $\boxed{96°}$

隨堂小測驗

1. m∠ABC = 105°

   求 m⌢CDA

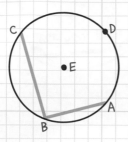

2. 求 m∠JMK

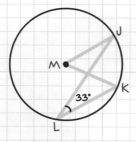

3. 求 m∠Z。

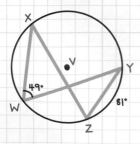

4. 求 x, m∠B 及 m∠C 之值。

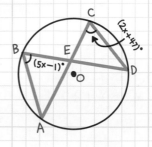

5. 求 m∠A。

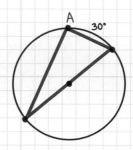

6. 求 x 之值。

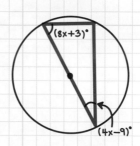

7. 求 m∠A, m∠B
及 m∠C。

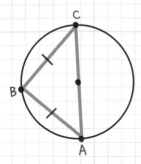

9. 求 x 之值。

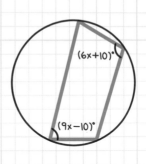

8. 求 m∠G 與 m∠H 之值。

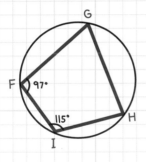

10. 求 m∠E 及 m∠G 之值。

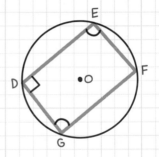

解答在下一頁

對答時間

1. $m\overset{\frown}{CDA} = 210°$

2. $m\angle JMK = 66°$

3. $m\angle Z = 49°$

4. $5x-1 = 2x+47$，故 $x = 16$, $m\angle B = 79°$, $m\angle C = 79°$

5. $m\angle A = 90°$

6. $(8x+3)+(4x-9) = 90$，故 $x = 8$

7. $m\angle A = 45°$, $m\angle B = 90°$, $m\angle C = 45°$

8. $m\angle G = 65°$, $m\angle H = 83°$

9. $(9x-10)+(6x+10) = 180$，故 $x = 12$

10. $m\angle E = 90°$, $m\angle G = 90°$

42

切　線

切線是一條線、線段或射線，它與圓只交於一點（此點稱之為切點）

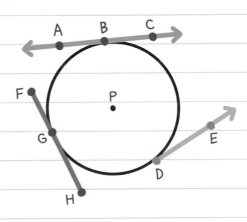

$\overleftrightarrow{AC},$ $\overline{DE}$ 及 $\overline{FH}$ 都與⊙ P 相切。

B, D 及 G 是**切點**。

若一直線同時與兩圓相切，則這兩圓有公切線。

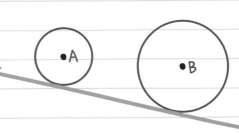

直線 ℓ 是⊙ A 與⊙ B 的公切線。

兩圓可以有多於一條的公切線。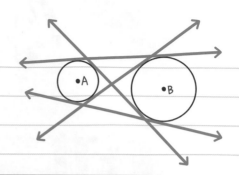

⊙ A 與 ⊙ B 有四條公切線。

一條線是圓的切線若且唯若它與連結
到切點的半徑垂直。

$\overleftrightarrow{AC}$ 是 ⊙ O 的切線若且唯
若 (iff) $\overline{OB} \perp \overleftrightarrow{AC}$。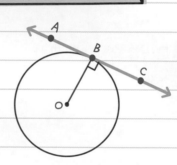

圓外同一點的（兩條）切線全等。

若 $\overline{AB}$ 與 $\overline{AC}$ 都是分別切
⊙ O 於點 B 與點 C 的切
線，則 $\overline{AB} \cong \overline{AC}$。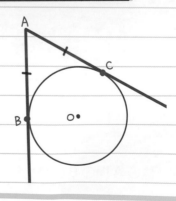

例子： 判斷 $\overline{QR}$ 是否與 $\odot S$ 相切。

若 $\overline{SQ} \perp \overline{QR}$，則 $\overline{QR}$ 是一條切線。

我們可利用畢氏定理來檢視 △SQR 是否

為直角三角形。

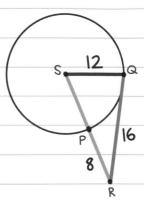

1. 求 $\overline{SR}$ 之長：

SP = 12，因為它是圓的半徑。

SR = SP + PR

> 圓的所有半徑都全等。
>
> SQ = 12，故 SP = 12。

SR = 12 + 8 = 20

2. 檢視 △SQR 是否為直角三角形：

$$a^2 + b^2 = c^2$$

$$SQ^2 + QR^2 = SR^2$$

$$12^2 + 16^2 = 20^2$$

$$144 + 256 = 400$$

$$400 = 400 \checkmark$$

由於 $SQ^2 + QR^2 = SR^2$，$\triangle SQR$ 是直角三角形且 $\overline{SQ} \perp \overline{QR}$。

因此，$\overline{QR}$ 是 $\odot S$ 的一條切線。

例子： 給定 $\overline{PQ}$ 與 $\overline{QR}$ 是 $\odot O$ 之切線，且 $m\angle Q = 115°$，求 x 之值。

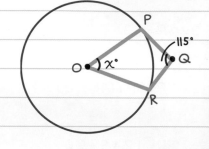

由於 $\overline{PQ}$ 與 $\overline{QR}$ 是 $\odot O$ 之切線，且 $\overline{OP} \perp \overline{PQ}$, $\overline{OR} \perp \overline{RQ}$，

因此，$m\angle P = 90°$ 且 $m\angle R = 90°$。

由於四邊形的內角度量和等於 $360°$，

$$m\angle O + m\angle P + m\angle Q + m\angle R = 360°$$

$$x + 90 + 115 + 90 = 360$$

$$x + 295 = 360$$

$$x = 65$$

例子： $\overline{FG}$ 與 $\overline{FH}$ 是 ⊙I 的切線。

求 x 之值。

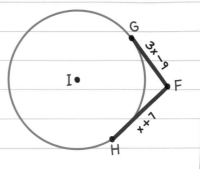

由於 $\overline{FG}$ 與 $\overline{FH}$ 都是 ⊙I 的切線，
故它們全等。

$FG = FH$

$3x - 9 = x + 7$

$2x = 16$

$x = 8$

隨堂小測驗

針對問題 1 與 2，說明它們各自的雙圓是否具有公切線。如果是，請敘述它們各自有幾條。

1.

1.

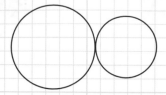

2.

針對問題 3 與 4，判斷 $\overline{AB}$ 是否與圓 P 相切。

3.

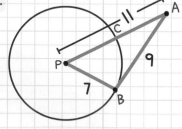

4.

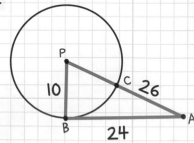

針對問題 5-10，求 x 之值。假設這些看起來相切的直線的確是切線。

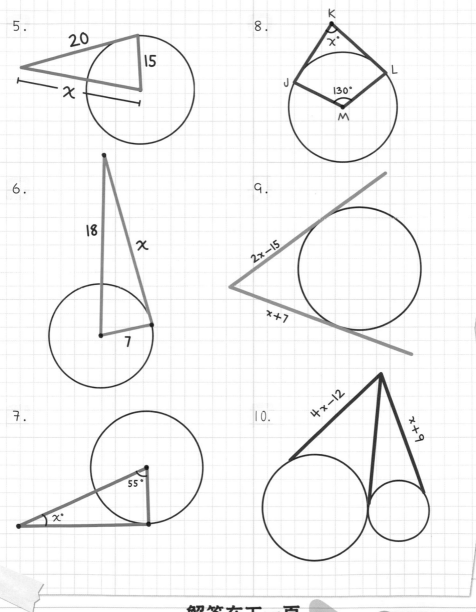

5.

20

15

x

6.

18

x

7

7.

55°

x°

8.

K

x°

J

L

130°

M

9.

2x-15

x+7

10.

4x-12

x+9

解答在下一頁

對 答 時 間

1. 是的，3

2. 不是。

3. 不是。$7^2 + 9^2 \neq 11^2$

4. 是的。$10^2 + 24^2 = 26^2$

5. $20^2 + 15^2 = x^2$，故 $x = 25$

6. $x^2 + 7^2 = 18^2$，故 $x = 16.6$（近似地）

7. $x + 55 + 90 = 180$，故 $x = 35$

8. $x + 90 + 130 + 90 = 360$，故 $x = 50$

9. $2x - 15 = x + 7$，故 $x = 22$

10. $4x - 12 = x + 9$，故 $x = 7$

割　線

割線是與一個圓交於兩點的一條直線。

ℓ 是 ⊙ P 的一條割線。

當兩條割線相交於一個圓之內部：

它們所構成的角等於它們所對弧之和
的一半。

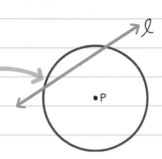

$$1 = \frac{1}{2}(x° + y°)$$

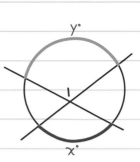

當兩條割線相交於一個圓外：

它們所構成的角之度量等於其所對
之遠弧與近弧之差的度量之半。

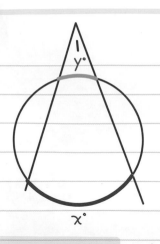

$$\frac{1}{2}\left(x° - y°\right)$$

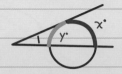

也會成立的定理：

一割線或一切線　　　　兩條切線

例子： 求 x 之值。

$$m\angle QTR = \frac{1}{2}\left(m\widehat{PS} + m\widehat{QR}\right)$$

相交於圓內

$$31 = \frac{1}{2}\left(x + 47\right)$$

$$62 = x + 47$$

$$x = 15$$

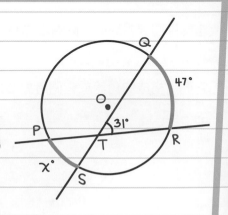

例子： 求 m∠A。

首先，求 m⌢BCD：

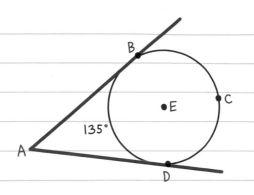

$$m\overset{\frown}{BCD}+m\overset{\frown}{BD}=360°$$

（根據弧加法設準）

$$m\overset{\frown}{BCD}+135°=360°$$

$$m\overset{\frown}{BCD}=225°$$

然後，求 m∠A：

$$m\angle A=\frac{1}{2}\left(m\overset{\frown}{BCD}-m\overset{\frown}{BD}\right)$$

相交於圓外

$$=\frac{1}{2}\left(225°-135°\right)$$

$$=\frac{1}{2}\left(90°\right)=45°$$

當割線與射線相交時，
它們的弧長具有特殊性質。

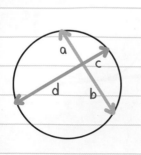

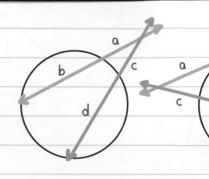

割線交於圓內

$$a \times b = c \times d$$

割線交於圓外

$$a \times (a+b) = c \times (c+d)$$

切線與割線相交

$$a^2 = c \times (c+d)$$

例子： 求 x 之值。

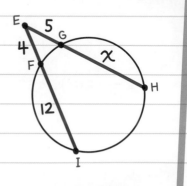

利用 $a \times (a+b) = c \times (c+d)$

$$5(5+x) = 4(4+12)$$

$$25 + 5x = 16 + 48$$

$$5x = 39$$

$$x = \frac{39}{5}$$

隨堂小測驗

針對問題 1–6，求 x 之值。假定看起來相切的直線的確是切線。

1.
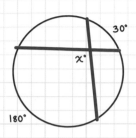
30°
x°
180°

4.
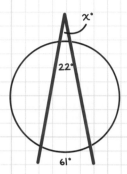
x°
22°
61°

2.
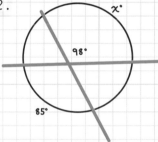
x°
98°
85°

5.
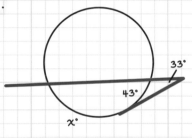
33°
43°
x°

3.
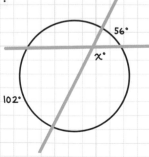
56°
x°
102°

6.
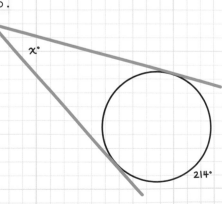
x°
214°

解答在下一頁

對答時間

1. $x = \dfrac{1}{2}(30 + 180)$，故 $x = 105$

2. $98 = \dfrac{1}{2}(x + 85)$，故 $x = 111$

3. $180 - x = \dfrac{1}{2}(56 + 102)$，故 $x = 101$

4. $x = \dfrac{1}{2}(61 - 22)$，故 $x = \dfrac{39}{2} = 19.5$

5. $33 = \dfrac{1}{2}(x - 43)$，故 $x = 109$

6. $x = \dfrac{1}{2}(214 - 146)$，故 $x = 34$

圓的方程式

一個圓可以利用半徑及圓心坐標，圖示在坐標平面上。

寫下中心是 (0, 0) 的圓方程式

圓心在原點 (0, 0)、半徑是 r 的圓之方程式如下：

$$x^2 + y^2 = r^2$$

圓心：(0, 0)

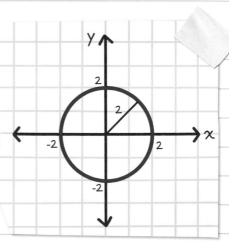

半徑：2

方程式：$x^2 + y^2 = 4$ ← 2^2

圓方程式可經由畢氏定理而得到。

對在圓上的任意點 (x, y)，

$x^2 + y^2 = r^2$（畢氏定理）

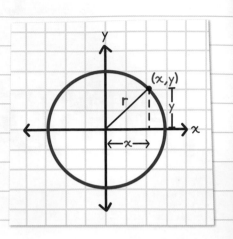

這個圓是由滿足 $x^2 + y^2 = r^2$ 的所
有點所構成。

寫下圓心為 (h, k) 的圓之方程式

如果一個圓的圓心不在原點，
利用標準式的方程式：

$$(x - h)^2 + (y - k)^2 = r^2$$

↑
畢氏定理

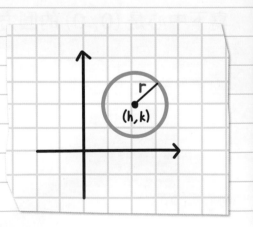

這個圓的中心是 (h, k)，半
徑則為 r。

例子： 求這個圓的方程式。

圓心：$(2, 1)$

半徑：3

方程式：$(x - 2)^2 + (y - 1)^2 = 9$ ← 3^2

以 (h, k) 為圓心，以 r 為半徑的圓之方程式可以藉由畢氏定理而取得：

以 r 為斜邊作一個直角三角形。

這個三角形的水平股長度是：$x - h$

這個三角形的垂直股長度是：$y - k$

根據畢氏定理，

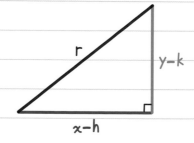

$(x - h)^2 + (y - k)^2 = r^2$

例子： 求以 $(-1, 2)$ 為圓心、4 為半徑的圓之方程式。

作一個直角三角形以此圓半徑
為斜邊。標示此半徑的端點
(x, y)。

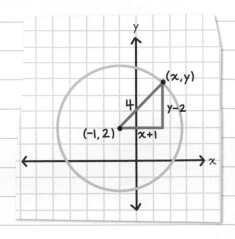

此三角形的水平股之長是：
$x-(-1) = x+1$

此三角形的垂直股之長是：$y-2$

根據畢氏定理，

$$[x-(-1)]^2 + (y-2)^2 = 4^2$$

$$(x+1)^2 + (y-2)^2 = 16 \qquad 化簡$$

圖示上述這個圓：

步驟 1：畫圓心點 $(-1, 2)$。

步驟 2：利用半徑畫四個點。

半徑是 4，故從圓心往上數 4 個單位。

標出點 $(-1, 6)$。

依此類推。從圓心往下數
4 個單位到 $(-1, -2)$，
往右到 $(3, 2)$，且往左數
到點 $(-5, 2)$。

步驟 3：運用圓規連接這
些點。

你也可以標示圓心及一個額外的、
離圓心 4 個單位的點，然後，用你
的圓規畫一個完美的圓。

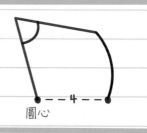

圓心

轉換成標準式

圓的方程式並非永遠都是標準式。

我們可以使用配方法來將該方程式重寫成標準式。這樣一來，我們可
以更容易找到圓心及半徑。

配方（配成完全平方）是一種代數方法，它將給定二次方程式重寫成一個完全平方項與常數項的和或差。

將 $x^2 + 6x + 4 = 0$ 配方。

$x^2 + 6x + 4 = 0$

步驟 1：進行加或減運算，將有 x 的項放在等式左邊，而常數項（不含 x 的項）則放在右邊。

$x^2 + 6x = -4$

步驟 2：將 x 項係數除以 2，再平方之。將該數加到等式兩邊。

$$x^2 + 6x + \boxed{9} = -4 + \boxed{9}$$

$$\left(\frac{6}{2}\right)^2 \qquad \left(\frac{6}{2}\right)^2$$

步驟 3：化簡並寫成平方式（因式分解）。

$$(x+3)^2 = 5$$

$$\frac{6}{2}$$

例子： 將下列方程式重寫成標準式。

$x^2 + y^2 - 8x + 4y - 16 = 0$

由於此一方程式有兩個變數 x 與 y，我們將對每一個進行配方。

步驟 1：將常數項移到等式右邊。

$x^2 + y^2 - 8x + 4y = 16$

將與 x 有關的項以及與 y 有關的項分開各自組合一起。

$x^2 - 8x \qquad + y^2 + 4y = 16$

步驟 2：以 x- 項係數（亦即：x 前的數）除以 2，再將它平方。然後，加到等式兩邊。

$x^2 - 8x + \boxed{16} + y^2 + 4y = 16 + \boxed{16}$

$\left(\dfrac{-8}{2}\right)^2$

將 y 項前面的（係）數除以 2，再平方之。然後，將它加到等式兩邊。

$$x^2 - 8x + 16 + y^2 + 4y + \boxed{4} = 16 + 16 + 4$$

$$\left(\frac{4}{2}\right)^2$$

步驟 3：化簡並寫成平方式。

$$(x - 4)^2 + (y + 2)^2 = 36$$

$$\frac{-8}{2} \qquad \frac{4}{2}$$

圓心是 $(4, -2)$。

半徑是 6。

隨堂小測驗

針對問題 1 與 2，求給定圓的圓心及半徑。然後，再畫圖。

1. $x^2 + (y-3)^2 = 9$

2. $(x+2)^2 + (y+1)^2 = 1$

針對問題 3–5，根據已知資訊或圖形寫出圓的方程式。

3. 圓心在坐標原點，半徑 9

4. 圓心 $(-5, 8)$，半徑 6

5.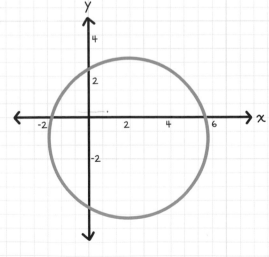

更多題目

針對問題 6 與 7，將方程式配方。

6. $x^2 + 8x + 5 = 0$

7. $x^2 - 14x - 8 = 3$

針對問題 8 與 9，將圓的方程式重寫成標準式。然後，求圓心與半徑，並畫出其圖形。

8. $x^2 - 2x + y^2 + 2y - 14 = 0$

9. $x^2 + y^2 - 6x - 4y + 9 = 0$

對 答 時 間

1. 圓心 $(0, 3)$，半徑 3

2. 圓心 $(-2, -1)$，
半徑 1

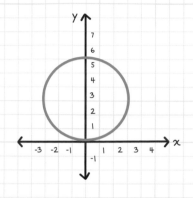

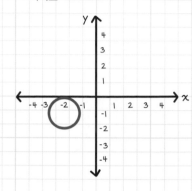

3. $x + y = 81$

4. $(x+5)^2 + (y-8)^2 = 36$

5. $(x-2)^2 + (y+1)^2 = 16$

更多解答

6. $(x+4)^2 = 11$

7. $(x-7)^2 = 60$

8. $(x-1)^2 + (y+1)^2 = 16$，圓心 $(1, -1)$，半徑 4

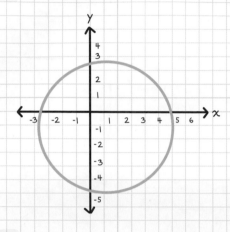

9. $(x-3)^2 + (y-2)^2 = 4$，圓心 $(3, 2)$，半徑 2

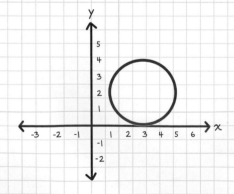

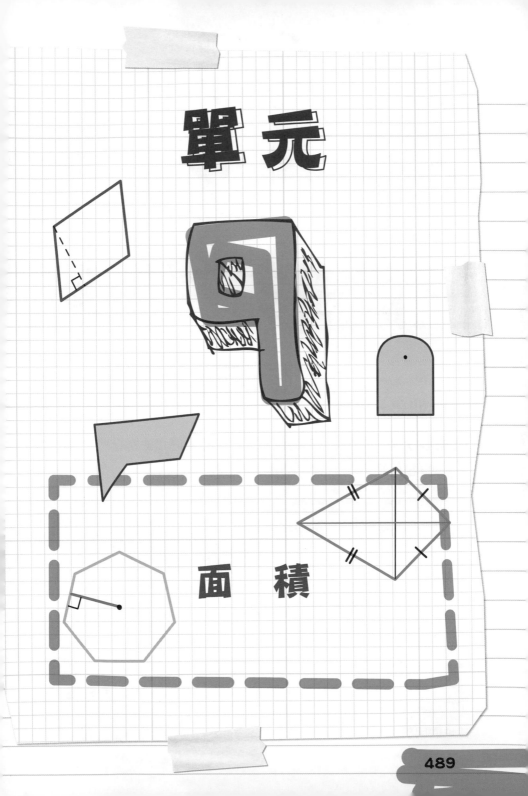

單元

9

面 積

平行四邊形與三角形之面積

平行四邊形面積

面積 (A) 是二維物件內部的區域大小之量。面積通常寫成「單位平方」或 (單位)^2。

一個圖形的面積是指它所包括在內的單位正方形之個數。

6m

3m

一個面積有 18 平方公尺，是指有 18 個正方形（每個面積都是 1 平方公尺）剛好可以塞入。

平行四邊形的面積是它的底乘高。（這個公式也適用於長方形、菱形及正方形。）

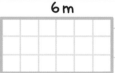

A = 底 × 高

或

A = bh

平行四邊形的面積公式與長方形的面積公式相同，因為長方形是由同樣的部分所形成。如果我們將平行四邊形中陰影三角形平移到右邊，則這個平行四邊形變成為長方形。

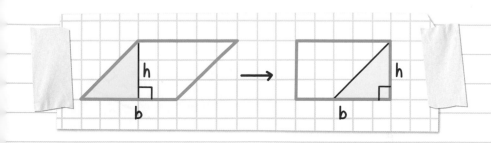

平行四邊形的底邊是長方形的長邊，而這平行四邊形的高是此長方形的寬邊。這個長方形的面積是：

$$A = \ell w = bh$$

求平行四邊形之高的方法，是畫一條從含底邊的直線到含對邊直線之間的垂線。這條垂直線可以在平行四邊形的內部，也可以在外部。

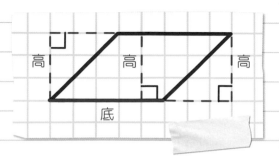

例子： 求這平行四邊形的面積。

由於有一條垂線是從 $\overline{AE}$ 畫到 $\overline{BD}$，將 $\overline{AE}$ 視為底邊，且 $\overline{EC}$ 視為高。

A = bh

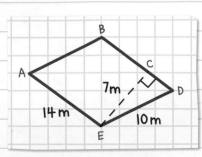

$\quad = 14 \times 7 = 98$

$A = 98 (公尺)^2$

例子： 求平行四邊形中 h 之值。

可表示如下：

運用底 = 12 且高 = 15 或

運用底 = 18 且高 = h

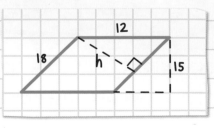

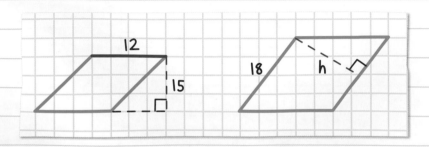

由於面積都一樣無論我們運用什麼方法：

面積 = 面積

$bh = bh$

$12 \times 15 = 18h$

$h = 10$

三角形面積

為了計算三角形面積，將底（邊長）乘以高之後，再乘上 $\frac{1}{2}$。

$A = \frac{1}{2} \cdot$ 底 $\cdot$ 高

$A = \frac{1}{2} \cdot bh$　　$A = \frac{bh}{2}$　　$\begin{array}{l} b = 底 \\ h = 高 \end{array}$

這個高是從一個頂點到底邊的垂線之長。它可能在三角形內部，也可能在外部。

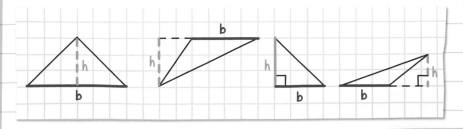

如果你沿著對角線將一個長方形切掉一半,那麼,剩下的三角形之面積將是原長方形面積的一半。這也就是三角形的面積公式為何是如下形式:

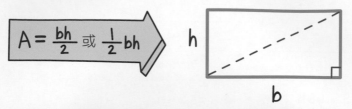

$$A = \frac{bh}{2} \text{ 或 } \frac{1}{2}bh$$

例子: 求這三角形的面積。

$$A = \frac{bh}{2}$$

$$A = \frac{(18)(20)}{2}$$

A = 180 平方公釐

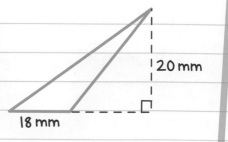

例子: 求這三角形的面積。

使用 AC = 17 為底且 BD 為高。

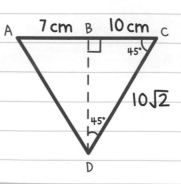

我們可利用特殊直角三角形
45°-45°-90° 之性質，來求 BD 之長：

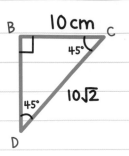

因為兩股全等，故

$BD = BC$

$BD = 10$ 公分

現在，我們已經備齊所需資訊來求面積，

$A = \dfrac{bh}{2}$

$A = \dfrac{(17)(10)}{2} = 85$

$A = 85$ 平方公分

隨堂小測驗

針對問題 1-2，求平行四邊形的面積。

1.

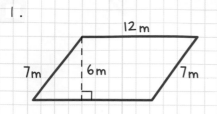

12 m
7m　6m　7m

2.

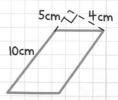

5cm　4cm
10cm

3. 雷企圖移動一個長方形架子，於是對它施力，但這反而把原來的形狀（長方形）扭曲（斜推）成一個平行四邊形。試問這個平行四邊形的面積為何？

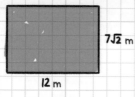

7√2 m
12 m

原來架子

45°

扭曲架子

提示：長邊（底邊）不變，但高度改變。應用特殊直角三角形 45°-45°-90° 之特性，可求得這個平行四邊形的高。

針對問題 4-5，求平行四邊形中的 h。

4.
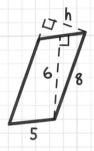

5.
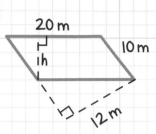

針對問題 6-8，求三角形面積。

6.
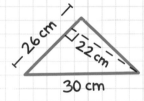

7.
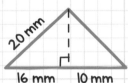

8.
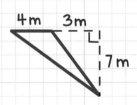

解答在下一頁

對答時間

1. 利用公式 A＝bh＝(12)(6)；72 平方公尺

2. 利用公式 A＝bh＝(10)(4)；40 平方公分

3. 利用公式 A＝bh＝(12)(7)；84 平方公尺

4. 利用公式 A＝bh＝5(6)＝30。接著，將 30 代回原方程式去求 h 之值。30＝8h；$\frac{15}{4}$

5. 利用公式 A＝bh＝12(10)＝120。接著，將 120 代回原方程式去求 h 之值。120＝20h；6 平方公尺

6. 利用公式 A＝$\frac{1}{2}$bh＝$\frac{1}{2}$(22)(26)；286 平方公分

7. 首先，求此三角形的高 $16^2+h^2=20^2$，故 h＝12。其次，利用公式 A＝$\frac{1}{2}$bh＝$\frac{1}{2}$(16+10)(12)；156 平方公釐

8. 利用公式 A＝$\frac{1}{2}$bh＝$\frac{1}{2}$(4)(7)；14 平方公尺

46

其他多邊形的面積

梯形的面積

要計算梯形面積，使用下列公式：

$$A = \frac{1}{2} h(b_1 + b_2)$$

$$h = 高（兩底之間的距離）$$

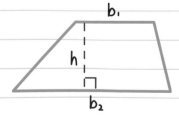

b_1 與 b_2 是兩底（平行的兩邊）的長度，
順序無妨。

求梯形的面積。

$$A = \frac{1}{2}h(b_1 + b_2)$$

$$= \frac{1}{2}(11)(21 + 14) = 192.5$$

A = 192.5（公分）²

11cm

21cm   14cm

求梯形的面積。

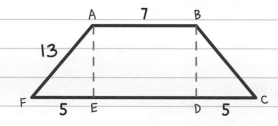

A   7   B

13

F   5   E   D   5   C

步驟 1：求高 AE。

利用 △AEF 及畢氏定理求高 AE。

或者利用畢氏三數組。

$$a^2 + b^2 = c^2$$

$$FE^2 + AE^2 = AF^2$$

$$5^2 + h^2 = 13^2$$

$$h^2 = 144$$

$$h = 12$$

步驟 2：求底邊之長。

$\overline{AB}$ 是其中一個底邊，$\overline{AB} = b_1 = 7$。

$\overline{FC}$ 是另一底邊，但為了求其長度，我們需要先求 ED。

ABDE 是長方形，故 AB = ED。

長方形對邊等長。

$\overline{FC} = \overline{FE} + ED + DC$

$\overline{FC} = 5 + 7 + 5$

$\quad = 17$

$b_2 = 17$

步驟 3：求梯形面積。

$A = \dfrac{1}{2} h (b_1 + b_2)$

$\quad = \dfrac{1}{2} (12)(7 + 17)$

$\quad = \dfrac{1}{2} (12)(24)$

$\quad = 144$

所求面積為 144。

菱形與箏形的面積

為了求菱形的面積，使用下列公式：

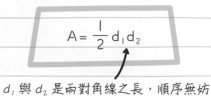

$$A = \frac{1}{2} d_1 d_2$$

d_1 與 d_2 是兩對角線之長，順序無妨

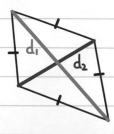

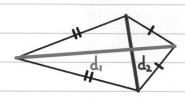

例子： 求菱形之面積。

$A = \frac{1}{2} d_1 d_2$

$= \frac{1}{2} (6+6)(4+4)$

$= \frac{1}{2} (12)(8)$

$= 48$

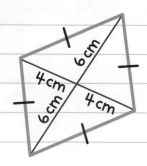

所求菱形面積是 48（公分）^{2}。

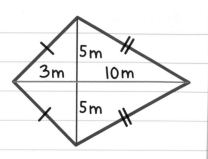

例子： 一個飄在遊行隊伍中的大風箏以玫瑰花來裝飾。如果每平方公尺用 30 朵玫瑰來裝飾，那麼這個風箏將需要多少玫瑰？

首先，求這個風箏的面積。

$$A = \frac{1}{2} d_1 d_2$$

$$= \frac{1}{2} (13)(10)$$

$$= \frac{1}{2} (130)$$

$$= 65$$

風箏的面積是 65（公尺）^{2}

現在，我們可計算所需玫瑰花。

$$65 (公尺)^2 \left[\frac{30 朵}{(公尺)^2} \right] = 1950 朵$$

需要有 1950 朵來裝飾這個風箏。

正多邊形面積

利用下列公式可求得正多邊形面積：

$$A = \frac{1}{2} aP$$

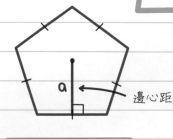

邊心距

a = **邊心距**的長度，是從圓心到邊的垂直距離

一個正多邊形的邊都全等。

P = 周長，所有邊長之和

例子： 求正七邊形之面積。

一個正七邊形有七個全等邊。

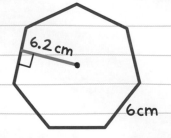

6.2 cm

6cm

由於七邊形有七個邊，且每邊長都是 6 公分，故周長是：

P = 7(6 公分) = 42 公分

或 6 + 6 + 6 + 6 + 6 + 6 + 6 = 42

邊心距 = 6.2 公分

$$A = \frac{1}{2}aP$$

$$= \frac{1}{2}(6.2)(42) = 130.2$$

$$A = 130.2 \,(公分)^2$$

若邊心距未知，試著利用三角學來求它。

例子：

一個桌遊是正六邊形。如果每邊長 10 公分，那麼，這個桌遊的面積為何？

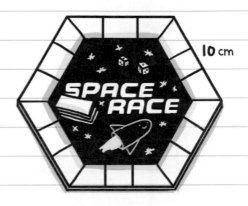

10 cm

一個正六邊形可以分成 6 個全等三角形。

每一個的圓心角都是 60°。

$$360° \div 6 = 60°$$

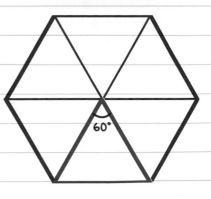

60°

邊心距將這個等邊三角形分成兩
個 30°-60°-90° 三角形。

並非每一個多邊形都可以分得這
種三角形。這是特別針對正六邊
形才成立的事實。

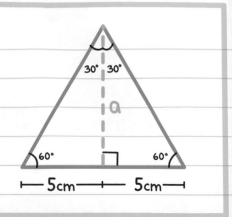

我們利用特殊的 30°-60°-90° 直角三角形來求邊心距。

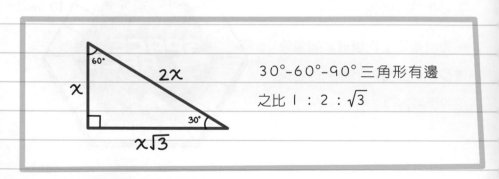

$30°-60°-90°$ 三角形有邊
之比 $1 : 2 : \sqrt{3}$

長股 = 短股 $\times \sqrt{3}$

$a = 5 \times \sqrt{3}$ 公分

邊心距為 $5\sqrt{3}$ 公分

這個六邊形的周長為：

P = 6（10 公分）= 60 公分

現在我們已經備齊所有資訊來求面積：

$$A = \frac{1}{2} aP$$

$$= \frac{1}{2} (5\sqrt{3} \text{ 公分})(60 \text{ 公分})$$

$$= 150\sqrt{3} (\text{公分})^2 \approx 259.8 (\text{公分})^2$$

隨 堂 小 測 驗

1. 求下列梯形之面積。（提示：利用畢氏定理求其高）

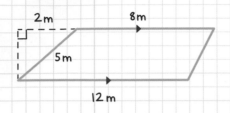

2. 潔西卡正在油漆她的房間，那是正如下列一個等腰梯形的形狀。
   她購買了 1 加侖的油漆，
   可以塗滿 400(公尺)² 。現
   在，她打算油漆兩層。這樣
   她的油漆夠嗎？

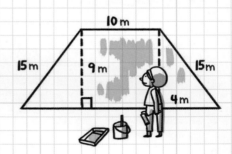

3. 求下列菱形之面積。

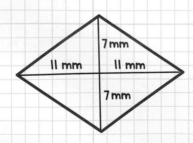

4. 求這個箏形之面積。

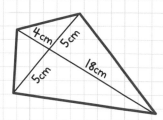

5. 烘焙師傅正在製作一個菱形的大蛋糕。若其中一邊長 21 公分且一個對角線長是 34 公分，則這個菱形的面積為何？將其答案四捨五入到小數點後第一位。

針對問題 6 與 7，求正多邊形之面積。

6.

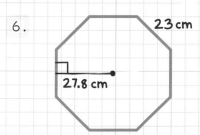

7.

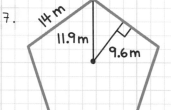

8. 米沙正在鋪她的正六邊形天井（如右圖所示）。她所使用的石頭每平方公尺美金 3.15 元。她將需要花費多少錢來重鋪這個天井？將答案四捨五入到小數點後第二位。

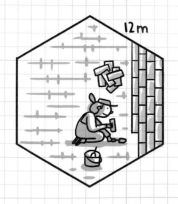

解答在下一頁

對答時間

1. 利用公式 $2^2 + h^2 = 5^2$，故 $h = \sqrt{21}$。然後，

   使用 $A = \frac{1}{2} h(b_1 + b_2) = \frac{1}{2}\sqrt{21}\,(8+12)$。

   $10\sqrt{21}(公尺)^2 = 45.8(公尺)^2$。

2. 是的，牆壁面積是 $126(公尺)^2$

3. 利用公式 $A = \frac{1}{2} d_1 d_2 = \frac{1}{2}(7+7)(11+11)$；$154(公釐)^2$

4. 利用公式 $A = \frac{1}{2} d_1 d_2 = \frac{1}{2}(5+5)(4+18)$；$110(公分)^2$

5. 利用畢氏定理。$21^2 = x^2 + 17^2$; $x = \sqrt{152}$

   則 $A = \frac{1}{2} d_1 d_2 = \frac{1}{2}(34)(2\sqrt{152})$；$419.2(公分)^2$

6. 利用公式 $A = \frac{1}{2} aP = \frac{1}{2}(27.8)(8)(23)$；$2557.6(公分)^2$

7. 利用公式 $A = \frac{1}{2} aP = \frac{1}{2}(9.6)(5)(14)$；$336(公尺)^2$

8. $A = \frac{1}{2} aP = \frac{1}{2}(6\sqrt{3})(72) \approx 374.12$

   全部費用 = 全面積 × 每平方公尺費用 = 374.12 × 3.15 美元
   = 1178.48 美元

圓與扇形 面積

圓面積

為求得圓面積，將圓分割成三角形。

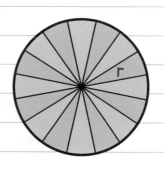

從圓所取出的三角形可以重排成一個長

方形。

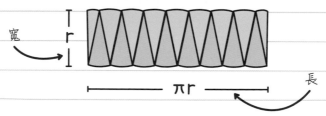

上面這個長方形的寬邊是圓半徑。其長邊則是圓周長之半。

面積為：

A= 長 × 寬

　= πr × r

　= πr²

圓的面積公式。

面積 = π · 半徑²　　或

A = πr² ← 答案（因次）
是平方單位

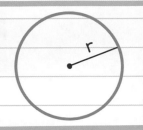

記憶提醒：把面積 = πr² 想
成派變方正

（ "Pies Are Squared." ）。

例子： 求此圓之面積。

A = πr²

A = π · 2² = 4π

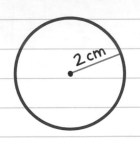

A = 4π cm² ≈ 12.6(公分)²

利用圓周長求半徑：

$C = 2\pi r$

$10\pi = 2\pi r$

$r = 5$

現在，求面積：

$A = \pi r^2 = \pi \times 5^2 = 25\pi$

$A = 25\pi (公尺)^2 \approx 78.5 (公尺)^2$

例子： 給定圓面積為 144 π (公分)², 求其半徑。

$A = \pi r^2$

$144\pi = \pi r^2$

$144 = r^2$

$r = 12$

所求半徑為 12 公分

扇形面積

扇形的面積可以藉由此扇形對全圓形的比例來求得。

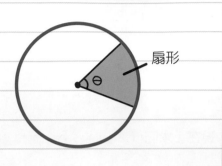

扇形面積公式：

$$A = \frac{\theta}{360°} \times \pi r^2$$

θ = 扇形角之度量

求圖中這個扇形的面積：

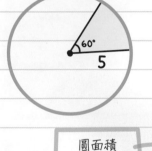

$$\frac{扇形面積}{\pi(5)^2} = \frac{60°}{360°}$$

扇形角之度量

圓面積 → $\frac{扇形面積}{\pi r^2} = \frac{\theta}{360°}$ ← 圓之度量

$$\pi(5)^2 \times \frac{扇形面積}{\pi(5)^2} = \frac{60°}{360°} \times \pi(5)^2 \qquad 兩邊都乘以 \pi(5)^2$$

$$扇形面積 = \frac{60°}{360°} \times \pi(5)^2 \qquad 化簡$$

$$= \frac{25\pi}{6} \approx 13.1$$

例子： 求有陰影扇形之面積。

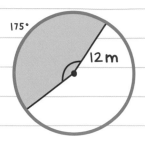

$$A = \frac{\theta}{360°} \times \pi r^2$$

$$= \frac{175°}{360°} \times \pi(12)^2 = 70\pi$$

$$A = 70\pi(公尺)^2 \approx 219.8(公尺)^2$$

圓心角之度量等於它所對弧之度量。

例子： 半徑 8.8 公分的一個飛鏢板有一個角度是 18° 的扇形。求扇形面積。

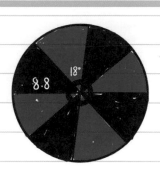

$$A = \frac{\theta}{360°} \times \pi r^2$$

$$A = \frac{18°}{360°} \times \pi(8.8)^2$$

$$A \approx 12.2(公分)^2$$

隨堂小測驗

針對問題 1 與 2，求圓面積。

1.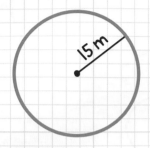

2.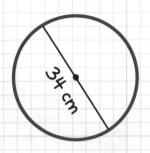

3. 給定圓之面積 121π(公尺)^2，求其半徑。

4. 給定圓之面積 81π(公分)^2，求其直徑。

5. 給定圓之周長 28π 公釐，求其面積。將答案四捨五入到小數點後第一位。

針對問題 6 與 7，求圓中有陰影部分之面積。將答案四捨五入到小數點後第一位。

6.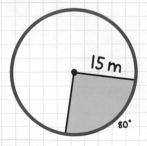

7.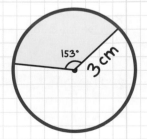

針對問題 8 與 9，求圓中有陰影部分之面積。將答案四捨五入到小數點後第一位。

8.

9.

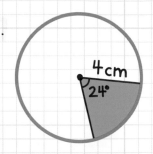

10. 有一塊（圓形）披薩直徑 16 公分，詹姆士吃了 45° 角的一片。試問剩下的披薩之面積為何？將答案四捨五入到小數點後第一位。

解答在下一頁

對答時間

1. 利用 $A = \pi r^2 = \pi (15)^2$；
   $225 \pi (公尺)^2 \approx 706.5 (公尺)^2$

2. 利用 $A = \pi r^2 = \pi (17)^2$；$289 \pi (公分)^2 \approx 907.5 (公分)^2$

3. 11公尺

4. 18公分

5. 首先，利用公式：$C = 2\pi r$，$28\pi = 2\pi r$，$r = 14$。然後，利用 $A = \pi r^2 = \pi (14)^2$；$615.4 (公釐)^2$

6. 利用 $A = \dfrac{\theta}{360°} \times \pi r^2 = \dfrac{80}{360} \times \pi (15)^2$；$157.0 (公尺)^2$

7. 利用 $A = \dfrac{\theta}{360°} \times \pi r^2 = \dfrac{153}{360} \times \pi (3)^2$；$12.0 (公分)^2$

8. 利用 $A = \dfrac{\theta}{360°} \times \pi r^2 = \dfrac{360-104}{360} \times \pi (9)^2$；$181.0 (公尺)^2$

9. 利用 $A = \dfrac{\theta}{360°} \times \pi r^2 = \dfrac{24}{360} \times \pi (4)^2$；$3.4 (公分)^2$

10. 利用 $A = \dfrac{\theta}{360°} \times \pi r^2 = \dfrac{360-45}{360} \times \pi (8)^2$；$175.8 (公分)^2$

合成形狀的面積

合成形狀 是由兩個或更多基本幾何圖形所組合的形狀。

例子:

要求合成形狀之面積:

步驟 1:將這個合成形狀分解成它的基本形狀。

步驟 2:求每個形狀之面積。

步驟 3：將所有面積加在一起（扣除必要的未顯示部分），即可求得整體的合成形狀之面積。

計算合成形狀之面積所需公式：

形狀	公式	圖形
長方形	$A = \ell w$ ℓ = 長度，w = 寬度	
平行四邊形	$A = bh$ b = 底，h = 高	
三角形	$A = \dfrac{1}{2}bh$ b = 底，h = 高	
梯形	$A = \dfrac{1}{2}h(b_1 + b_2)$ h = 高，b_1 與 b_2 是底	

形狀	公式	圖形
菱形	$A = \dfrac{1}{2} d_1 d_2$ d_1 與 d_2 是對角線	
箏形	$A = \dfrac{1}{2} d_1 d_2$ d_1 與 d_2 是對角線	
正多邊形	$A = \dfrac{1}{2} aP$ a = 邊心距 P = 周長	
圓	$A = \pi r^2$ r 是半徑	
扇形	$A = \dfrac{\theta}{360°} \times \pi r^2$ θ 是扇形角 r 是半徑	

求合成形狀的面積。

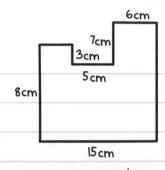

步驟 1：將這個形狀分解成三個長方形。

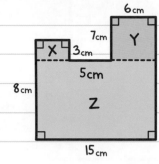

由於長方形的面積是長乘寬，我們需要找到綠色長方形未顯示的長……

15-5-6=4

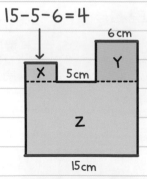

……及藍色長方形的寬。

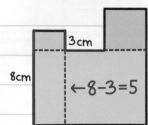

步驟 2：計算每一個形狀的面積。

全面積 $= \ell w + \ell w + \ell w$

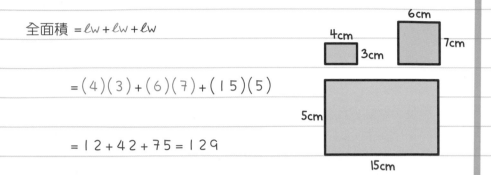

$= (4)(3) + (6)(7) + (15)(5)$

$= 12 + 42 + 75 = 129$

給定圖形的面積是 $129(公分)^2$。

注意：這個圖形也可以按其他的方式分解。

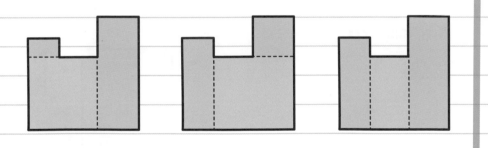

選擇所需最少步驟的計算或最容易的計算。

例子： 求合成圖形的面積。

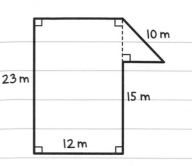

1. 將這個圖形分解成一個長方形與一個三角形。

2. 求其中三角形的底與高：

h = 23 - 15 = 8

此三角形為直角三角形，故可利用畢氏定理求其底：

$8^2 + b^2 = 10^2$

$b^2 = 36$

b = 6

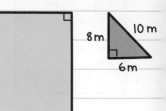

3. 計算每個形狀的面積，然後加起來。

全面積 = 長方形面積 + 三角形面積

$$= \ell w + \frac{bh}{2}$$

$$= (12)(23) + \frac{(6)(8)}{2}$$

$$= 276 + 24 = 300$$

所求圖形的面積是 $300(公尺)^2$。

我們也可以藉由減去若干形狀面積的方式，來求得合成形狀的面積。

例子： 求圓（形）的面積。

此圓直徑是給定長方形的寬，10 公尺。

因此，半徑為 5 公尺。

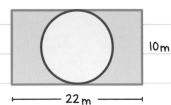

所求圓面積是：

$A = \pi r^2$

$A = \pi(5)^2$

$A = 25\pi(公尺)^2 \approx 78.5(公尺)^2$

例子： 求有陰影圖形之面積。

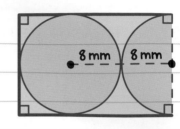

1. 從長方形中移走圓及半圓。

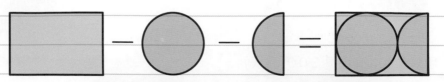

2. 利用圓與半圓之半徑，來求長方形之長寬。

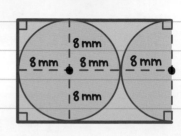

長方形之長 = 圓之直徑 + 圓之半徑

$\ell = 8 + 8 + 8 = 24$

長方形之寬 = 圓之直徑

$w = 8 + 8 = 16$

3. 從長方形面積減去圓面積及其 $\frac{1}{2}$。

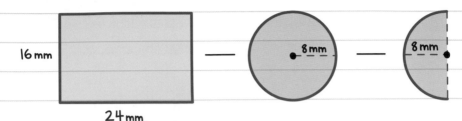

全面積 =

長方形面積 – 圓面積 – 半圓面積

$$= \ell w - \pi r^2 - \frac{1}{2}\pi r^2$$

圓面積的一半

$$= (24)(16) - \pi(8)^2 - \frac{1}{2}\pi(8)^2$$

$$= 384 - 64\pi - 32\pi = 384 - 96\pi \approx 82.4$$

所求圖形面積為 82.4(公釐)^2。

隨堂小測驗

針對問題 1-8，求有陰影圖形之面積。假定看起來像直角的角是直角無誤。必要時，將答案四捨五入到小數點後第一位。

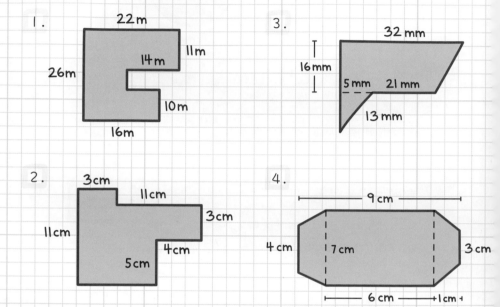

1.
22m
14m
11m
26m
10m
16m

3.
32 mm
16mm
5 mm   21 mm
13 mm

2.
3cm
11cm
3cm
11cm
4cm
5cm

4.
9 cm
4 cm   7 cm   3 cm
6 cm   1cm

5.

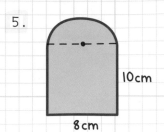

10cm

8cm

7.

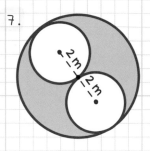

2m

2m

6.

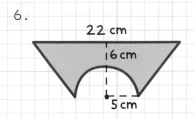

22 cm

6 cm

5 cm

8.

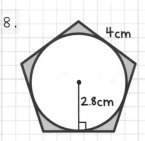

4cm

2.8cm

解答在下一頁

對答時間

1. $442(公尺)^2$

2. $101(公分)^2$

3. $494(公釐)^2$

4. $58(公分)^2$

5. $105.1(公分)^2$

6. 全面積 = 梯形面積 − 半圓面積

$$= \frac{1}{2}h(b_1+b_2) - \frac{1}{2}\pi r^2$$

$$= \frac{1}{2}(11)(22+10) - \frac{1}{2}\pi(5)^2 \approx 136.7(公分)^2$$

7. 全面積 = 大圓面積 − 2 × 小圓面積

$$= \pi(4)^2 - 2\pi(2)^2 \approx 25.1(公尺)^2$$

8. 全面積 = 五邊形面積 − 圓面積

$$= \frac{1}{2}aP - \pi r^2$$

$$= \frac{1}{2}(2.8)(20) - \pi(2.8)^2 \approx 3.4(公分)^2$$

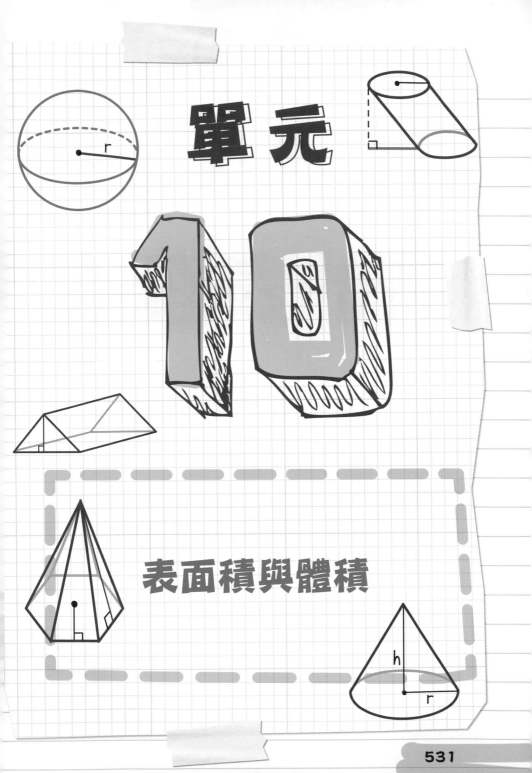

單元

10

表面積與體積

49
角柱體與圓柱體的表面積

三維圖形 (3-D) 是一個有長、寬及高的形狀。它們也被稱之為空間圖形或立體。

表面積是形狀表面的面積。

多面體 (polyhedron) 是由多邊形所圍成的一個 3-D 圖形。其多邊形的表面稱為面。面與面的交界線段稱之為稜線。頂點則是三條或更多稜線相交的點（角落）。

> Poly 在希臘字中表示「多」的意思。
> Hedron 則表示「底」。

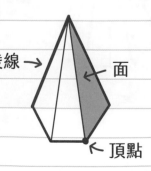

稜線 →
面
頂點

角柱體

角柱體是一種多面體，它由平行且全等的兩個多邊形面（被稱為底）所構成。其他的面則稱之為側面，都是平行四邊形的形狀。

角柱體根據它所具有的底來分類。

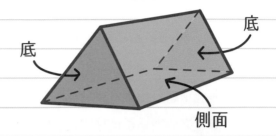

長方柱體的角都是直角，兩底是平行的長方形，而且側面是平行四邊形。

三角柱體兩底是平行的三角形，而且側面是平行四邊形。

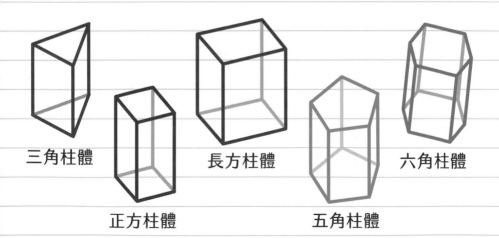

三角柱體　　　　　　長方柱體　　　　　　六角柱體

正方柱體　　　　　五角柱體

多面體的表面積（surface area，簡稱 SA）是它的面之面積總和。我們可以藉由其底與側面之面積之相加，來計算多面體的表面積。

側面積（lateral area，簡稱 LA）是側面的全面積。

角柱體的表面積可以藉由計算角柱體之展開，並且觀察其**網絡**（展開圖）來計算。這個網絡是角柱體表面的 2- 維表徵。

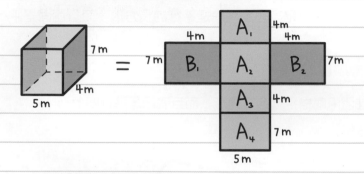

我們可以將每一個面的面積加起來，而得到整體的表面積。

（上述）表面積 $= B_1 + B_2 + A_1 + A_2 + A_3 + A_4$

底

側面

$= (4 \times 7) + (4 \times 7) + (5 \times 4) + (5 \times 7) + (5 \times 4) + (5 \times 7)$

$= 28 + 28 + 20 + 35 + 20 + 35$

$= 166$

表面積 $= 166$（公尺）^{2}

另解：

將兩個底面（粉紅色長方形）的面積以及側面（綠色長方形）的面積相加。

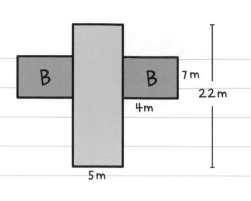

底面的面積 $= \ell w$

$$= 4 \times 7 = 28$$

側面的面積 $= \ell w$

$$= (5)(4+7+4+7)$$

$$= 5 \times 22$$

$$= 110$$

側面積的長度等於底面的周長(P)之度量。

所求表面積 = 2 × 底面積 + 側面積

$$= 2(28) + 110$$

$$= 56 + 110$$

$$= 166$$

表面積 $= 166(公尺)^2$

角柱體的側面積	角柱體的表面積
$LA = Ph$	$SA = 2B + Ph$

$B =$ 底面之面積

$P =$ 底面之周長

$h =$ 角柱體之高

535

求長方柱的表面積。

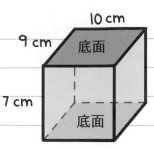

你可以注視這個（網絡）展開圖，就
可以把表面積看得更清楚。

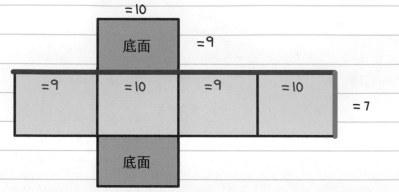

為了使用 SA = 2B + Ph，首先找到 B 的值，它是長方形底面的面積：

B = ℓw（長度 × 寬度）

= 10 × 9

然後，求 P 之值，它是底面的周長：

P = 9 + 10 + 9 + 10 = 38

現在，求表面積所需資訊都已備齊：

一法	另法

一法

$SA = 2B + Ph$

$= 2(90) + (38)(7)$

$= 180 + 266 = 446$

$SA = 446(公分)^2$

這答案是用單位
平方來表示

另法

由於 $B = \ell w$，我們可利用
$SA = 2\ell w + Ph$：

$SA = 2(\ell w) + Ph$

$= 2(10)(9)$
$\quad + [9 + 10 + 9 + 10](7)$

$= 180 + 266 = 446$

$SA = 446(公分)^2$

例子： 求三角柱體的表面積

這個三角柱體的兩個底面是三角形，故為了求這底面的面積

$\left(B = \dfrac{1}{2}bh\right)$，我們需要先求三角形底邊的長度 $(b = \ell + \ell)$。

利用畢氏定理或畢氏三數組，

$3^2 + \ell^2 = 5^2$

$9 + \ell^2 = 25$

$\ell^2 = 16$

$\ell = 4$

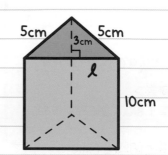

三角形底邊之長是 $b = \ell + \ell = 4 + 4 = 8$。

現在，求表面積所需資訊都已備齊：

$SA = 2B + Ph$

$\qquad = 2 \times \dfrac{1}{2}bh + Ph$

$\qquad = 2 \times \dfrac{1}{2}(8)(3) + (5+5+8)(10)$

$\qquad = 24 + 180 = 204$

$SA = 204 \, (公分)^2$

圓柱體

要想求得圓柱體的表面積，打開圓柱體並攤平。然後，看這個網絡展開圖。

當你展開圓柱體時，側面就像一個長方形。至於底面則像圓形。

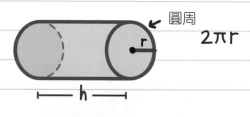

將這兩個圓底的面積加上長方形（側面）的面積，就可得到圓柱體的表面積。

長方形的長與繞著一整圈的圓周長相同。

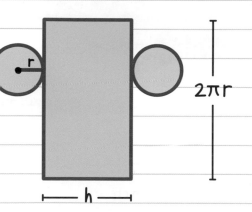

表面積 = 兩個圓的面積 + 長方形的面積

　　　 = 2 × 底面積 + 側面積

　　　 = 2 × πr^2 + 2πr × h

　　　 = 2πr^2 + 2πrh

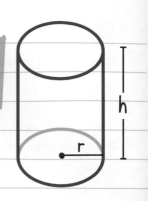

圓柱體的側面積	圓柱體的表面積
LA = 2πrh	SA = 2πr² + 2πrh

r = 底圓半徑
h = 圓柱體之高

例子： 求圓柱體之表面積。

底圓的直徑是 15公尺，意即其半徑是
7.5公尺。

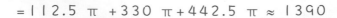

$$SA = 2\pi r^2 + 2\pi rh$$

$$= 2\pi(7.5)^2 + 2\pi(7.5)(22)$$

$$= 112.5\pi + 330\pi + 442.5\pi \approx 1390$$

表面積大約是 1390(公尺)²。

例子： 一家公司正在為鳳梨罐頭製作標籤。每一個罐頭的半徑是 2 公分且其高是 6 公分。試問每張商標的表面積是多少？

我們不需要去求這個罐頭的全部表面積，因為這張標籤只覆蓋側面積。

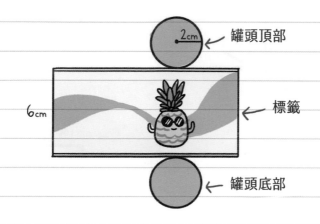

← 罐頭頂部

← 標籤

← 罐頭底部

這個罐頭的網絡展開圖是：

每張標籤的表面積就只是罐頭的側面積。

LA = 2πrh

= 2π(2)(6)

= 24π ≈ 75.4

每張標籤的表面積大約是 75.4(公分)²

隨堂小測驗

針對問題 1-4，找出每一角柱體的表面積。將答案四捨五入到小數點後第一位。

1.

10 m
5 m
8 m

3.

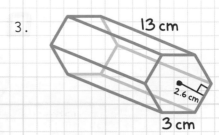

13 cm
2.6 cm
3 cm

2.

21m
15m
8m

4.

13.7 m
5 m
7 m
9 m
8 m

5. 大衛正在將一份禮物包裝成長方柱形的盒子，它有 13 公分高。這個盒子的頂部與底部（長方形）有 9 公分長、11 公分寬。大衛最少需要多少紙來包裝這份禮物？

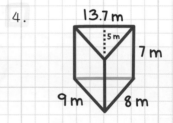

13 cm
9 cm
11 cm

針對問題 6-8，求出每個圓柱體的表面積。將答案四捨五入到小數點後第一位。

6.

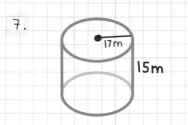

11cm

7cm

7.

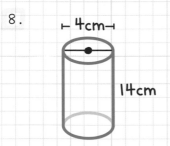

17m

15m

8.

├ 4cm ┤

14cm

9. 特雷弗與曼努爾都各自有圓柱形罐頭湯。特雷弗的罐頭直徑 3.2 公分且高有 3.8 公分。曼努爾的罐頭則是直徑 2.9 公分且高有 4.3 公分。哪一位的罐頭有較大的表面積？

解答在下一頁

對 答 時 間

1. $2(5)(10)+2(5)(8)+2(10)(8)$; $340(公尺)^2$

2. $2(\frac{1}{2})(8)(12.7)+8(21)+15(21)+12.7(21)$（利用畢氏定理求三角形的高）; $851.3(公尺)^2$

3. $2(\frac{1}{2})(2.6)(6)(3)+6(13)(3)$; $280.8(公分)^2$

4. $7(8)+9(7)+13.7(7)+2(\frac{1}{2})(13.7)(5)$; $283.4(公尺)^2$

5. $2(11)(9)+2(9)(13)+2(13)(11)$; $718(公分)^2$

6. $2\pi(3.5)^2+11(2\pi(3.5))$; $318.7(公分)^2$

7. $2\pi(17)^2+15(2\pi(17))$; $3416.3(公尺)^2$

8. $2\pi(2^2)+14(2\pi)(2)$; $201.0(公分)^2$

9. 特雷弗的罐頭有較大的表面積。特雷弗罐頭：$SA \approx 54.3(公分)^2$；曼努爾罐頭：$SA \approx 52.4(公分)^2$

角錐體與圓錐體的表面積

角錐體

角錐體是一個底面是多邊形、側面是三角形的多面體。這些（側）面交於一個稱之為頂點的點。

一個**正角錐體**是指此一多面體有全等的側面及正多邊形的底面。

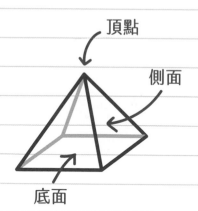

頂點

側面

底面

正多邊形的所有邊都全等。

正角錐體的斜高 (ℓ) 是此立體的三角形側面之高。

角錐體的高 (h) 是從頂點到底面的
垂線之長。

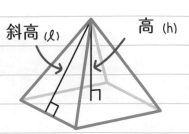

斜高 (ℓ) 高 (h)

角錐體按照它的底面形狀來命名。

三角錐體

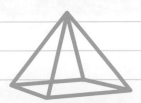

方（四角）錐體

五角錐體

六角錐體

角錐體的表面積

要計算角錐體的表面積，將所有面的面積相加。要計算正角錐體的表面積，可利用如下公式：

正角錐體的側面積
$$LA = \frac{1}{2}\,Pl$$

正角錐體的表面積
$$SA = B + \frac{1}{2}\,Pl$$

P= 底面的周長

l= 斜高

B= 底面積

例如，當我們使用公式 $SA = B + \frac{1}{2}\,Pl$ 來計算：

$$SA = 81 + \frac{1}{2}(9+9+9+9)(10)$$

$$= 81 + \frac{1}{2}(36)(10)$$

$$= 81 + \frac{1}{2}(360)$$

$$= 81 + 180$$

$$= 261\,(公分)^2$$

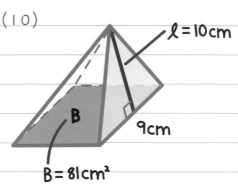

l=10cm

9cm

B=81cm²

例子： 利用側面積來

求三角錐體的表面積。

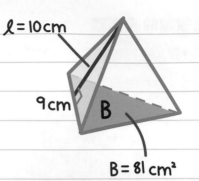

$l = 10\text{cm}$

9cm

B

$B = 81 \text{ cm}^2$

$$LA = \frac{1}{2}Pl$$

$$= \frac{1}{2}(9+9+9)(10)$$

$$= 135$$

$$LA = 135\,(公分)^2$$

$$SA = B + \frac{1}{2}Pl$$

$$= 81 + \frac{1}{2}(9+9+9)(10)$$

$$= 81 + 135 = 216$$

$$SA = 216\,(公分)^2$$

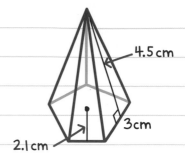

例子： 求正五角錐體的表面積。

若我們使用公式 $SA = B + \dfrac{1}{2}P\ell$，首先，我們必須求得 P（底面周長），其次是 B（底面面積）。

有五個邊長是 3 公分之正五邊形底面周長是：

$$P = 5 \times 3 = 15$$

由於底面是正五邊形，它的面積是：

$$B = \dfrac{1}{2}aP$$

底面面積是：

$$A = \dfrac{1}{2} \times 邊心距 \times 周長 \quad 或$$

$$A = \dfrac{1}{2}aP$$

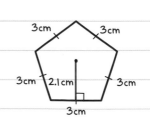

一法	另法
$B = \dfrac{1}{2}(2.1)(15)$ $ = 15.75$	由於我們知道 $B = \dfrac{1}{2}aP$，我們可使用下列公式：
$SA = B + \dfrac{1}{2}P\ell$	$SA = \dfrac{1}{2}aP + \dfrac{1}{2}P\ell$
$ = 15.75$ $ + \dfrac{1}{2}(15)(4.5)$	$ = \dfrac{1}{2}(2.1)(5 \times 3)$ $ + \dfrac{1}{2}(5 \times 3)(4.5)$
$ = 49.5$	$ = 49.5$
$SA = 49.5 \, (公分)^2$	$SA = 49.5 \, (公分)^2$

圓錐體

圓錐體是有圓形底面及一個頂點的立體。

圓錐體不是多面體：多面體沒有彎曲表面。

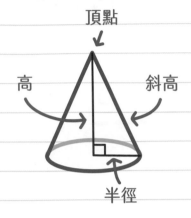

頂點

高　　斜高

半徑

圓錐體的側面積

$LA = \pi r \ell$

圓錐體的表面積

$SA = \pi r^2 + \pi r \ell$

$\ell =$ 斜高

$r =$ 底圓半徑

多面體入口

對不起，你不在名單上！

求圓錐體的表面積。

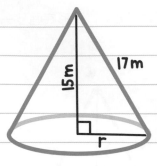

首先，利用畢氏定理求圓錐體底圓的半徑。

$r^2 + 15^2 = 17^2$

$r^2 = 64$

$r = 8$

然後，求表面積。

$SA = \pi r^2 + \pi r \ell$

$\quad = \pi (8)^2 + \pi (8)(17)$

$\quad = 200 \pi \approx 628.3$

此圓錐體的表面積是 200π（公尺）^{2} 或大約是 628.3（公尺）^{2}。

例子： 英笛拉正在為她的
宴會裝飾雪錐紙杯。這個杯子的開口
處（底面）半徑是 1.3 公分，且高
度為 4 公分。試問這些杯子的側面
積為何？

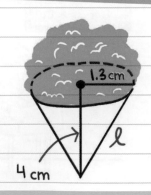

步驟 1：利用畢氏定理求斜高：

$$(1.3)^2 + 4^2 = \ell^2$$

$$17.7 = \ell^2$$

$$\ell = 4.2 \text{ 公分}$$

步驟 2：求表面積。

我們只需要去找出側面積，因為這個杯子沒有實際的底面。

$$LA = \pi r \ell$$

$$= \pi(1.3)(4.2)$$

$$= 17.2 (公分)^2$$

隨堂小測驗

1. 求正角錐體的側面積。

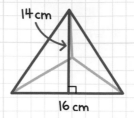

14 cm

16 cm

針對問題 2–5，求每一個正角錐體的表面積。如必要，將答案四捨五入到小數點後第一位。

2.

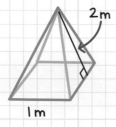

2 m

1 m

4.

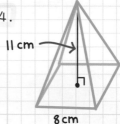

11 cm

8 cm

3.

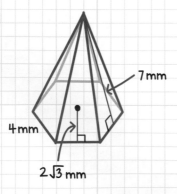

7 mm

4 mm

$2\sqrt{3}$ mm

5.

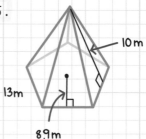

10 m

13 m

8.9 m

6. 求圓錐體的側面積。將答
   案四捨五入到小數點後第
   一位。

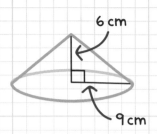

針對問題 7 與 8，求每一個圓錐體的表面積。用 π 表示你的答案。

7.

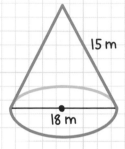

8.

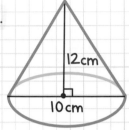

9. 哈維爾正在粉刷他的方錐形的堡壘，高 10 公尺，而正方形底面
   則每邊 9 公尺。
   他有半加侖的油漆，那將可以覆蓋 200 平方公尺。試問他的油
   漆量夠嗎？

10. 達妮正在運用網子來包裹一個人造的圓錐形之裝飾松樹。這種網
    子每平方公尺 0.65 元（美金）。達妮將需要花多少錢在四棵松
    樹上？這些松樹有 4 公尺高，而其底圓半徑則是 1.8 公尺。將
    答案四捨五入到小數點後的第一位。

解答在下一頁

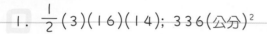

對 答 時 間

1. $\frac{1}{2}(3)(16)(14)$; $336(公分)^2$

2. $1 + \frac{1}{2}(4)(2)$; $5(公尺)^2$

3. $(2\sqrt{3})(24) + \frac{1}{2}(24)(7)$; $167.1(公釐)^2$

4. $64 + \frac{1}{2}(32)(11.7)$（斜高可利用畢氏定理求得：$11^2 + 4^2 = \ell^2$, $\ell = 11.7$）；$251.3(公分)^2$

5. $\frac{1}{2}(8.9)(65) + \frac{1}{2}(65)(10)$; $614.3(公尺)^2$

6. $\pi(9)(10.8)$（利用畢氏定理求 ℓ：$6^2 + 9^2 = \ell^2$）；$305.2(公分)^2$

7. $\pi(9^2) + \pi(9)(15)$; $216\pi(公尺)^2$

8. $\pi(5^2) + \pi(5)(13)$（利用畢氏定理求 ℓ：$12^2 + 5^2 = \ell^2$）；$90\ \pi(公分)^2$

9. $\frac{1}{2}(36)(11.0)$（利用畢氏定理求 ℓ：$10^2 + 4.5^2 = \ell^2$）；是的，堡壘的側面積是 $198(公尺)^2$

10. $\pi(1.8^2) + \pi(1.8)(4.4) = SA$；乘以 4，再乘以 0.65 可得其花費多少。（利用畢氏定理求 ℓ）91.2 元（美金）

角柱體與圓柱體的體積

一個 3-D 圖形的**體積**是指這個立體所包圍的空間之容量。體積是以立方單位來表示，意即每邊長都是 1 單位的立方體之個數。

一個立方單位

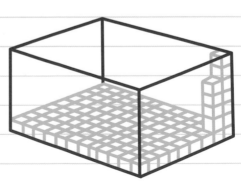

角柱體

要求大多數角柱體的體積，請利用如下公式：

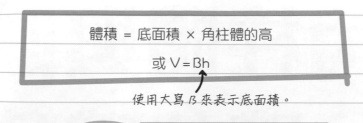

$$體積 = 底面積 \times 角柱體的高$$

$$或\ V = Bh$$

使用大寫 B 來表示底面積。

答案以 $(單位)^3$ 表示。

指數 "3" 表示「立方」——
有多少立方體可塞入。

長方柱體

要求長方柱體的體積，請利用如下公式：

$V = Bh$ B = 底面積

h = 高

或

$V = \ell wh$ ℓ = 長度

w = 寬度

h = 高度

h

B

例子： 長方柱體的底有 16 個立方單位。這種立方單位共有
6 層。求這柱體的體積。

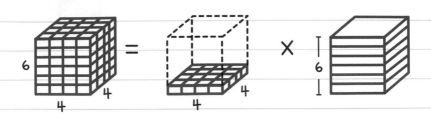

$$V \quad = \quad B \quad \times \quad h$$

$$= \quad 16 \text{ 立方單位} \quad \times \quad 6 \text{ 層}$$

$$= \quad 96 \text{ 立方單位}$$

↖ 這種表示體積的單位被「立方」了

$V = B \times h$

$= 16 \times 6$

$= 96$ 立方單位

我們也可以利用公式 V = 長 × 寬 × 高，或者 V = ℓwh 來求得長方柱體
的體積。

$V = \ell \times w \times h$

$= 4 \times 4 \times 6$

$= 96$ 立方單位

求這角柱體的體積。

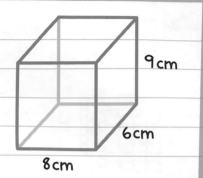

9cm

6cm

8cm

一法

$B = \ell w$

$= (8)(6)$

$= 48$

$V = Bh$

$= (48)(9)$

$= 432$

體積是 $432 (公分)^3$

另法

$V = \ell wh$

$= (8)(6)(9)$

$= 432$

體積是 $432 (公分)^3$

三角柱體

要求三角柱體的體積，可利用下列公式：

$$V = \text{B}h \quad \text{或者}$$
$$V = \frac{1}{2} \times 底（邊）\times 高 \times 長 \left(V = \frac{1}{2}bh\ell\right)$$

三角形的高　　柱體的長

例子： 求三角柱體的體積。

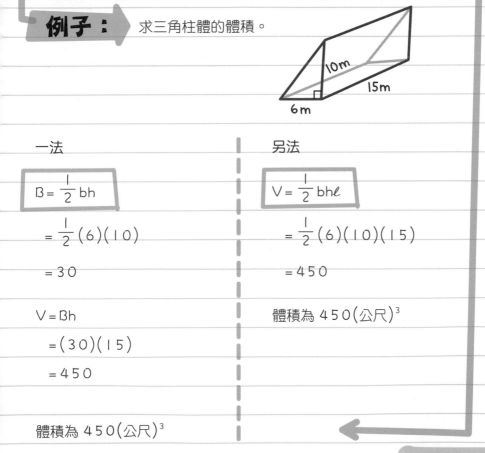

10m

15m

6m

一法

$$\text{B} = \frac{1}{2}bh$$

$$= \frac{1}{2}(6)(10)$$

$$= 30$$

$$V = \text{B}h$$

$$= (30)(15)$$

$$= 450$$

體積為 $450(公尺)^3$

另法

$$V = \frac{1}{2}bh\ell$$

$$= \frac{1}{2}(6)(10)(15)$$

$$= 450$$

體積為 $450(公尺)^3$

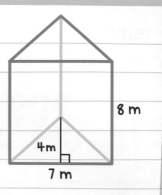

例子： 求三角柱體的體積。

將底面積 $\left(\dfrac{1}{2}\times 7\times 4\right)$ 乘以柱體的高
$(h=8)$。

$V=Bh$

$=\left(\dfrac{1}{2}\times 7\times 4\right)(8)$

$=112$

本例以 h 表（底面）三角形之高，以 ℓ 表示柱體的高。

所求體積為 112(公尺)^3。

圓柱體的體積

圓柱體的體積是底圓的面積乘以高：

$$V=Bh$$

由於這個底面是圓，利用圓面積公式 $(A=\pi r^2)$ 求其底面積。

$$V=\pi\times 半徑^2\times 高\,(=\pi r^2 h)$$

底面積

$V = Bh$	B = 底面積
$\quad = \pi r^2 h$	r = 底圓半徑
	h = 高

例子： 求圓柱體之體積。

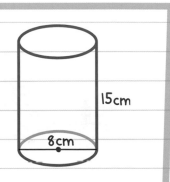

$V = \pi r^2 h$

$\quad = \pi 4^2 (15)$

$\quad = 240\ \pi\ (公分)^3 \approx 754\ (公分)^3$

斜 (oblique) 角柱體與斜圓柱體

斜角柱體與斜圓柱體在其底面與側面之間不會有直角。

斜柱體的體積是由直柱體 (regular prism) 的 體 積 推論而得。

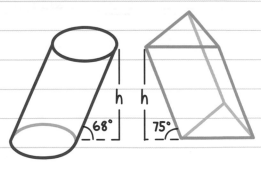

Oblique
是指傾斜的，不平行也不垂直。

一疊紙像一個有體積 $V = Bh$ 的長方柱體。

想像這同一疊紙有一點傾斜。

這疊紙的高度沒有改變。體積也沒變。只有方向變了。

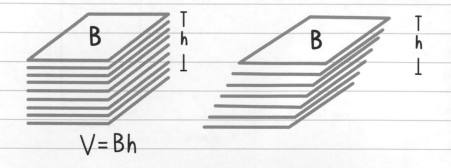

因此，斜柱體的體積與同底等高的直柱體之體積相等。

卡瓦列利原理

卡瓦列利（Bonaventura Francesco Cavalieri, 1598-1647，義大利數學家）

若兩立體等高，而且在每一層的截面之面積（像其中一張紙的面積）都相等，則它們的體積相等。

卡瓦列利原理也可用來證明斜圓柱體與直圓柱體的體積相等：

$V = \pi r^2 h$

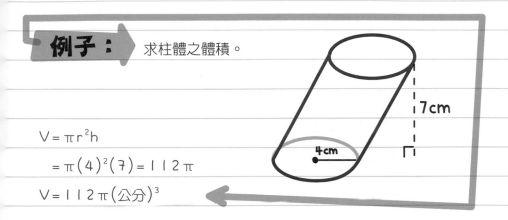

例子：　求柱體之體積。

$V = \pi r^2 h$

$\quad = \pi(4)^2(7) = 112\pi$

$V = 112\pi (公分)^3$

7cm

4cm

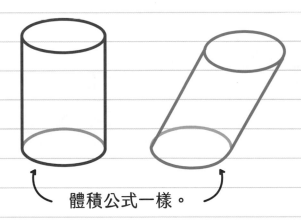

體積公式一樣。

隨堂小測驗

針對問題 1-8，求方柱體或圓柱體之體積。

1.
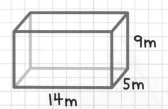
9m
5m
14m

5.
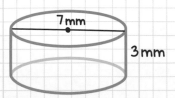
7mm
3mm

2.
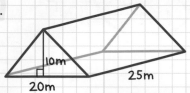
10m
20m
25m

6.
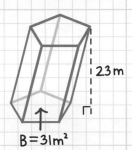
23m
B=31m²

3.
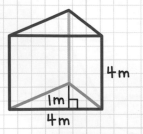
4m
1m
4m

7.
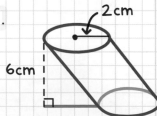
2cm
6cm

4.
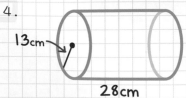
13cm
28cm

8.
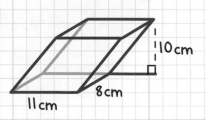
10cm
8cm
11cm

566

9. 比薩斜塔有56公尺高，其半徑為 7.7公尺。這座塔的體積是多少？將答案四捨五入到個位數。

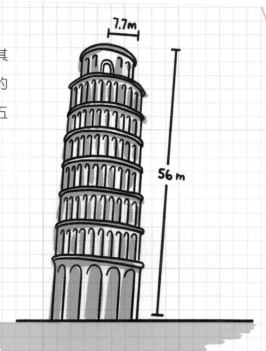

10. 一家果汁公司的罐頭形狀如圖所示。它的體積為何？將答案四捨五入到小數點後第一位。

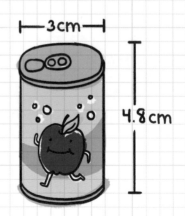

解答在下一頁

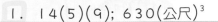

對答時間

1. $14(5)(9)$; $630(公尺)^3$

2. $\frac{1}{2}(20)(25)$; $2500(公尺)^3$

3. $\frac{1}{2}(4)(1)(4)$; $8(公尺)^3$

4. $\pi(13^2)(28)$; $4732\,\pi(公分)^3 \approx 14858.5(公分)^3$

5. $\pi(3.5^2)(3)$; $36.75\,\pi(公釐)^3 \approx 115.4(公釐)^3$

6. $31(23)$; $713(公尺)^3$

7. $\pi(2^2)(6)$; $24\,\pi(公分)^3 \approx 75.4(公分)^3$

8. $11(8)(10)$; $880(公分)^3$

9. $\pi(7.7^2)(56)$; $10426(公尺)^3$

10. $\pi(1.5^2)(4.8)$; $33.9(公分)^3$

角錐體與圓錐體的體積

角錐體的體積

要求得角錐體的體積，將底面積乘以高之後，再乘三分之一。

角錐體的體積公式如下：

$$V = \frac{1}{3} \times 底面積 \times 高$$

或者

$$V = \frac{1}{3}Bh$$

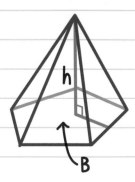

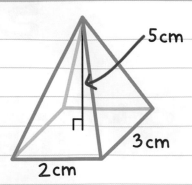

例子： 求角錐體的體積。

5cm

3cm

2cm

一法

首先，求 B（底面積）之值。

B = ℓw（長度 × 寬度）

   = 2 × 3

   = 6(公分)^2

$V = \dfrac{1}{3} Bh$

  $= \dfrac{1}{3}(6)(5) = 10$

$V = 10$(公分)^3

另法

B = ℓw，可利用 $V = \dfrac{1}{3} \ell wh$

$V = \dfrac{1}{3} \ell wh$

  $= \dfrac{1}{3}(2)(3)(5)$

$V = 10$(公分)^3

 已知正五角錐體的

體積為 453.6 (公分)³。求其高。

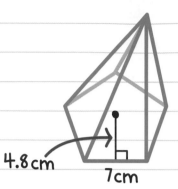

步驟 1：求底之面積。

由於此底面是正五邊形，其面積為：

$$B = \frac{1}{2}aP$$

$$= \frac{1}{2}(4.8)(35)$$

$$= 84$$

步驟 2：求高。

$$V = \frac{1}{3}Bh$$

$$453.6 = \frac{1}{3}(84)h$$

$$h = 16.2$$

所求高為 16.2 公分

圓錐體體積

要計算圓錐體積，可使用下列公式：

體積 $= \dfrac{1}{3}$ 底面積 × 高：

$$V = \dfrac{1}{3} \text{ 底面} \times \text{高}$$

或者

$$V = \dfrac{1}{3} Bh$$

由於圓錐體的底面是面積為 πr^2 的圓，故此一公式變成為：

$$V = \dfrac{1}{3} \times \pi \times \text{半徑}^2 \times \text{高}：$$

$$V = \dfrac{1}{3} \pi r^2 h$$

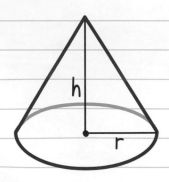

例子： 求圓錐體的體積。

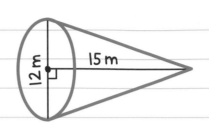

由於半徑是直徑長之半，r = 6

$$V = \frac{1}{3} \pi r^2 h$$

$$= \frac{1}{3} \pi (6)^2 (15)$$

$$= 180 \pi \approx 565.5$$

所求圓錐體體積為 180π(公尺)³ 或大約是 565.5(公尺)³

例子： 茉恩有一個圓錐形的容器裝滿了爆米花。試求它的體積。

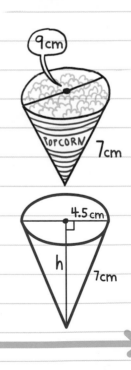

在我們使用公式 $V = \frac{1}{3} \pi r^2 h$ 之前，我們需要利用畢氏定理，先求出這個容器的高，h。

$$h^2 + 4.5^2 = 7^2$$

$$h^2 = 28.75$$

$$h \approx 5.36 \text{公分}$$

現在，我們已經備齊求體積的所需資訊。

$$V = \frac{1}{3} \pi r^2 h$$

$$= \frac{1}{3} \pi (4.5)^2 (5.36)$$

$$\approx 113.7$$

所求體積為 113.7(公分)³

截頂體的體積

截頂體是角錐體或圓錐體的一部分，它的上段被平行於底面的平面截掉了。

藉由從整個立體體積減去截掉的部分體積，來求得截頂體的體積。

截頂體

求截頂體的體積。

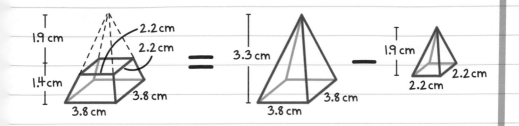

截頂體體積 = 整個角錐體體積 − 截掉部分體積

$$= \frac{1}{3} Bh - \frac{1}{3} B'h'$$ 角錐體體積公式

$$= \frac{1}{3} \ell wh - \frac{1}{3} \ell'w'h'$$

$$= \frac{1}{3} (3.8 \times 3.8)(3.3)$$
$$- \frac{1}{3} (2.2 \times 2.2)(1.9)$$

$$= 15.884 - 3.065$$

$$= 12.82$$

所求截頂體之體積為 12.82 (公分)^3

隨堂小測驗

針對問題 1 與 2，求每個直的角錐體 (regular pyramid) 之體積。
如必要，四捨五入到小數點後第一位。

1.

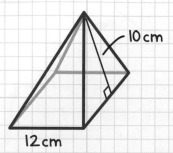

10 cm

12 cm

2.

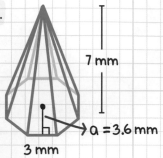

7 mm

a = 3.6 mm

3 mm

針對問題 3 與 4，求每個角錐體的體積。

3.

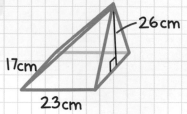

26 cm

17 cm

23 cm

4.

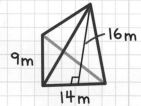

16 m

9 m

14 m

針對問題 5-7，求圓錐體的體積。如必要，四捨五入到小數點後第一位。

5.
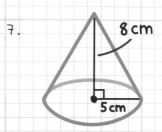
9cm

7cm

7.

8cm

5cm

6.

11m

6m

8. 求截頂體的體積。

3.5m

8.7m

4m

10m

9. 已知一個角錐體有體積 72(公分)³ 及底面積 36(公分)²。求其高。如必要，四捨五入到小數點後第一位。

10. 已知一個圓錐體有體積 147(公尺)³ 及高 9公尺。求其底圓之半徑。如必要，四捨五入到小數點後第一位。

解答在下一頁

對答時間

1. $\frac{1}{3}(12)(12)(8)$; $384(公分)^3$

2. $\frac{1}{3}(\frac{1}{2})(3.6)(24)(7)$; $100.8(公釐)^3$

3. $\frac{1}{3}(23)(17)(26)$; $3388.7(公分)^3$

4. $\frac{1}{3}(\frac{1}{2})(14)(9)(16)$; $336(公尺)^3$

5. $\frac{1}{3}\pi(9^2)(7)$; $593.5(公分)^3$

6. $\frac{1}{3}\pi(6^2)(11)$; $414.5(公尺)^3$

7. $\frac{1}{3}\pi(5^2)(8)$; $209.3(公分)^3$

8. $\frac{1}{3}\pi(5^2)(8.7)-\frac{1}{3}\pi(2^2)(3.5)$; $213.0(公尺)^3$

9. $72=\frac{1}{3}(36)h$; 6公分

10. $147=\frac{1}{3}\pi r^2(9)$; 4.0公尺

球的表面積與體積

球面是空間中的一個點集合，它們都與一個中心點等距離。

等距即相等距離

球的半徑是從中心到球面的一條線段。

每一條從中心到邊緣的線都是半徑。

球的直徑是一條通過中心點且止於球面的線段。

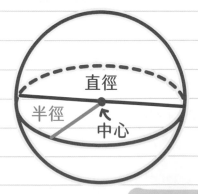

直徑

半徑

中心

半球面是球面的一半。

半球面 ←

將一個球面分成兩個半球面的圓

稱之為**大圓**。

大圓

球面的表面積

為了計算球面的表面積，可利用如下公式：

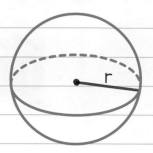

$$SA = 4\pi r^2$$ r 是球半徑

例子：   求出球的表面積。

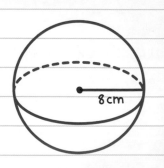

$SA = 4\pi r^2$

$= 4\pi(8)^2$

8cm

$= 256\pi \approx 804.2$

$SA = 256\pi$ 或大約 804.2(公分)^2

例子： 已知一個球有大圓周長為 65 π 公分。求其表面積。

在我們使用公式 $SA = 4\pi r^2$ 之前，我們必須先找到半徑。我們將利用大圓來找，因為它的半徑與球面半徑相同。

由於大圓的周長是 65 π公分

$C = 2\pi r$

$65\pi = 2\pi r$

$r = 32.5$公分

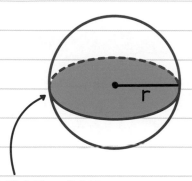

大圓半徑 = 球半徑

$SA = 4\pi r^2$

$= 4\pi(32.5)^2$

$= 4225\pi$

所求表面積是 4225π(公分)^2

半球面的表面積是球表面積之半加上大圓的面積之和。

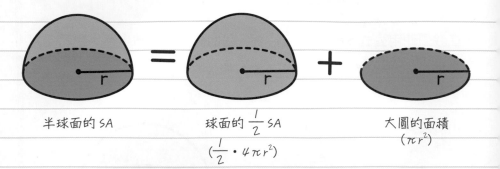

半球面的 SA　　　　球面的 $\frac{1}{2}$ SA　　　　大圓的面積
　　　　　　　　　$\left(\frac{1}{2} \cdot 4\pi r^2\right)$　　　　　(πr^2)

$$SA = \frac{1}{2} \cdot 4\pi r^2 + \pi r^2$$

例子： 阿寬烘焙半球形的餅乾。每一片餅乾有半徑 3公分。阿寬即將替每一塊塗上巧克力醬。他有足夠的巧克力可以覆蓋 2000(公分)² 的表面積。試問阿寬可以塗滿多少塊餅乾？

餅乾數 = $\dfrac{2000(公分)^2}{一塊餅乾的表面積}$

每塊餅乾的表面積是：

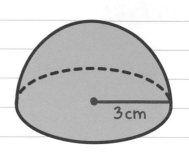

$$SA = \frac{1}{2}(4\pi r^2) + \pi r^2$$

$$= \frac{1}{2}[4\pi(3)^2] + \pi(3)^2$$

$$= 27\pi \ (公分)^2$$

阿寬可以塗滿的餅乾數為：

$$\frac{全部表面積}{每塊餅乾的\ SA} = \frac{2000}{27\pi} \approx 23.6$$

阿寬可以塗滿 23 片餅乾。

球體積

要計算球體積，可使用如下公式：

$$V = \frac{4}{3}\pi r^3$$

r 是球半徑

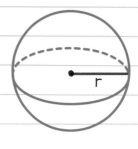

要計算，你必須
知道球半徑為何

計算球的體積。

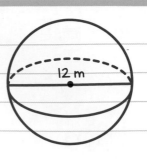

半徑是直徑之半，故 r = 6 公尺。

$$V = \frac{4}{3}\pi r^3$$

$$= \frac{4}{3}\pi(6)^3$$

$$= 288\pi\,(公尺)^3$$

已知一球的表面積為 $100\ \pi\,(公分)^2$。求其體積。

$$SA = 4\pi r^2$$

$$100\ \pi = 4\pi r^2$$

$$r^2 = \frac{100\ \pi}{4\ \pi}$$

$$r^2 = 25$$

$$r = 5$$　　　　半徑為 5 公分。

然後求體積：

$$V = \frac{4}{3}\pi r^3$$

$$= \frac{4}{3}\pi(5)^3$$

$$= \frac{500}{3}\pi \approx 523.6$$

所求球體積大約是 5 2 3.6 (公分)³

半球面的體積是球體積之半。公式如下：

$$V = \frac{1}{2} \times \frac{4}{3}\pi r^3$$

半球面；半公式！

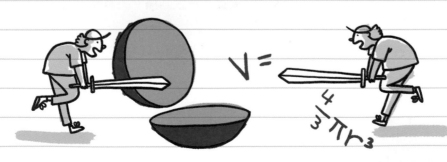

隨堂小測驗

針對問題 1-3，求每個球面與半球面的表面積。將答案以 π 表示。

1.

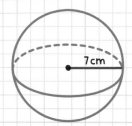

7cm

2.

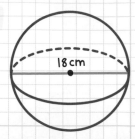

18cm

3.

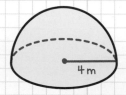

4m

4. 已知大圓周長是 20公尺，求此球表面積。將答案四捨五入到小數點後第一位。

5. 已知大圓面積為 π(公尺)²，求此半球表面積。將答案以 π 表示。

6. 若表面積為 31π(公尺)²。求此球之體積。將答案四捨五入到小數點後第一位。

針對問題 7–9，求每個球面與半球面的體積。將答案以 π 表示。

7.

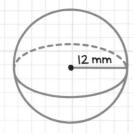

12 mm

8.

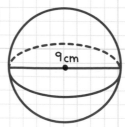

9cm

9.

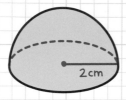

2 cm

10. 已知一個球面的大圓周長為 45公尺。求半球體積。將答案四捨五入到小數點後第一位。

11. 每立方公分的鋼重量為 0.2904 公克。若一顆鋼球直徑 6 公分，試問它有多重？將答案四捨五入到小數點後第一位。

12. 妮可使用一項器材正在運動中。這個器材是中空的半球形。此半球之底有面積 169 π (公分)²。這個半球形所裝入空氣之體積為何？將答案四捨五入到小數點後第一位。

解答在下一頁

對 答 時 間

1. $4\pi(7^2)$; $196\pi(公分)^2$

2. $4\pi(9^2)$; $324\pi(公分)^2$

3. $\frac{1}{2}(4)\pi(4^2)+\pi(4^2)$; $48\pi(公尺)^2$

4. $4\pi(3.2^2)$; $128.6(公尺)^3$

5. $\frac{1}{2}(4)\pi(1^2)+\pi(1^2)$; $3\pi(公尺)^2$

6. $\frac{4}{3}\pi(2.8^3)$; $91.9(公尺)^3$

7. $\frac{4}{3}\pi(12^3)$; $2304(公釐)^3$

8. $\frac{4}{3}\pi(4.5^3)$; $\frac{243}{2}\pi=121.5\pi(公分)^3$

9. $\frac{1}{2}(\frac{4}{3})\pi(2^3)$; $\frac{16}{3}\pi(公分)^3$

10. $\frac{1}{2}(\frac{4}{3})\pi(7.2^3)$; $781.3(公尺)^3$

11. $0.2904(\frac{4}{3})\pi(3^3)$; 32.8 公克

12. 底面積 $=\pi r^2$; $169\pi=\pi r^2$; $r^2=169$; $r=13$

   $V=\frac{1}{2}(\frac{4}{3})\pi r^3=\frac{1}{2}(\frac{4}{3})\pi(13^3)\approx 4599.1(公分)^3$

合成圖形的體積

3-D 合成圖形是由兩個或更多基本立體所組合的形狀。

我們可以將合成圖形分解成為它的基本幾何立體來進行計算。

用來計算 3–D 合成圖形中的體積公式如下：

> P = 底之周長
> B = 底之面積
> r = 底之半徑
> h = 高
> ℓ = 斜高

立體	側面積	表面積	體積
圓錐體 頂點 高　斜高 半徑	$\pi r \ell$	$B + \pi r \ell$ 或 $\pi r^2 + \pi r \ell$	$\dfrac{1}{3} Bh$ 或 $\dfrac{1}{3} \pi r^2 h$

立體	側面積	表面積	體積
圓柱體	$2\pi rh$	$2B + 2\pi rh$ 或 $2\pi r^2 + 2\pi rh$	Bh 或 $\pi r^2 h$
半球面		$\dfrac{1}{2}(4\pi r^2) + \pi r^2$	$\dfrac{1}{2}\left(\dfrac{4}{3}\right)\pi r^3$
角柱體	Ph	$2B + Ph$	Bh
方錐體 斜高ℓ 高h	$\dfrac{1}{2}P\ell$	$B + \dfrac{1}{2}P\ell$	$\dfrac{1}{3}Bh$
球面		$4\pi r^2$	$\dfrac{4}{3}\pi r^3$

合成圖形的表面積

合成圖形的表面積是覆蓋該立體的整個外圍的面積。為求得此表面積，將包括彎曲面（僅計算外圍部分）的所有面的面積加起來。

例子： 求合成圖形的表面積。

這個所求合成圖形表面的部分包括方錐體的側面積、角柱體的側面積，以及這個合成圖形的下底，那是角柱體的下底。

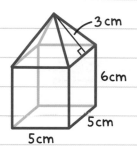

不要納入角柱體的上底（也是方錐體的底），因為它不在合成圖形的表面上。

不包括

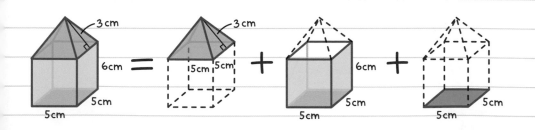

總表面積 = 方錐體的側面積 + 角柱體的側面積 + 角柱體的一底之面積

$$= \frac{1}{2}P\ell + Ph + \ell w$$

$$= \frac{1}{2}(5+5+5+5)(3)+(5+5+5+5)(6)+5 \times 5$$

$$= 30 + 120 + 25$$

$$= 175$$

所求合成圖形的表面積為 175 (公分)^2。

例子：

求冰淇淋錐筒與冰淇淋的表面積。

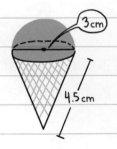

將這個立體分成圓錐體及半球體。

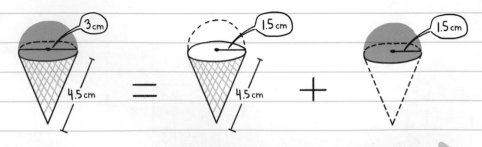

總表面積 = 圓錐體的側面積 + $\dfrac{1}{2}$ 球的表面積

$$= \pi r\ell + \dfrac{1}{2}\left(4\pi r^2\right)$$

$$= \pi(1.5)(4.5) + \dfrac{1}{2}\left[4\pi(1.5)^2\right]$$

$$\approx 35.3$$

所求，冰淇淋錐筒與冰淇淋的表面積
大約是 35.3(公分)^2

注意：針對半球，使用球表面積的一
半來計算，因為半球表面積會加上大
圓面積，但它不在表面上，所以不是
表面積的一部分。

未包括在內

合成圖形的體積

為了求得合成圖形的體積，將該形狀分成它的基本立體。然後，我們
使用體積公式，計算各個立體的體積。最後，將所有體積加起來即
得。

例子： 求合成圖形的體積。

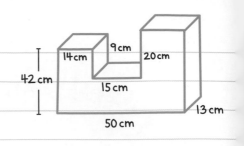

將這個立體分成三個角柱體。

由於每一個角柱體之體積都是
$V = \ell wh$，必須找出每個立體漏掉的長
度、寬度及高度。

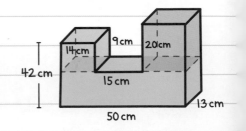

$\ell = 50 - 14 - 15 = 21$

利用水平方向的長度求出綠色角柱體
的高度。

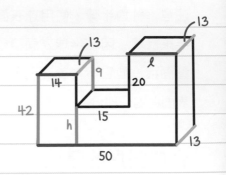

$h = 42 - 9 = 33$

在立體中，寬度始終一致，因此每個
角柱體的寬度為：

$w = 13$

現在，求合成圖形體積的所需資訊都已備齊。

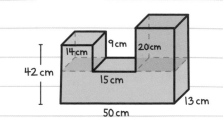

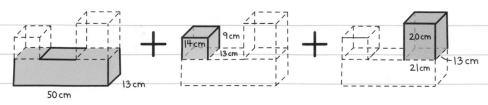

總體積 = 綠色角柱體積 + 藍色角柱體積 + 紅色角柱體積

$$= \ell wh + \ell'w'h' + \ell''w''h''$$

$$= (50)(13)(33) + (14)(13)(9) + (21)(13)(20)$$

$$= 28548$$

所求體積為 $28548(公分)^3$。

例子： 求立體的體積。

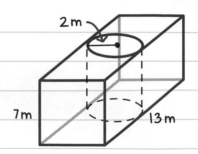

如果我們從長方柱體體積減去圓柱體的體積，我們將得到剩下立體的體積。

角柱體的長度是圓柱體的直徑，

ℓ = 2公尺 + 2公尺 = 4公尺

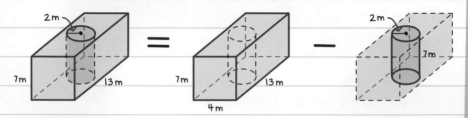

總體積 = 角柱體體積 − 圓柱體體積

$$= \ell w h - \pi r^2 h$$
$$= (4)(13)(7) - \pi(2^2)(7)$$
$$= 364 - 28\pi$$
$$\approx 276.0$$

所求體積大約是 276.0(公尺)^3。

隨堂小測驗

針對問題 1 與 2，求每個合成圖形的表面積。將答案四捨五入到小數點後第一位。

1.
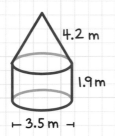

2.
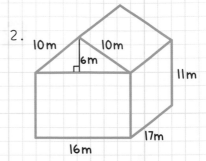

針對問題 3-6，求合成圖形的體積。將答案四捨五入到小數點後第一位。

3.
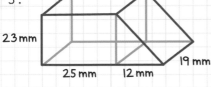

5.
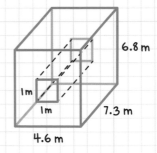

4.
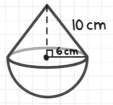

6.
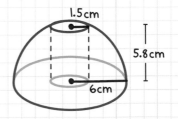

解答在下一頁

對 答 時 間

1. $2\pi(1.75)(1.9)+\pi(1.75^2)+\pi(1.75)(4.2)$; $53.6(公尺)^3$

2. $2(\frac{1}{2})(16)(6)+2(10)(17)+2(17)(11)+2(16)(11)$ $+16(17)$; $1434(公尺)^2$

3. $23(25)(19)+\frac{1}{2}(12)(23)(19)$; $13547(公釐)^3$

4. $\frac{1}{2}(\frac{4}{3})\pi(6^3)+\frac{1}{3}\pi(6^2)(8)$; $754.0(公分)^3$

5. $4.6(7.3)(6.8)-1(1)(7.3)$; $221.0(公尺)^3$

6. $\frac{1}{2}(\frac{4}{3})\pi(6^3)-\pi(1.5^2)(5.8)$; $411.2(公分)^3$

迴轉體

迴轉體是當一個二維物件繞著一條線旋轉所構成的立體。這條直線稱之為軸。

迴轉體的例子有:

繞著一條線 l 旋轉一個三角形 (2-D) 就會構成一個圓錐體 (3-D)。

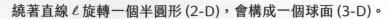

繞著直線 ℓ 旋轉一個半圓形 (2-D)，會構成一個球面 (3-D)。

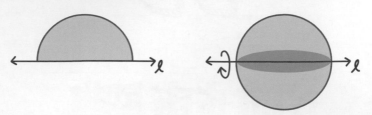

例子： 當（直角）三角形繞著直線 ℓ 旋轉時，求它所構成的迴轉體之體積。

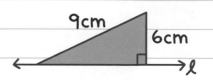

這構成的立體是一個圓錐體。該三角形的斜邊將成為這個圓錐體的斜高，故 $\ell = 9$ 公分這直角三角形的 6 公分股將成為圓錐體底圓的半徑，故 $r = 6$ 公分

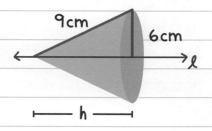

為了使用圓錐體體積公式 $V = \dfrac{1}{3}\pi r^2 h$，首先求圓錐體的高，再利用畢氏定理。

$$h^2 + r^2 = \ell^2$$

$$h^2 + 6^2 = 9^2$$

$$h^2 + 36 = 81$$

$$h^2 = 45$$

$$h = \sqrt{45} = \sqrt{9} \cdot \sqrt{5} = 3\sqrt{5}$$

然後，將上述答案代入公式：

$$V = \frac{1}{3}\pi r^2 h$$

$$= \frac{1}{3}\pi(6^2)(3\sqrt{5})$$

$$= 36\sqrt{5}\ \pi$$

故圓錐體體積為 $36\sqrt{5}\ \pi$（公分）^{3}。

例子： 當一個長方形繞著直線 ℓ 旋轉時，求它所構成的迴轉體之體積。

這樣所構成的立體是一個圓柱體。

長方形的 10公分邊成為圓柱體的高。

至於它的 4公分邊則成為圓柱體底圓的半徑。

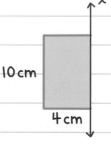

所求體積是：

$$V = \pi r^2 h$$

$$= \pi(4)^2(10)$$

$$= 160\ \pi$$

故圓柱體的體積為 $160\ \pi$（公分）^{3}。

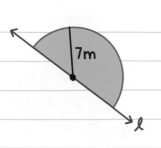

例子：

當半圓繞著直線 ℓ 旋轉

成一個立體，求此迴轉體的表面積。

這樣所構成的立體是一個球（面），它

的半徑是 7 公尺。

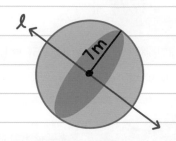

表面積是：

$$SA = 4\pi r^2$$
$$= 4\pi(7)^2$$
$$= 196\pi$$

所求表面積為 196π（公尺）²。

坐標平面上的迴轉體

一個二維的圖形繞著 x- 或 y- 軸（或在此平面上的另一條直線）旋

轉，也會構成一個三維的物件。

> 繞著 y- 軸旋轉的一個圖形會水平方向（左或右）地旋轉
> 這個圖形。繞著 x- 軸旋轉的一個圖形會垂直方向（上或
> 下）地旋轉這個圖形。

試求三角形繞 y- 軸的迴轉體之表面積。

這樣所構成的立體是有高 3 單位、底圓半徑 4 單位的圓錐體。

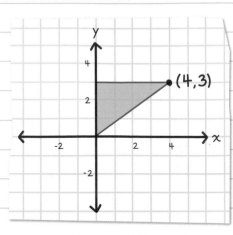

為了利用圓錐體的表面積公式 $SA = \pi r^2 + \pi r \ell$，我們必須求得斜高 ℓ。

由於（直角）三角形的斜邊成為斜高，我們可利用畢氏三數組 3，4，5（或畢氏定理）來求得斜高 $\ell = 5$。

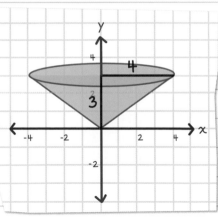

表面積：

$$SA = \pi r^2 + \pi r \ell$$
$$= \pi (4)^2 + \pi (4)(5)$$
$$= 36\pi$$

所求圓錐體表面積是 36π（單位）^{2}。

例子： 有陰影圖形
繞著 x- 軸旋轉，求其所構成
的迴轉體之體積。

每一個半圓所構成的立體都
是球（面）。兩球（面）之
間（陰影部分）是我們必須
計算的體積。

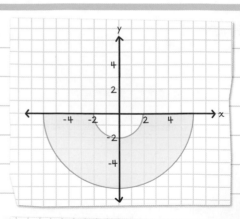

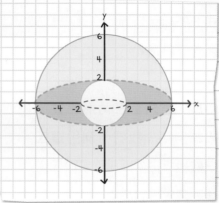

陰影部分的體積 = 大球體積 − 小球體積。

$$= \frac{4}{3}\pi r^3 - \frac{4}{3}\pi(r')^3$$

$$= \frac{4}{3}\pi(6)^3 - \frac{4}{3}\pi(2)^3$$

$$= 277.3\ \pi$$

所求陰影部分體積為 277.3 π（單位）³。

隨 堂 小 測 驗

針對問題 1-3，請命名（或說出）由陰影圖形繞著直線 ℓ 所構成的迴轉體。

1.

2.

3.

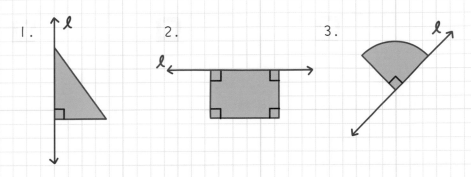

針對問題 4 與 5，求出由陰影圖形繞著直線 ℓ 所構成的迴轉體之體積。將答案四捨五入到小數點後第一位。

4.

5.

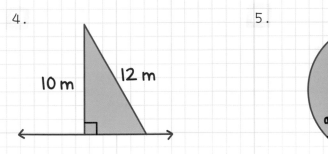

10 m   12 m

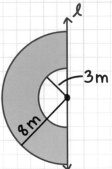

3m

8 m

更多題目

6. 求出由長方形繞著直線 ℓ 所構成的
   迴轉體之表面積。
   將答案以 π 表示。

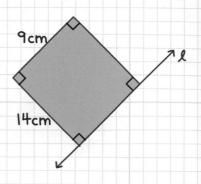

7. 求出由這圖形繞著 x- 軸所構成的
   迴轉體之體積。
   將答案以 π 表示。

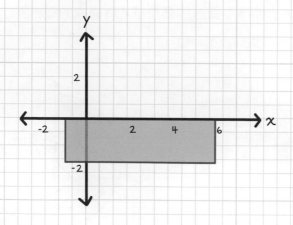

針對問題 8 與 9，求出由陰影圖形繞著 y-軸所構成的迴轉體之體積。將答案以 π 表示。

8.

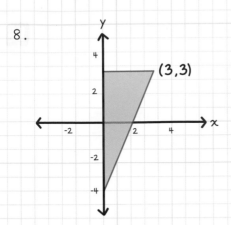

9.

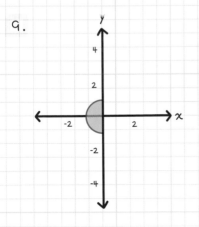

解答在下一頁

對 答 時 間

1. 圓錐體

2. 圓柱體

3. 半球（面）

4. $\frac{1}{3}\pi(10^2)\sqrt{44}$; $694.6(公尺)^3$

5. $\frac{4}{3}\pi(8^3)-\frac{4}{3}\pi(3^3)$; $2031.6(公尺)^3$

6. $2\pi(14^2)+2\pi(14)(9)$; $644\pi(公分)^2$

7. $\pi(2^2)(7)$; $28\pi(單位)^3$

8. $\frac{1}{3}\pi(3^2)(7)$; $21\pi(單位)^3$

9. $\frac{4}{3}\pi(1^3)$; $\frac{4}{3}\pi(單位)^3$

筆記頁

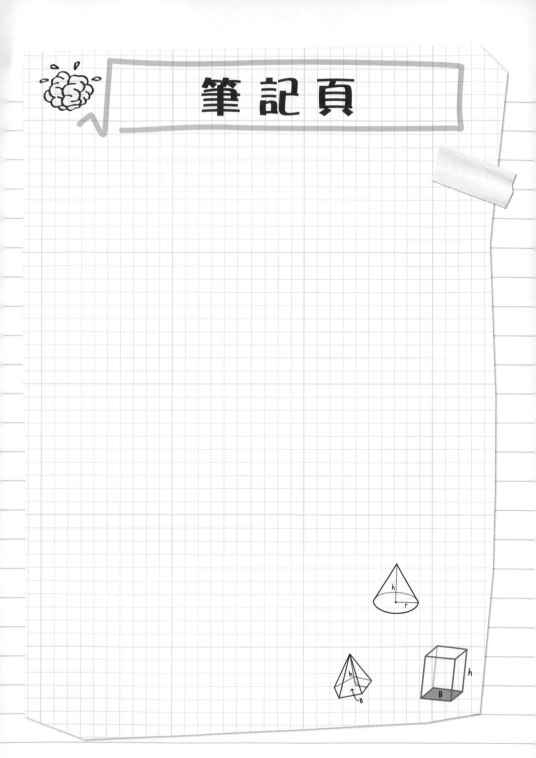

筆記頁

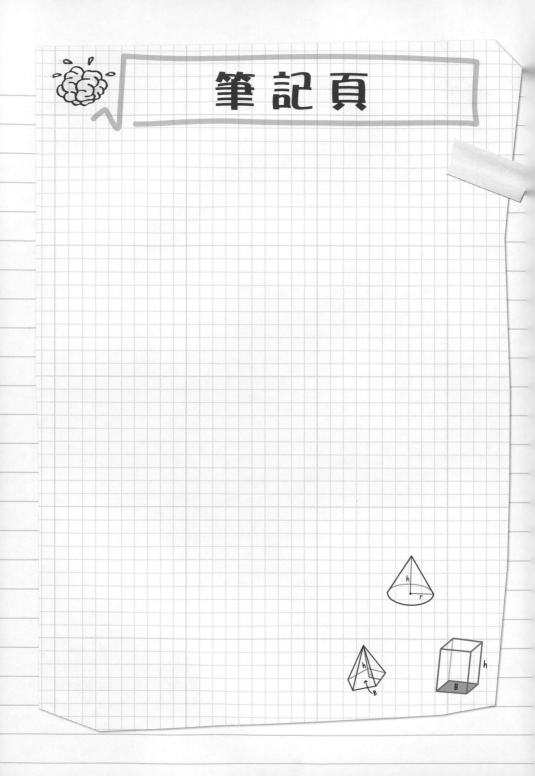

筆 記 頁

筆記頁

筆記頁

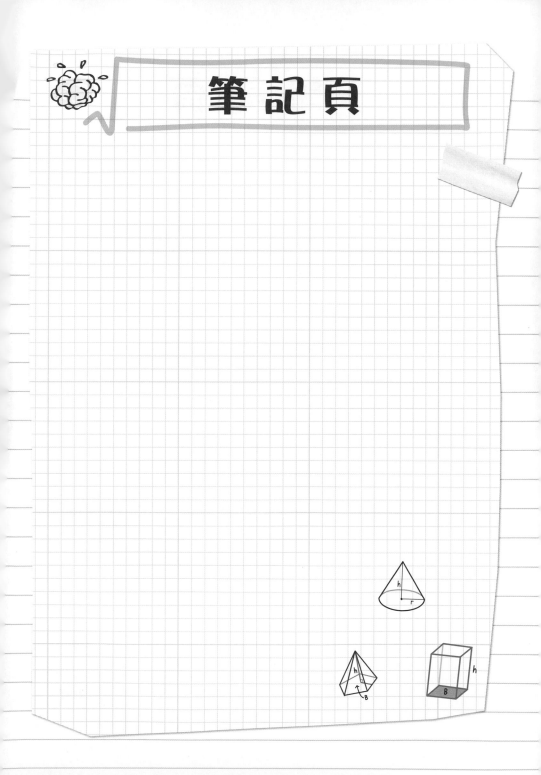

筆記頁

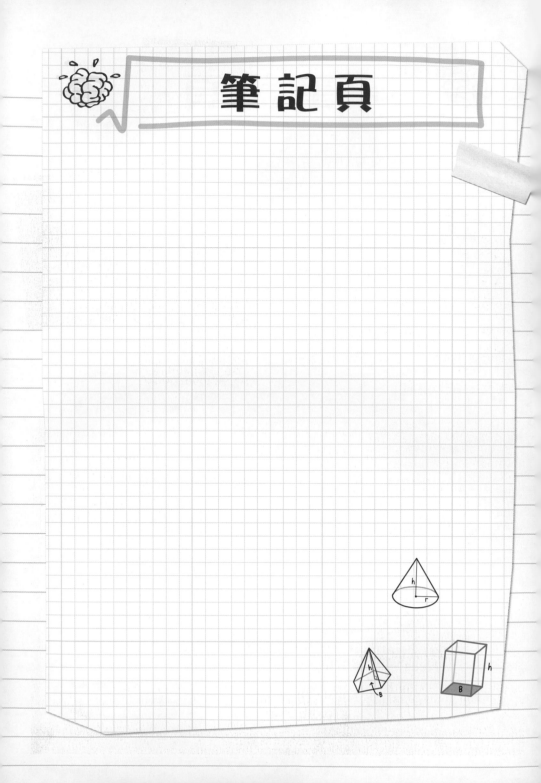

學霸筆記
世界史、科學、幾何

「如果說我看得比別人遠，

那是因為我站在巨人的肩上。」

——牛頓

學霸養成、翻轉成績、超強筆記大公開！

★先修、預習、複習三種模式，一本搞定！

★不補習，自學一樣拿高分！

★只要一本，你會見證到筆記的奇蹟。

★讀書別靠爆發力！持續閱讀這本書，

考試升學通通完勝！

國家圖書館出版品預行編目資料

學霸筆記：幾何／Christy Needham著;Kim Ku繪;洪萬
生譯.——初版二刷.——臺北市: 三民，2022
　　面；　　公分.——（學霸筆記）
　譯自：Everything you need to ace geometry in one big
fat notebook: the complete high school study guide
　ISBN 978-957-14-7311-6　（精裝）

1. 數學教育 2. 幾何 3. 中小學教育

524.32　　　　　　　　　　　　　110016428

學霸筆記

學霸筆記：幾何

作　　　者	Christy Needham
繪　　　者	Kim Ku
譯　　　者	洪萬生
責任編輯	朱君偉
美術編輯	黃霖珍

發 行 人	劉振強
出 版 者	三民書局股份有限公司
地　　址	臺北市復興北路 386 號 (復北門市)
	臺北市重慶南路一段 61 號 (重南門市)
電　　話	(02)25006600
網　　址	三民網路書店 https://www.sanmin.com.tw

出版日期	初版一刷 2022 年 1 月
	初版二刷 2022 年 7 月
書籍編號	S319231
I S B N	978-957-14-7311-6

EVERYTHING YOU NEED TO ACE GEOMETRY IN ONE BIG FAT
NOTEBOOK: The Complete High School Study Guide
Writer: Christy Needham
Illustrator: Kim Ku
Reviewer: Kristen Drury
Designer: Jessie Gang and Olivia Kane
Concept by Raquel Jaramillo
Copyright © 2020 by Workman Publishing
Traditional Chinese copyright © 2022 by San Min Book Co., Ltd.
Published by arrangement with Workman Publishing Co., Inc.,
New York, through Big Apple Agency, Inc., Labuan, Malaysia.
ALL RIGHTS RESERVED

三民書局

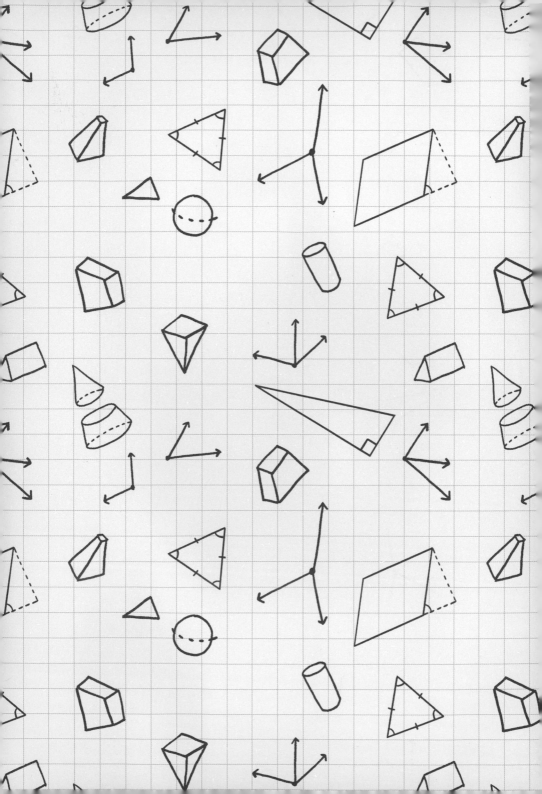